交差する眼差し

ラテンアメリカの
多様な世界と日本

南山大学
ラテンアメリカ研究センター
研究シリーズ
6

浅香幸枝 編

行路社

序章

ラテンアメリカの多様な世界と日本

浅香幸枝

1　ラテンアメリカブームの中で

　2018年8月現在、日本では戦後第三番目のラテンアメリカブームが始まっている。テレビや新聞では、ラテンアメリカ関係の報道や特集番組が多くなり、身近な存在となった。ラテンアメリカのイメージは、その時々によって異なっているが、共通点はラテンアメリカの持つ資源と土地の可能性である。

　第一のブームは、日本の敗戦により、海外から約600万人の人々が戦後の荒廃した日本に戻り、人口過剰となったことを背景としている。希望の世界、ラテンアメリカへの移住であった。官民挙げて移住が推奨され、ラテンアメリカの自然のすばらしさなど子どもの本にも描かれるほどだった。

　第二のブームは、1970年代のブラジル、石油の見つかったメキシコを中心にラテンアメリカの資源を求めて日本企業が進出したことに起因している。このときも、ラテンアメリカに関する報道は盛んに行われ、街角の様子までもが、テレビ放映されていた。音楽やダンスそして、美しい建築が映像として日本に伝えられた。アニメでもラテンアメリカは題材として扱われた。

　しかし、1980年代、ラテンアメリカが経済危機に陥り、移住者たちの一部は出身国（日本、スペイン、ドイツ）へと戻った。2000年になると資源産出国を中心に、大量の資源消費国中国への好調な輸出により、ラテンアメリカは経済回復した。このような順調な好景気を背景として、2010年には米国、中国に続いて国内総生産（GDP）世界第3位となった日本は、ラテンアメリカ

諸国と対等な連携をしながら、国益をはかりながら世界の発展に寄与する立場をとっている。これが第三のブームの背景である。とりわけ、最近5年間、北米と南米の結節点に位置するメキシコにおける自動車産業の進出はめざましい。人気アニメにもメキシコに赴任するという話が登場している。

　このような背景のなかで、一過性のブームに終わらせず、ラテンアメリカと日本、ラテンアメリカの多様な世界を知ることは重要である。とりわけ、ラテンアメリカ地域研究を専門とする研究者たちが、双方の地域を射程に入れながら、相互に見つめ合いその実像と課題を明らかにして展望することは肝要である。広くマスメディアによって流布しているイメージと実際のラテンアメリカとは一致しているのだろうか。本書が編まれた理由の一つはその点を明らかにすることにある。

2　研究目的

　本書の題名の副題にある「多様」性と「日本」であるが、このラテンアメリカ地域の特徴が様々な民族からなる文化の多様性であり、この地域において日本人移住者が世界で最も多く住み、親日的な地域であることに由来する。とりわけ、現在可能性はあるが「危険」というイメージが先行するラテンアメリカの実像を明らかにし、その現状の解決への処方箋を示すことに、各研究者は心をくだいた。「危険」とイメージされる背景には、ラテンアメリカに顕著な貧富の格差があるが、これは日本においてはどう位置づけられるのだろうか。無縁のことなのだろうか。日本の外交政策の重要な柱である「人間の安全保障」政策とどう関わってくるのだろうか。世界の中でも有数の親日地域であるラテンアメリカの実像を知ることは、世界の中での日本の立ち位置を知ることでもある。ここに本書の題名「交差する眼差し」の由来がある。

　このような研究目的のためにわれわれは、大学の垣根を越えて二つのカトリック大学のラテンアメリカ研究者を中心としてプロジェクトを組んだ。姉妹校である両校の間には、1960年に始まった上南戦（上智大学・南山大学総合対抗運動競技大会）があるが、「知の上南戦」と位置づけて交流を始めた。

3　研究方法

　本研究は、上智大学イベロアメリカ研究所と南山大学ラテンアメリカ研究センターとの共同研究であり、日本カトリック大学連盟による「2014年度カトリック学術奨励金」の「イメージの中の日本とラテンアメリカ」（研究代表：浅香）により運営された。

　当初、各研究者の「イメージの中の日本とラテンアメリカ」を比較しつつ、なぜそのような差異が出るのかを比較考察する予定であった。しかし、参加研究者からは、日本を入れると書きにくいとの意見があがり、「ラテンアメリカのイメージ研究」と研究会は方向づけられた。とりわけ、二つの機関をまたぐため、参加研究者の意向を反映しながら進める手法が採られた。そのため、巻末の「補遺」で、思考がすすんだ過程を記録した。

　第一線の研究者を中心として若手の研究者も含め、それぞれの研究者の強みを発揮し合い、研究会を通して、各自の研究を学び合い、討論し合い、自身の研究領域を深めていく手法を採った。そのため、当初の予定を上回る研究期間となった。上智大学と南山大学という二つの文化が融合し合い、それぞれの良さを発揮するには必要な有用時間となった。

4　ラテンアメリカ全域を見渡す本

　ラテンアメリカの個々の地域やテーマについて、様々な研究成果が出版されている。最近出版された一般読者にもわかりやすく書かれたラテンアメリカ全体を扱った本は次の2冊をあげることができる。それらの本が表すラテンアメリカ像はいずれも貧富の差の大きさである。

　まず後藤政子神奈川大学名誉教授と山崎圭一横浜国立大学教授が編集した『グローバル・サウスはいま⑤　ラテンアメリカはどこへ行く』（2017年、ミネルヴァ書房）がある。世界におけるグローバル・サウスの一つとしてラテンアメリカを捉え、格差の拡大、スラム街の膨張、麻薬カルテルの台頭、暴力の広がり、資源開発による自然破壊、米国で急増するヒスパニック人口、一進一退する「米国離れ」現象、先住民運動の発展、多民族共生社会の追及など、課

題が山積する現代世界の縮図として捉えている。米国の足元で、世界に先駆け1980年代初頭に新自由主義経済化が進み、それに対抗する「新しい社会運動」が1990年代末から浸透し、親米政権から、メキシコ、コロンビアなどを除き「左派政権」へと移行した（後藤、2017：6-7）。こうした先駆的な動きをグローバル化する時代の先進諸国にも影響を与える実験として紹介している。

　もう一つは、オリヴィエ・ダベーヌ（パリ政治学院教授／ラテンアメリカ・カリブ海地域政策観測機構主任）とフレデリック・ルオー（ブリュッセル自由大学教授）による『地図で見るラテンアメリカハンドブック』（2017年、原書房、太田佐絵子訳、原書は2016年）である。「ラテンアメリカは、世界でもっとも不均衡がきわだっている大陸である」と位置づけ、社会・経済・政治の様相を理解するために120以上の地図やグラフを掲載し、ラテンアメリカ全域を比較できるように紹介している。歴史の遺産としては、植民地時代から描かれている。「インディオの覚醒」から多文化政策を生み出し、1992年になり、ようやく先住民が自分たちのアイデンティティを主張しはじめたとしている（同上：80-83）。本書はヨーロッパの植民によってラテンアメリカの基礎構造が形成されたという立場をとっている。

5　研究の意義と独創性

　『交差する眼差し――ラテンアメリカの多様な世界と日本』を研究する意義と独創性は、まず、人の移動によりラテンアメリカ世界は多様性を維持していると認識し、さらに日本との関係も視野に入れていることである。前掲した2冊の本は、グローバル化した世界のなかでのラテンアメリカの位置づけを描いており、大変魅力的で示唆に富む。しかしながら、本書のように日本との関係については十分な考察がなされていない。

　本研究の最初の問題設定「イメージの中の日本とラテンアメリカ」という視座は研究者がどのような年代にラテンアメリカと関わってきたかによって異なるイメージを持っているので、ラテンアメリカは多様な世界をわれわれに見せてくれる。これを大切にして多面体としてのラテンアメリカの魅力を描こうとしている。観察者、分析者自体が多様な見方をしていることに本書の特徴がある。

たとえば、メキシコ生まれだが、フランス系の学校で西欧的教育を受けた長谷川ニナにとっては、先住民文化の影響を踏まえつつラテンアメリカ文化を捉えることは自らのアイデンティティに関わる知的挑戦となる。一方、文化人類学者の加藤、河邉、桜井にとっては、先住民文化こそがラテンアメリカの土台であり、そこからの分析が常識となっている。つまり、どの立場に身を置くかによって、イメージは異なっている。このように、研究者各人が人生のなかでラテンアメリカに出会い、その相互作用によって研究と人生を豊かにしてきた。そのような魅力を各研究者は披露し、読者に提供していることに本書の特徴があり、イメージを問い直すだけにとどまらず、研究の共有を楽しいものとしている。

6　本書の構成

本書は、三部構成全14章からなる。「第1部　人の移動がつくる世界」、「第2部　歴史から読み解く世界」、「第3部　課題に挑戦する世界」である。詳細は以下の通りであるが、ラテンアメリカの多様な世界と日本について、三つの側面から検討しイメージされるラテンアメリカの考察を進めた。14本の論文はどの部門にも属しているが、より特徴の大きな点に着目して、人の移動、歴史、課題解決と三つに分類した。

「第1部　人の移動がつくる世界」は、ラテンアメリカが移民によって形成された世界であることに着目している。日系人人口は、各国でその国民全体の1パーセントにも満たないが、よく現地に適応しており、ラテンアメリカでは中産階級以上の社会的位置づけとなる。日本との関係で核となる日系人について3本の論考を収録している。また、成功する移民として知られる「シリア・レバノン人」を比較で考察している。これらは、いかにして、国際情勢を背景にして移民が現地社会に適応し、自身が出身国から持参した文化や技術などで貢献してきたかを知ることができる。今日日本で外国人単純労働者の受け入れが検討されているが、移民がどれほど困難な中を生き成功をつかんでいくのか、あるいは同胞やホスト社会と助け合っていくのか考えるヒントを与えてくれるだろう。

「第2部　歴史から読み解く世界」は、現在の問題や課題がどのような歴史

的背景を持つのかという視点から編まれたものである。かつて、1492年にコロンブスが「新大陸を発見する」までは、ヨーロッパは、アジア、イスラム世界とほぼ互角の体制だった。ところが、ラテンアメリカの生み出す富により、スペインをはじめとするヨーロッパ世界の国際社会における圧倒的優位が始まっていった。この背景を描き相対化しようという試みである。西洋の富の源泉となったポトシ銀山でつくられた銀貨が世界の基軸通貨として使用され、日本にまで到達したこと。また、日本での布教活動の末、磔刑にされた修道士をめぐるメキシコの壁画、カトリックの宗教行事やラテンアメリカとスペインをつなぐ思想の新しい潮流について各研究は論じ、歴史に基づいたラテンアメリカの現在と将来を展望している。ここでは、ラテンアメリカイメージが、主体によって多様性を持つその背景をよく理解できるだろう。

「第3部　課題に挑戦する世界」は、山積するラテンアメリカの課題に対して、どのような解決策が試みられ、問題解決を目指したかが明らかになる。先住民、麻薬、暴力、米国への移住などの問題、日本のODAのあり方等は歴史的な背景の中で生じた課題であり、各執筆者は長期的な視野から分析している。さらに実施された政策評価もしている。ここでは、一旦大きくなった格差社会では、国民を統合することが非常に困難であることを示している。また、地続きのラテンアメリカでは隣接する他国との関係を常に考慮しなければならないことがわかる。

　以上、本書を概観して、全体のつながりの見取り図を描いてきたが、もちろんどこから読んでいただいても、わかるように執筆されている。14名の研究者の多様な視点、多彩な分析方法を味わっていただければ、幸いである。また、興味に応じて、関心のあるところから読み始めて、他の章の論考を読んでいただければ、多面体のラテンアメリカ像をつかむことができるだろう。また、日本との関係も深いことがおわかりいただけ、ラテンアメリカからも多くのことを学べると思われる。

目次

序章
ラテンアメリカの多様な世界と日本………浅香幸枝　*3*

第1部　人の移動がつくる世界

第1章
日系諸団体のネットワークと社会関係資本………浅香幸枝　*13*
――ペルーの事例研究

第2章
20世紀初頭のホスト社会としてのペルー………加藤隆浩　*27*
――日本人移民をめぐって

第3章
20世紀初頭ブエノスアイレス市におけるアラブ系移民の二つの選択
――レバノン・マロン派カトリック教徒とギリシャ正教徒の適応戦略………大場樹精　*45*

第4章
中南米日系社会の変容と日本の対応………堀坂浩太郎　*63*

第2部　歴史から読み解く世界

第5章
新大陸における銀貨の鋳造とその流通………真鍋周三　*83*
――植民地時代前半期ポトシの場合

第6章
1959年発見のメキシコ・クエルナバカの壁画………川田玲子　*99*
――〈長崎二十六聖人殉教図〉への問いかけ

第7章
行政の関与が宗教的祝祭にもたらすもの………河邉真次　*123*
――ペルー・ピウラ県パイタのメルセデスの聖母祭をめぐって

第8章
ホセ・ガオスの「イスパノアメリカ哲学」と
ラテンアメリカ思想家たちの人的ネットワーク………佐藤貴大　*143*
　──ラテンアメリカの視点から構築するラテンアメリカ史

第9章
現代ラテンアメリカにおける文化・文学研究の新潮流
　──エンリケ・ドゥッセルの論考を中心に………長谷川ニナ　*163*

第部　課題に挑戦する世界

第10章
辺境地の実態から見直すべき
コロンビアの和平プロセス………幡谷則子　*185*

第11章
ラティーノの社会的成功をめざす公的教育支援と
米国の大学………牛田千鶴　*209*

第12章
抵抗のイメージ、ソフト・レジスタンス………桜井三枝子　*229*
　──中米グアテマラ・マヤの事例から

第13章
変動する開発協力における
ラテンアメリカと日本の開発援助関係………デビッド・ポッター　*247*

第14章
カルデロン政権期メキシコの
「麻薬戦争」と「フロンテラ」………二村久則　*267*

終章
互いに学び合うために………浅香幸枝　*285*

執筆者紹介　*297*

第1部

人の移動がつくる世界

第1章

日系諸団体のネットワークと社会関係資本
——ペルーの事例研究

浅香幸枝

はじめに

　日本でマスメディアを通じて伝わるペルーのイメージは、日本人が一番行きたい世界遺産「マチュピチュ」が存在し先住民の多様な文化があることであり、同時に貧富の差が大きくリマの郊外にはスラムが広がり危険であるというものである。最近では、世界有数のグルメの国としても知られている。しかしペルーは、ラテンアメリカではブラジルに次いで日系人人口が多く、ペルー日系社会はラテンアメリカ日系社会の運営において、お手本の一つとなっていることはあまり知られていない。1990年から2000年に日系2世のアルベルト・フジモリ大統領が選ばれたが、日本大使公邸のゲリラによる占拠があり、それが「怖い」というイメージを与えている。

　本章は、ペルー日系社会の構造と機能を調査することにより、国の財源が限られ社会的孤立の進む日本においても参考となるような望ましいネットワークと社会関係資本の関係を紹介することである。現在異なる発展をしていても、ルーツを同じくする日系社会は日本の社会を映し検討できる具体的事例でもある。とりわけグローバル化の進展により、行き先が不透明となる中で、毎日の生活が異文化との葛藤である日系社会の持続可能な試みは日本においても参考となる事例を有している。

　社会的ネットワークと社会関係資本（ソーシャル・キャピタル）に関する文

献調査を行い、人の移動と異文化理解の視点からネットワーク形成との関係を考察し、既存の理論研究の検討を行う。その後、その比較分析の枠組を使って先行研究をまとめ、2017 年 1 月と 11 月の現地調査に基づき、特にペルーを事例として研究する。

1 移民のネットワークと社会関係資本

移民のネットワークと「社会関係資本」について正面から論じたのは、チューレン（Tulane）大学の社会学専攻のバンクストン（Carl L. Bankston）教授の研究である（Bankston, 2014）。『移民のネットワークと社会関係資本』の中で「今までの個人レベルでの適応から分析する移民研究には限界があり、社会的ネットワークを利用した移民の社会関係資本は移民集団において人々がどのようにお互いにつながっているかを明らかにし、今日の政策提言を可能にする」と主張している（Bankston, 2014: 1）。「連鎖移民（Chain migration）つまり、親族や故郷のつながりから移民することはよく知られているが、なぜ人は移動するのか、また移動前後の全体像が不明であるので、この本の中で、そのつながりを明らかにしよう」としている（Bankston, 2014: 2）。

「社会的ネットワークは個人と個人をつなぐだけでなく、集団内の人々もつなぐ。それゆえにエスニック・グループの階層化や特殊性を理解する助けになる」（Bankston, 2014: 3-4）。もうひとつの鍵概念の「社会関係資本は、絆（Ties）に架けてつなぐことを供給できる。また社会関係資本は連帯、規範とも考えることができる」（Bankston, 2014: 4）。また、大変興味深い指摘は「雇用と教育という二つの重要な分野で社会的絆がどのように移民の適応に影響を与えているか」（Bankston, 2014: 7）という視点である。つまり、移民がホスト国で生活していくためには、この二つの分野が重要であるということだ。確かにこの二つが上手く連携していなければ持続可能な社会にはならない。

社会的ネットワークと社会関係資本理論は伝統的な Push-pull 理論と統合可能としている（Bankston, 2014: 9）。この研究の事例はアメリカ合衆国に入国する移民をこの理論で比較しており、それぞれのエスニック・グループによって必要とするものが異なるので、それに応じた政策立案が重要としている（Bankston, 2014: 188）。

2　日系諸団体の社会的ネットワークと社会関係資本

　日系諸団体について、前述の視点から研究したものを見てみよう。日本移民学会は 2015 〜 2016 年にかけて最新の研究成果を一般にも公開するために横浜の移民収容所跡地にある JICA 横浜と共催で、「日本人と海外移住」という講座を開催し、同名の著書を 2018 年 4 月に公刊した。150 年に亘り、日本人が移住した地域をほぼ全て網羅している。

　この本の中で、「社会的ネットワーク」と「社会関係資本」に関連する概念は、ハワイ担当の白水が提唱する「エスニック・エージェンシー」である（白水、2018：55）。白水は「エスニック・エージェンシー」を、同胞のための、生存もしくは適応のための援助システムと定義している。日系社会でいえば、日本語新聞・雑誌（後にはラジオ）等の日系エスニック・メディア、日本語学校（日本人学校）、宗教団体、商工会、県人会などの結社、さらに日常生活のニーズを充たすエスニック・ビジネスやスポーツ・音楽などを提供するプロやアマチュアの結社を指している。特に重要なのは日本語学校で、日本の教科書を用いて、日本の価値観を伝え、日米開戦で閉鎖されるまで日系社会の文化結節点として大きな機能を持っていたと述べている。ハワイ日系社会においてはすでに社会的ネットワークと社会関係資本を強化する装置として、日本語学校などの「エスニック・エージェンシー」が存在していた。

　また、東南アジアの日本人社会の中心には、日本総領事館・領事館があり、その下に日本人会、日本商工会議所、日本人小学校があり、県人会を通して日本とつながりがあった（早瀬、2018：164）。

　ブラジルでは、相互扶助体制である「日本人会」を中心として日本人共同体の司法、立法、行政を司り、子弟教育のために日本学校をつくり、日本人会の集合の場とした（三田、2018：119）。このようにハワイにおいても東南アジアにおいても、ブラジルにおいても、戦前には日本学校を中心として、日本人会が機能し、社会的ネットワークを拡大しながら社会関係資本を強化し、海外と日本とをつないだ。日本の敗戦により、日本に帰国できなかった日本人は日系人として現地に貢献して生き残りをかけた。

　現代メキシコにおいては、大使館、商工会議所、日墨協会、日墨学院を日系

四団体と呼んでいる（浅香、2017：44）。企業家が集まる商工会議所、教育の日墨学院と現地社会の適応に重要な二組織と大使館と日本人会・日系人会の日墨協会が連携している。

　では、ペルーの場合はどうなのであろうか、先行研究として、戦前のリマで福島県人7人の歩みのネットワークを聞き取り調査と史料を用いて明らかにした赤木は、契約移民として複数回ペルーに戻っている事例を紹介している（赤木、2000：349）。また、ペルー国内にいるだけではなく、ボリビア、ブラジル、チリ、メキシコ、アルゼンチンへ移動している（同上：287-319）。この研究は、個人レベルの分析であり、家族や故郷のつながりにより移住する連鎖移民の実態を明らかにしたといえる。戦前から日本と移住先だけではなく、複数の国に移住していることがわかる。

　ペルーの日系諸団体について調べた先行研究は、神内先駆者センターを調べた論文「ウェルビーイングで持続可能なコミュニティ創造──ペルー日系社会における女性たちの歩みと新たなネットワーク」がある。ペルー日系人協会（Asociación Peruano Japonesa：APJ）が自主財源で運営している高齢者施設である。ここでは、日本からの寄付によって建物を建設したが、APJが経営する病院やクリニック、文化センターの収入によって、また高齢者自身がバザー用品を作成し販売することによって資金を作り、ボランティアによってデイサービスが昼食代だけで行われている（浅香、2016：77-92）。

　筆者はAPJを1987年、2000年、2014年、2017年と訪問したが、その計画性と団結力、人を巻き込む力に感服した。パンアメリカ日系大会に集う13カ国に広がる日系社会からも同様の評価を受けており、日系社会の進むべきモデルとも考えられていた。次節以降では、ペルー日系諸団体の全体像を明らかにして、2017年11月に共催されたペルー日系人協会設立100周年記念行事と第19回パンアメリカン日系大会の様子から、この「エスニック・エージェンシー」が国内において、また国外において、どのようなネットワークと社会関係資本を持つかを明らかにする。こうした分析の後、これら三つの概念の理論的・歴史的検討を行い、他地域の日系諸団体について比較可能な視座を提供する。

3　ペルー日系諸団体の全体像

　本節は 2017 年 1 月 6 日〜 15 日に、「外務省 Juntos!! 中南米対日理解プログラム　ペルー派遣プログラム」に、副団長として参加し、ペルー日系諸団体を訪問し意見交換したときのものを基礎資料としている。本プログラムは安倍首相のペルー APEC 滞在時（2016 年 11 月 18 日）に、クチンスキ大統領（Pedro Kuczynski：2016 〜 2018 年）との会談で訪問団を送る約束をして、実現したものである。とりわけ、ブラジル、米国に次いで世界 3 番目の規模を有するペルー日系社会と今後の連携の仕方を 4 世、5 世の若者たちとの交流を通じて政策提言することが目的であった。

　2016 年 12 月の外務省中南米局配布の資料によれば、ペルーと日本は 1873 年に外交関係が樹立し、中南米で最も長い外交関係を持っていると称えている。在留邦人は 3353 人（2015 年 10 月）、日系人が約 10 万人、在日ペルー人は 4 万 7965 人（15 年 12 月）である。進出日本企業は 55 社であり、鉱山への投資を行っている。2012 年 3 月には日本とペルーの経済連携協定（EPA）が発効している。日本政府は経済社会インフラの整備と格差是正、環境対策、防災対策支援に重点を置いている。

　表敬訪問先としてペルー日本国大使館を最初に訪問し、その後、日秘商工会議所を訪れた。ペルー日系人協会、移住資料館（日秘文化会館内）を訪問した。これらの日程を一日でこなすというと大変なことのように思われるが、ヘスス・マリア地区に商工会議所、移住資料館、ペルー日系人協会、県人会、ペルー日本ポリクリニック（複合病院）、神内センター、ペルー日本劇場、文化センターが 1 カ所に集まっている。APJ への出入り口はひとつだけであり、警備員がおり安全が確保されている。さらに、入ってすぐの APJ のロビーでは日本語の衛星放送が受信されていて、ロビーで待っているだけで、知り合いの人たちに会うことができる。「カイカン」に行くと子どもから大人、高齢者、非日系人も一緒に集まっていて、なんとなく安心する空間となっている。文化センターに勉強に来た子どもを迎えに来る祖父がいたり、友達と待ち合わせたり、さらには、ここの日本庭園が美しいので、結婚式の写真を撮りに来る非日系のペルー人までいる。昼食の日系料理を食べに来る非日系のビジネスマンもいる。

まさに皆が集える機関である。

1969年設立の日秘商工会議所は（2017年1月2日現在）名誉会員を日本大使館としている。賛助会員は米国の会社2、ベネズエラ1、チリ1、日本の会社1の合計5である。日本会員は31、ペルー会員は62加入している。

2017年11月に開催されたパンアメリカン日系大会に参加した13カ国の参加者をこのカイカンで驚かせたものは、立派な複合施設だけでなく、ペルー日系社会が自前の銀行を持っていることだった。日秘商工会議所のペルー会員で四つあった。

 COOPERATIVA DE AHORRO Y CRÉDITO ABACO（アバコ貯蓄信用協同組合）

 COOPERATIVA DE AHORRO Y CRÉDITO AELU（アエル貯蓄信用協同組合）

 COOPERATIVA DE AHORRO Y CRÉDITO PACÍFICO（パシフィコ貯蓄信用協同組合）

 COOPERATIVA DE SERVICIOS EDUCACIONALES LA UNIÓN（ラ・ウニオン教育サービス協同組合）

これら四つの日系の銀行はペルー移住者たちが「たのもし」と呼んでいる「頼母子講」協同組合方式で助け合っていたことから発生したオリジナルなものである。これを見るとペルー日系社会は日系人自らが日本にも存在した互助努力をして日系社会の土台を作り上げていったことがわかる。

国頭ホルヘ ペルー日系人協会会長は「ペルー社会には不信があり、個人主義でエゴイスタである。これはスペイン人征服者による罪である」と述べている（2017年1月9日）。また、日本人に対するイメージは「働き者、誠実で、連帯」があるとペルー社会ではとらえられており、ペルー人はその反対と考えられている。それゆえに教育・医療施設・雇用を創出するこのペルー日系人協会はペルー人にも人気のある施設となっている。バンクストンの理論を裏づける社会的ネットワークと社会関係資本の生成と発展の関係を見出すことができる。この組織は日系人だけではなく、会員の非日系の人々にも開かれている。つまり、非日系の人々にとっても日本をモデルにして社会上昇するというアクセスの入口になっている。例えば先住民出身のウマラ大統領（Ollanta Humala：2011〜2016年）は、日系人のラ・ウニオン学校の卒業生である。

ペルー日系人協会は 2017 年に創立 100 周年となった。1600 人を雇用し、200 人の名誉理事がボランティアで運営している。会長は任期 1 年であり、持ち回りとなるので、専任のスタッフがテクノクラートのようにしっかり組織を支えている。「日系社会の目標はペルー社会に貢献し、日本と良い関係を持つ」ことである。ペルー日系人協会は 300 の活動を提供し、福祉にも貢献している。ペルー日本 100 周年記念病院やペルー日本ポリクリニック（複合病院）を経営し、300 の社会知識、日本語、武道コースを提供し、ペルー日本技術学校では、ビジネスコースや技術キャリアを修得できるようにしている（APJ, 2017: 13）。1993 年に設立されたペルー日本劇場は、1025 人以上の定員で、ペルーで最も近代的な劇場の一つである。また、道場（空手、柔道、合気道、剣道）も持っている。ギャラリーでは展示会も開催できる。APJ は自前の出版基金を持ち、『源氏物語』のスペイン語訳も出版している。優秀なペルー文学作品をコンテストにより選び出版する "José Watanabe Varas"（ホセ・ワタナベ・バラス）賞の選考を行っている。こうした事例はそれぞれの HP で公開されている。また JICA 横浜の海外移住資料館とも協力関係にある。

　日系新聞として『ペルー新報』があり、日本語とスペイン語で記事を掲載している。ペルー新報社をわれわれは訪問して貴重な史料を見せていただいた。ここでは日本人のインターンを募集していたが見つからなくて困っていたが、Juntos!! で参加した若者が志願していたのが印象的であった。さらに『ペルー新報』では、1996 年にゲリラに占拠されたペルー大使公館跡地に日本の城を建てて両国の親善に役立てようという提案をしていた。日本からの参加者はその提案に皆びっくりしたが、確かに城は日本人の心のシンボルであり、ハワイのマキキ城やパラグアイの前原城が建立されていることからすれば、突拍子もない意見ではないかもしれない。提案者の一人、コハツ編集長は、1996 年以来危険だとイメージされるペルーのイメージ改善のため、またペルー人が楽しんで日本の文化に接することができることが大切だと指摘する。氏は神内先駆者センター設立の功労者であるエレナ・コハツの子息である。

4　パンアメリカン日系大会に見るネットワークと社会関係資本

　ペルー日系社会を海外と結びつけているものは、代表が毎年参加している海

外日系人大会と2年に1度南北アメリカの1カ国で開催されるパンアメリカン日系大会である。海外日系人大会は横浜JICAにある海外日系人協会が中心となり世界の日系人の代表を集めている。パンアメリカン日系大会を主催するパンアメリカン日系協会は1981年に南北アメリカの日系2世が横のつながりを求めて連帯したものであり、「大陸のよりよき市民になろう」が共通の目的となっている。海外日系人大会は中心が日本にあるので、先祖の国とのつながりや価値観が重視されている。海外日系人大会は、1957年、もはや戦後ではないといわれた年の翌年に第1回大会が開催されている。これは戦後ララ物資による南北アメリカ日系社会からの日本への支援の感謝のために設けられた。

　この二つの世界大会と組織は継続的に国際大会を開催することにより、ネットワークと日本人や日系人Nikkeiであるというアイデンティティや規範を維持し増幅する機能を持つ。ここでは、Nikkeiであることが即、移住地に適応した日本の価値観や日系人同士の信頼関係を基にして、互いに助け合い、現地で社会上昇する助けになっている。このことがネットワーク形成の魅力を増し、やる気のある日系人や有力な日系人を磁石のように惹きつけている。

　2017年11月2日から5日まで、第19回パンアメリカン日系大会がペルー日本劇場をメイン会場にして開催された。大会を通じて筆者が一番印象に残ったのは、パンアメリカン日系協会のアルトゥロ・ヨシモト会長はもとペルー人であり、現在米国ロサンゼルスに在住であるが、移住したばかりの頃は何もわからず、日系社会に助けられ米国日系2世と結婚し、成功を収めたということである。スペイン語と英語ができるので、南北アメリカ両大陸をつなぐことができ、それが信頼を呼んでいる。また、カナダの代表は、アルゼンチンからカナダに移住した日系人であった。かつては、カナダの中心人物は日系人の戦時賠償補償に貢献した日系2世のアート・ミキ会長であったが、ラテンアメリカから移住した日系人がその後を継いでいたのが大変印象的だった。2009年のウルグアイ大会以降、英語よりもスペイン語の使用の頻度が高くなったパンアメリカン日系大会であった。その背景には、1981年以来活躍した北米の日系人が高齢化し、大会の中心が南米になってきたことがある。北米との連携をどうするかということが前回の2015年ドミニカ大会で話題になっていたので、南米からの移住者がその仲介者となるというのは新たな可能性を示すものである。また、移住に際して、日系団体がその受け入れとオリエンテーション

機能、社会上昇の援助機能、新たな国内・国外ネットワーク創生機能を持つことがわかる。

また、今回の大会で強く印象に残ったことは、ペルーには豊富な人材がいるということである。特に日本の大学院への留学によって学位を取り活躍する日系人がいることである。それ以外にも、日本との交流によって技術を磨き、医学分野でも、日本にいるのと同じレベルの医療を受けることができる。また、APJは国際交流に慣れており、外交上のプロトコール（外交儀礼）も、大統領を招くことも首相を招くことにも慣れていることである。これは、日系人の地位の安定のために重要なことである。

写真1　パンアメリカン日系大会代表者会議
（筆者撮影）

また、パンアメリカン日系大会の特徴としては、基調講演の後でも、パネリストをつけ、講演に関連

写真2　パンアメリカン日系大会とAPJ100周年記念行事で子どもたちによる各国の国旗紹介
（筆者撮影）

する議論をすることである。また、ワークショップでは、全員参加で議論して互いの理解を進めている。これは、南北アメリカ13カ国から集まる日系人が共通性を持ちながらも、各地域の固有の問題を持っていることを反映している。

リマ大会の基調講演者であるルイス・ババ EFIDE（貯蓄信用協同組合）理事長は新技術と新たな潮流について話し、その中で日系人や日系の組織は技術の進歩とともに国家レベルでもグローバルレベルでもそれを機会として進んでいくべきだと指摘した（2018年11月3日）。その後4人の講演者が続いた。

浅香が「日本とラテンアメリカとの国際関係」について、2017年5月9日に外務大臣に提出された「中南米日系社会との連携に関する有識者懇談会報告書」と外交青書による日本外交の中南米への変化と日系人との関係について述

べた。とりわけ、日本と日系人にとり大切なことは、日本と中南米の良好な外交関係・経済関係の源泉となっている日系社会との連携を進めることによって、日本の進路を開こうとするものである。国連の「2030アジェンダ」を共に達成することは、今までの日系人の開発への貢献の歴史から考えれば、重要な課題であると会場に投げかけた。

その後、ケイコ・フジモリ フエルサ・ポプラル党首が「Nikkeiであることと社会への適応は容易ではなく、努力と犠牲が必要だったが、ともに働く日系人は発展していった」と述べた。日系人として協力して働くことは、このペルー日系社会において皆の了解ができていることが伝わってきた。

ホルヘ・ヤマモト博士（心理学）が、「日系社会のウェルビーイングと発展に伴う未来の建設」について話し、どのように幸せを感じていくかNikkeiアイデンティティに焦点を当てて、話した。

また、筑波大学で博士号を取り、霞ヶ浦の浄化プロジェクトを研究したマリノ・モリカワは環境改善のグループ会社を経営し、チャンカイのカスカホ湿地の環境を改善したが、観光で汚染が進むチチカカ湖の浄化プロジェクトを紹介した。

それ以外には、全員参加のワークショップが「日系アイデンティティ」「文化と芸術――習慣と伝統」「教育とスポーツ――アメリカ大陸における日系コミュニティの経験と国際交流」「ビジネス、共同モデル、フランチャイズと専門家のネットワーク」「日系コミュニティにおけるボランティア活動の普及」「未来をつくる――若者とリーダーシップ」をテーマに行われた。さらにペルーの民族舞踊やペルー日系料理、日系人の生活というワークショップもあった。

国際音楽祭の開催や祭りもあり、全員参加のイベントが繰り広げられた。

5　理論的歴史的検討と展望

バンクストンの「移民の社会的ネットワークと社会関係資本」という分析では、エスニック・グループごとに階層化も異なっていることが指摘された。ペルー日系社会の場合は、ケイコ・フジモリが語ったように適応には苦労したが、皆で働いて現在のNikkeiという中間層以上の階層を獲得している。それには、ペルー日系人がペルー社会の中で貢献しているだけでなく、日本からの援助も

あり、相乗効果を挙げていることが観察できる。この場合、1990 年に「出入国管理及び難民認定法」の改定施行により、定住者資格で日本人と同じように生活し働くことができる日系 3 世までのペルー人は、戦前と同じように日本とペルーを往復でき、日本とペルーの日系社会の連携を強化している。今日、4 世にその資格がないので、日系社会からは 3 世までと同じ資格が望まれている。注目すべきは、日系社会の中に互いに対する信頼感があり、それが規範となって、四つの銀行、教育・医療・雇用の学校や病院などがあり生涯に亘って生活を保障していることである。とりわけ、頂点に立つペルー日系人協会の会長が 1 年を任期とするボランティアであり、リーダーは皆に仕える人という謙虚さを有していることが鍵となっているように観察できる。これは、カトリック教国であるペルーの主流の価値観とも一致しており、モデル・マイノリティと位置づけることができる。

　日本の外交については『外交青書』が基本的な政府の動向を知る一次資料となる。2016 年、2017 年の『外交青書』では、中南米と日本の外交関係において特筆すべきは、中南米へは日本がさらに企業進出をするという外交方針である。また、パートナーとして、法と民主主義により一緒に国際社会をより良くしていこうとしていることである。2016 年の『外交青書』では、2011 年以来、中南米の経済成長により、2014 年 10 月には、2087 の日本企業が進出し、213 万人の日系人が日本と人的・歴史的つながりがあるとしている。このような背景の中で、日系諸団体のネットワークと社会関係資本は、すでに現地に定住し、貢献することによって受け入れられてきた日系社会と日本および日本人、また、日本にある在日日系社会とを有機的に結びつけ、互いに助け合うことを可能とする。この国際上の位置づけが日本およびペルーの相互の発展に寄与する。

　ペルー日系社会は 1600 人のスタッフを雇用するペルー日系人協会を中心に医療・教育・高齢者施設・銀行・商工会議所が相互にネットワークでつながっている。

　こうしてまとまった APJ が窓口となり、日本大使館、ヘスス・マリア地区、ペルー大統領府と交渉ができるようになっている。とくに APJ の会長は任期が 1 年のボランティアである。権力が一人の人に集中しない仕組みとなっている。その他の要職もボランティアとしている点が、信頼を醸成する仕組みとなっている。APJ には県人会や婦人会も部屋を持っており、国内のネットワ

ークがここへス・マリア地区に集結している。更に婦人会は各地域にあり、ボランティア活動を支える社会関係資本の側面も持っている。

ペルー社会が信頼を生まず、分節化した社会であるのと比較して、ペルー日系社会は、金融や教育、医療機関、老後、身寄りの無い高齢者向け施設まで有しており、安心安全と生活が保障された仕組みを持っている。日本語と日本的な価値観をこの施設を通じて受け継ぐので、「誠実・勤勉・連帯」という社会関係資本は再生産され、日系社会を盤石なものとしている。また、これはペルー社会へのモデル提示ともなっている。日系人人口はペルー全体の人口の1%にも満たないので、日系社会は非日系の人々と連携することによってペルー社会で有用な信頼を生む社会関係資本を提供できる。

写真3　APJが経営する高齢者施設を訪問するペルー Juntosの団員たち（筆者撮影）

写真4　ラ・ウニオン学校の玄関にあるカトリックの聖母像やキリストの御絵（筆者撮影）

おわりに

本研究結果は、中南米日系社会の構造と機能を調査することにより、国の財源が限られ社会的孤立の進む日本においても参考となるような、望ましい社会的ネットワークと社会関係資本がペルー日系社会には存在することがわかった。すなわちペルー日系社会には「信頼」という社会関係資本があり、そのために四つの共同出資の銀行まで有している。これは移民当初から互いに支えあってきた「頼母子講」（金銭の融通を目的とする民間互助組織）がその母体と

なっている。日系諸団体は 1917 年に設立されたペルー日系人協会を中心として、学校、病院、高齢者施設、商工会議所、県人会、文化センター、銀行が運営されている。また、これらはペルーの主流文化であるカトリック文化にも統合されている。日系施設には、聖母マリア像やクリスマスの時期に飾るキリスト生誕の飾り付けを見ることができる。

　約 10 万人の日系人がペルーにおり、日本には約 5 万人住んでいる。日本人と移住者の往還は戦前からあり、戦争で中断し、1990 年の「出入国管理及び難民認定法」の改正施行によって復活している。また、企業からの駐在者や留学生、国際結婚した人のような新たな移動する人々も存在する。ペルー日系人協会には約 1600 人のスタッフがおり、200 人のボランティアの会長以下執行部がある。会長の任期は 1 年であり、選挙によって選出されている。このような大きな組織であるので、パンアメリカン日系協会ペルー支部はその傘下にある。今回はペルー日系人協会設立 100 周年記念とパンアメリカン日系大会が同時に開催され、ペルー日系社会の結束を見ることができた。教育と雇用という二つの目標を有しているので、持続可能な組織運営となっており、他の日系社会や日本社会でも参考となるものだった。

謝辞　本研究は、2017 年度「外務省 Juntos!! 中南米対日理解促進交流プログラム ペルー派遣プログラム」、2017 年度南山大学パッヘ研究奨励金 I-A-2、およびパッヘ研究奨励金 II-B による研究成果の一部である。記してお礼申し上げる。また、インタビューに応じてくださった方々に感謝する。

引用・参考文献
APJ: ASOCIACION PRRUANO JAPONESA（2017 年入手）.
Bankston, Carl L. III., 2014. *Immigrant Networks and Social Capital*, Polity Press, Great Britin.
XIX *Convencion Panamericana Nikkei: COPANI LIMA Cnstruyendo el future Lima-Peru del 2 al 5 de noviembre de 2017.*
赤木妙子、2000 年、『海外移民ネットワークの研究——ペルー移住者の意識と生活』芙蓉書房出版。
浅香幸枝、2016 年、「ウェルビーイングで持続可能なコミュニティ創造——ペルー日系社会における女性たちの歩みと新たなネットワーク」『ククロス』第 13 号、名古屋大学大学院国際開発研究科国際コミュニケーション専攻、77-92 ページ。
―――、2017 年、「メキシコにおける日系企業進出に伴う日系社会の変容の研究——人の

移動と異文化理解の視座から」『グスタボ・アンドラーデ先生追悼論文集　ラテンアメリカ研究の新地平を求めて』上智大学アンドラーデ先生追悼論文集編集委員会、127-151ページ。

外務省、『外交青書』2016年版、2017年版。

外務省中南米局、「2017年ペルー派遣プログラム」配布資料（2016年12月付け）。

白水繁彦、2018年、「ハワイ日系人の社会史──日本人移民が残したもの」日本移民学会編『日本人と海外移住──移民の歴史・現状・展望』明石書店、51-73ページ。

早瀬晋三、2018年、「東南アジアへの移民──日本優位から対等な関係へ」日本移民学会編『日本人と海外移住──移民の歴史・現状・展望』明石書店、199-215ページ。

前原深・前原弘道、2014年、『パラグアイを語る──パラグアイに実現した奇跡の日本の城』中央公論事業出版。

三田千代子、2018年、「ブラジルの移民政策と日本移民」日本移民学会編『日本人と海外移住──移民の歴史・現状・展望』明石書店、118-153ページ。

第 2 章

20世紀初頭のホスト社会としてのペルー
——日本人移民をめぐって

加藤隆浩

はじめに

　グローバル化というと一種の決まり文句のように、人・モノ・カネ・情報等々と移動するものが列挙される。しかし考えてみると、人以外のものは、いかなる事物も人の営みなしには移動せず、また、それらは人の有り様を映し出したものであるから、グローバル化は、ナマの人間によって直接的・間接的になされた所作に大きく規定されていると考えなければならない。つまり、グローバリゼーションを創り出すのは人であり、したがって、グローバル化には人のさまざまな行為・行動が絡んでくる。わけても重要なものが、人そのものの直接的な移動、そしてその人たちが移動先で何をし、その結果がどうなるか、である（cf. 前川、2012）

　人の国際移動というテーマを設定すると、移住・デカセギ・亡命・難民・ビジネス・観光・留学等々、問題としなければならない研究対象が次々に思い浮かぶ。しかも、それらのテーマからはまた新たに、国境・異文化理解・他者認識・社会統合・多文化共生といった一筋縄ではいかない問題も派生してくる。人の流れというテーマは、初めから途方もなく大きく、また込み入ったものであることは分かってはいるが、問題系をこのように挙げてみるとどれをとっても、今さらながらに手ごわいテーマだと言わざるをえない。ただし「広範にすぎる」と怯み、手をこまねいているわけにはいかないだろう。なぜなら、それ

は私たちの社会・文化のさまざまな側面と複雑に絡み合い、社会や文化のより深い層まで浸透し、時には今すぐにでも解決しなければならない喫緊の課題として立ち現われてくるからである。にもかかわらず、グローバリゼーション研究は一時の流行、すでに古臭くなったテーマであるかのように顧みられなくなっているのはいかにも残念なことである。

　では、この大問題を研究対象としてどう捉えるのか。そのように問うと、おそらく「単一のディシプリンでは限界がある。学際的総合研究を目指すアプローチこそが必要だ」という意見が異口同音に返ってくることが予想される。確かに至極もっともなことであり、それには全面的に賛成する。しかしただ一つ思うことがある。現代のグローバル化した複雑なシステムにいきなり取り組むのではなく、グローバルな視点を導入しながら、それでいて、地域をもっと限定し、小規模で変数の少ない対象を考察する道もあるのではないか。そうすれば、さまざまな実証的データの裏づけを得て、どのような要素が他の何と関連し、それが問題全体の中でいかなる脈絡を形成するのかを明らかにすることができる。さらには「グローバル」を過剰に優先させ、肌理（きめ）の粗い議論になるのを予防することも可能だと考える。

　小論は、20世紀初頭にペルーで根を張り始めたわずかな数の邦人がホスト社会にどのように映ったかを検討し、日本人移民とホスト社会との関係を考察するものである。こう述べると、ここで再び、意外に思い首をかしげる向きがあるかもしれない。20世紀初頭、つまり今から100年以上も前の古い話をほじくり返し、そこにいったいどのような現代的意味があるのか、といぶられる可能性がなきにしもあらずだからである。今の問題を今の時代の脈絡で解くことはもちろん重大だが、思うにそれだけが唯一の方法ではないだろう。移住がどのように始まり、移住者がいかなる形でホスト社会に組み込まれ定着していったのかというプロセスを実証的に解明するのは、現在、生起する現象や問題と根底において深く関わるものとして、現代的テーマであるばかりか、現在を知るための不可欠な視点を提供してくれることを忘れてはならない。しかも、先に述べたように、比較的小規模な集団を選び、それに対象を限定することで、いきなり地球規模の複雑で多様な現象に幻惑されず、より精緻な分析に取り掛かれると思われる。

1　移民研究の射程

　さて、日本移民・日系人というテーマは人気のある研究テーマで、これまでにもグアム、ハワイに始まり、南北アメリカを舞台にして膨大な量の研究の蓄積がある。ここでは、ペルーでの日本人移民に限定するが、それでも、このテーマについては多くの研究が断続的に提出されている。先行研究は多岐に及ぶが、大きく分けると概ね以下の八つの課題に集中している（cf. モリモト、1992；伊藤、1992；柳田、1997；Fukumoto, 1998；中川・田島・山脇、2010；浅香、2018）。

1) いつ、どのような日本人がペルーに痕跡を残したか。それは、17世紀初頭まで遡れるが、いかなる歴史的背景があったのか、という問題。
2) 1899年に開始された契約移民の実態とその後の展開に関する研究。これは、大志を抱いてペルーに渡った日本人の夢が、到着後ただちに悪夢に暗転した辛い現実に注目し、当時の日本人移民がペルーで置かれた社会・経済学的な立場とその変化を考察するものである。
3) 日本人移民が功をなしペルー社会に定着し、頭角を現していくプロセスの研究。これには、ペルーでの地域拡大と、特定の産業への進出、言い換えれば、日本人の社会的上昇のテーマが伴う。
4) 日本人の経済的成功に伴うペルー社会からのバッシングと、そのバッシングに拍車をかけた第二次世界大戦での排日運動の実態とそれに耐える日系人の行動の研究。
5) 戦後の復興とその最も輝かしいトピックの一つとしての日系フジモリ大統領の誕生。またそれに関連して出てきた日系人としてのアイデンティティとその揺らぎの問題。
6) アイデンティティとの関連で、「言語」「食」「まつり（行事）」などの日本文化がどのように変移または残存しているか、またペルーの文化が日本社会においていかに変容しまた定着してきているかそのプロセスに注目して実証する研究。
7) 1990年から始まる日系人のデカセギ現象に関する研究。移民に不慣れで対処の仕方が分からない日本社会の戸惑いと、日本に夢と希望を

抱いて来日した日系ペルー人の動揺。ここで、日本人と日系人との折り合いをつけるためのイデオロギーとしての多文化共生が議論され、理念と現実のギャップを乗り越える方策の検討と提言がなされた。
8）来日した日系人とその家族、とりわけ、子どもたちの抱える教育支援の問題を分析し、国、地方自治体への提言につなげていく実践的な研究。

　もちろん、以上の八つから漏れた研究もあるし、複数の分類にまたがる研究もある。したがって、上記の分類は完全なレヴューの枠組みにはならないが、大まかな研究動向は示していると思われる。また、研究方法について付言しておけば、古文書からデータを地道に拾い出していくという歴史学的研究もあれば、統計資料を駆使し数字を使って「客観性」を重視し、比較研究への道を拓こうとする研究（赤木、2000）もある。さらにまた、古老の体験談をそのライフ・ヒストリーとして聞き取り、生々しい心の動きを捉えるという分析方法なども効果的に活用されている。それぞれが適材適所でうまく使い分けられており、分析の幅を広げ、またその奥行きを深めながら、主に上述した八つのテーマが探究されてきたのである。

　さて、研究の内容やテーマが多岐にわたるように、方法論も多様であるが、確認したいことが、もう一点ある。それは、これまで探究されてきた事柄の大半が邦人がどうなったかというテーマに収斂し、しかもそこで分析されているのは、多くの場合、労働を提供する日本人・日系人という視点である。これは、研究者が日本人、あるいは日系人ということもあり、関心が自分の同胞に向くことと無関係ではないだろう。しかも、移住者の多くは、労働を前提として移民したのだから、労働問題に関心が引き寄せられるのも自然なこととして納得がいく。

　ただし、移民という現象の必要条件は「人の移動」ということを忘れなければ、これまでの研究には大きな空白があることに気づかざるを得ない。なぜなら、移民という現象は、移住する人々がおり、また、それを受け入れるホストがあってはじめて完結する事象であり、移住者だけがいて、その受け入れ先がないというわけにはいかないからである。

　だとすれば、日本人に焦点を合わせる研究と同時に、受け入れ側（ホスト）であるペルー社会、それを構成しているペルー人にも目を向ける視点が必要であるのは当然のことと思われる。1990年以降、日系人がデカセギ者として日

本に回帰した際に、日本社会が彼らをどのように見、いかなる形で受け入れるべきかを検証する必要があったことを思い起こせば、この点は、実感をもって理解してもらえるだろう。

とはいえ、これは、従来の研究の足りない部分を補充するという、単なるニッチ探し、落穂拾い的な作業ではない。移民という現象が、移住者とホスト社会との関係の上で成り立ち、相互規定的、時に補完的であるという両者の関係に気づけば、そのメカニズムの解明には、ホスト社会としてのペルーとそこへ移動してくる日本人とがせめぎ合うプロセスの考察が必要であり、そこからこれまでとは異なった多面的かつ、より深い検討が可能となると考える。

以上の理由から、ここでは日本人移民が、20世紀初頭、ホストであるペルー社会とどのように関わり、どんな形に映っていたかを検証したい。というのも、二つの国（国民）、あるいは文化が遭遇するとき、そのファースト・コンタクトで形成される他者認識とそれに基づく行動のせめぎ合いが、後の両者の関係を方向づける基礎となるからである。

ところで、上述したことから、ペルーにおける20世紀初頭の日本人について検証する意義については、お分かりいただけたと思うのだが、しかし、この問題を考える直接のきっかけは、まったく別のところにあった。筆者は以前より、ペルーの歴史学者、ウィルフレド・カプソリ（Wilfredo Kapsoli）と共同で、ある大部の古文書の解析にあたっている。その文書は、20世紀初頭に纏められたガリ版刷りあるいは粗末な印刷の「先住民擁護協会」（Asociación Pro Indígena）の機関誌で、ペルーの富裕層の子女、しかも高学歴のエリート、ペドロ・スーレン（Pedro Zulen）やドラ・マイヤー（Dora Mayer）らが中心になって刊行したものである（Kapsoli 1980）。内容は、ペルー各地で当時の権力者や大地主が先住民をどれだけ搾取し、またどのように人権蹂躙をはたらいているのか、その実態を告発し、先住民と国家との関係をどうすべきか、また先住民の、人間としての尊厳をいかに守るかなどを考察し、何らかの提言をしようという理想に燃えた冊子群である。したがって、先住民専門誌とでも呼べる雑誌だったわけだが、興味深いことにその中で時折、日本人に関する記述がでてくることが分かった（Kato, 2014）。たとえば、「日本人が発する前向きなバンザイという叫び声をわれわれペルー人も見習いたい」とか「日本人の読み書きの能力の高さに感心」したとか、はたまた「日本人は手を使わ

ずに足の親指を動かすことができ」それこそが彼らの優秀さの証拠の一つとか、あげく、道で出会った日本人に敬意を込め「紳士」(Málaga, 1914) とさえ呼んでいる★1。先住民擁護協会のメンバーたちが、日本や日本人に関する知識をどこから得たのか現状では定かではないが、彼らが日本人に対してかなり好意的なイメージを持っていたことは間違いない。ペルーへの移民が始まって、間もない時期であり、当時、日本人については、「大農園で農園主や監督に反抗し奴隷のように鞭打たれ、時には逃亡した人たち」というレッテルが貼られ、同様の記述がそれまで繰り返されてきただけに、ペルーの若いエリート集団の日本人贔屓の言説は、従来とはまったく別のイメージで日本人を捉える人々がいたことの証となる。

　日本人を雇った大農園主・経営者と先住民擁護協会の成員。両者は、同じ時期に同じものを見たが全く別の印象を持ったことになる。もちろん、両者とも日本人を受け入れた同じホスト社会を構成する集団だが、ここではっきりしていることは、日本人を「反抗的」と見なしたホスト社会は、日本人を雇用し、彼らを名前ではなく番号で呼び、あたかも彼らが、囚人か奴隷であるかのように扱った大農園主らであり、他方、日本人に好意的イメージをもったのは、同じ富裕層に属しながらも彼らとは労使関係にはなかった高学歴の若者たちだった。

　だとすると、一口に移民を受け入れたホスト社会といっても、受け入れ側は決して等質な社会ではなく、日本人を見る目、評価する視点には、同じホスト社会にあっても大きな温度差があったことになる。一言でいえば、ペルーという受け入れ国には、見方の異なる複数のホスト社会があったということである。

　そこで、日本からの初めての契約移民が関わったホスト社会とはどのようなものかを検討してみると、大きく分けて少なくとも次の三つのセクターが浮かび上がる★2。すなわち、

　1. 大農園の所有者（アセンダード）・経営者
　2. 大農園で働くペルー山間地出身の農民（ペオン）
　3. 耕地（大農園）とは直接関係のない、主に都市に在住する人々、

である。

　ただし、上記のセクターは、1899 年に日本からの契約移民 790 人がペルー社会と初めて接触をもって以来、その関係性が短期間のうちに大きな変貌を遂

げたことが分かっている。そこで本稿では移民の初期を便宜的に遭遇期（1899-1905）、転回期（1906-1913）、発展期（1914-1930）の3期に分け、それぞれの時期の中で、上記の三つのセクターがどのように関連しているかを検討することにする。

2 日本人移民とペルーホスト社会のせめぎ合い

2・1 遭遇期（1899-1905）

　この時期は、主に契約移民としてペルーの開拓地で一旗揚げようと夢見る若い日本人790名を乗せた佐倉丸が首都リマに隣接するカリャオ（Callao）港に着き、次の移民船が来るまでの期間を指す。この時期は、互いに相手国の文化や習慣、歴史、とりわけ言語などを充分に知らないまま出会い、交わされた労働契約文書と現実とのギャップにより次々に問題が発生したファースト・コンタクト期である。スペイン語を解さない日本人、日本語を使えないペルー在住の雇用者――すべてがペルー人ではなく、イタリア人、イギリス人等もいた――がそれぞれが全く異なる社会・文化的要素を背景に、労働の供与とそれに対する報酬の支払いというデリケートな問題ですらほとんど「出たとこ勝負」で解決しようとしていた時期である。

　この時期の日本人移民とホスト社会の関係は、先の1から3のセクターとの関係が理論上考えられるが、実際に大きな意味を持つのは雇用主と被雇用者という関係がほとんどすべてであり、日本人の移住者が、ペルーの他のセクターの人々と積極的に関わる状況にはなかった。では、注目すべき1のセクターと邦人との関係、すなわち、契約により雇用者と被雇用者との関係に入った両者は互いに相手をどのようなものと認識し、いかなる所作で相手に接したのであろうか。

　この時期のホスト社会、わけても邦人の移民と正面から向き合う大農園の所有者・管理人の日本人への対応、日本人観は概して否定的なものであった。アセンダードらは、日本人移民を、契約では彼らとは異なる別の雇用形態で働く人々（山間地出身の農民のペオン）と同列に扱った★3。日本人移民はこれを契約違反と見なし、その違反行為を容認することはできなかった。しかし、雇用者・経営者は、その抗議を聞きいれず、不利な条件をさらに押しつけようとし

たので、日本人移民の中には、やむなく反抗、逃亡という行動に出る者（飯田、1992：34-37）もいた[★4]。

　これは、契約移民にとっては、被雇用者すなわち自らの権利を守る最後の手段であったが、邦人を雇うホスト社会、すなわち農園の所有者・経営者には日本人の行動は理解しがたいものであった。なぜなら、アセンダード等にとっては、農地で働く者とは、命令を出す者とそれを実行する者の2種類しかないのは、言わずもがなの事柄だったからである。ところが他方、邦人移民は、奴隷でもペオンでもない、契約移民であったはずなのに、その契約の中味を無視し、ペオンと同列に扱うのは明らかに契約違反であり、それを容認することはとうていできなかったのである[★5]。

　また、遭遇期での大きな問題は言語の壁だった。スペイン語を理解できない日本人と、日本語を理解できない雇用者・経営者とのすれ違い、言語的障壁は如何ともしがたく、日本人が集まり彼らが日本語で話し始めると、それを理解しない雇用者等は、反乱の謀議をしているのではないか、と疑心暗鬼になり、あげく、仕事場に武装した軍人を配備することもあった。他方、邦人は邦人で、雇用者等がスペイン語で話していると、「彼らはきっと自分たち日本人を馬鹿にしているに違いない」とか「日本人をだますつもりかもしれない」と勝手に思い込み、邪推が邪推をうみ、突然の暴力沙汰になることもあった[★6]。雇用者による軍人の配備といい、日本人の突然の暴力といい、この時期は、一口で言えば、コミュニケーションが全く成立しない相互不信が支配する時期であった。

　この時期に大きな役割を果たしたのは、日本人で、役所仕事に精通している契約移民の斡旋業者だった（田中、1969：25-26）。彼らは邦人とホスト社会間に問題が生ずれば、その仲介に入り、問題の解決を図った。そして、伝統的雇用環境については旧態依然とした部分もあったが、両者の言い分を良く聞き、両者の折り合いをつけるのが彼らの仕事であった。そのおかげで、日本人を雇用した農園の所有者・経営者には、日本人には多少の妥協をしても、仕事の質の高さでそれを補えると納得させることが可能であった。したがって、農園では、経営的には日本人を追い出すよりも、むしろ積極的に日本人を雇用した方が有利というのが本音となった。実際、解雇になった者も若干あるが、それは仕事の邪魔をするほんの一握りの人たちで、残った労働者は、プランテーションの所有者や管理者が満足する働き手であった。

第 2 章　20 世紀初頭のホスト社会としてのペルー

　遭遇期の日本人は、列悪な環境のもと——過労、栄養失調に加え、マラリア・消化器系の疾病の蔓延など——多くの犠牲者★7を出したが、それでも契約通り与えられ仕事をこなし、農園から引き上げるにしても、一般に他に迷惑のかからないよう自らの責任を充分に果たしてからという自己規制が働いた。したがって、日本人が去った後も、アシエンダ（大農園）の所有者、経営者は、日本人の労働者を優先的に雇用しようとしたのもむしろ当然であった。これは、言うまでもなく、労働者としての日本人のイメージ——勤勉・強い責任感・細かな配慮ができる等——が、短期間であったにもかかわらず形成されたことを示すものと考えてよい。

　では、日本人が働くアシエンダで同様に働いていたもう一つの別のセクター、ペオンは、日本人をどのように見、また彼らとどのような接触をしたのであろうか★8。

　シエラ（アンデス高地）からやってきたペオンは、日本人移住者と同じアシエンダで働いていても、任される畑は日本人とは別、住居も別になっており、両者は意図的に隔離されていた。これは、日本人と、山間部出身の農民の謀議を未然に防ぐための策であった。とはいえ、ペオンの多くはケチュア語を話し、日本人はほとんど日本語しか話せなかったので初めから言語上の障壁は大きく、実質的にコミュニケーションは成立せず、ペオンも日本人も、互いを異質な人間と捉えていたようである。日本人移住者は、山間部出身の先住民文化をもつ農民を「土人」と呼び、アセンダードや経営者と同じく、日本人移住者もペオンは自分たちとは異なるものと見なしていたようである★9。しかし、両者はしだいに接近し、日本人がペオンのストライキに協力するという場合も出てきて、ペオンも日本人も似た境遇を持つ者同士として友好的な仲間意識がしだいに醸成されてきたと思われる。

　では、第三のホスト社会（大農園とは関係のない、都市住民）は、日本人移民とどのように関わったのだろうか。実は、邦人の移民はペルー・カリャオ港に到着するや、すぐに大農園に配属されてしまったので、大農園の外との接触はほとんどなかったようである。ただ、都市には、入手できる情報源として新聞などがあったこと、またアシエンダでの仕事に早々に見切りをつけ、リマに転居する人々もでた。そして彼らの多くはリマ市の街角ですぐに商才を発揮した。朝早くから深夜まで働き、その勤勉さをまわりのペルー人に印象づけた。

35

また仕事の細部にもこだわる丁寧な仕事、手先の器用さが評判になった。

その一例が、リマにおける日本人による理髪業である。その生業は、鋏と櫛、鏡などを調達しさえすれば、それ以上の投資を必要としない。したがって、大した資金も持たなかった当時の日本人向きの商いとしては最適なものの一つだったし、邦人の際立った特性、丁寧さ・誠実さ・細部への拘りなどを PR する絶好の商売になった。実際、男女ともにおしゃれで、いずれも頭髪にこだわるペルーでは、そこで見せる調髪の技は日本人の固有の特性が最もうまく発揮できる分野となり、後述のように、理髪業界には日本人が次々に参入していくことになる（田中、1969：19）。

ただし、都市のペルー人にとっては、彼らを全面的に受け入れるというものではなかった。邦人は、日本人の行動の特性として、商売においても強い仲間意識、組織内にも頑強な連帯感を発揮するが、ペルー人にとっては、それが日本人の排他性・孤立化に映った。とりわけ、通婚に関していえば、呼び寄せ、見合いといった手段によって、配偶者が日本人――あるいはさらに細かく、自分の出身地の者というように――の中から選ばれ、ペルーで働き、ペルーに居を構えているにもかかわらず、ペルー人との通婚はほとんどなかった。その意味で日本人は、社会的にどこまでいっても異人であった。

ただ、そうした邦人の「難点」が指摘されはじめたが、彼らにとって幸いなことに、それを補って余る出来事が勃発した。日露戦争（1904 年―1905 年）である。それは、アジアの小国日本が、ヨーロッパの大国ロシアを戦争で打ち負かしたという番狂わせの事件であり、その戦争の結果は、たとえ国は小さくとも国民が一丸となれば、大国さえも打ち破れるという大望を示す絶好の事例とされた。したがって、一様に判官びいきのペルー――ラテンアメリカ全体に広げることも可能だが――では、日本はロシアを敗走させた「あっぱれな国」と見做され、その国民の同胞たる日本人移住者も好感度の高い移民となった。

2・2　転換期（1906-1913）

この時期を転換期と呼ぶのは、その頃になると、移民の活躍の場が、それまでの農業から他のいくつかの業種に移行するからである。そして、邦人を受け入れるペルーのホスト社会にも大きな変化が起こること、またそれに伴い、日本人移民もペルー社会に合わせて変化していったという点を明確にしておく必

要があるからである。
　既に述べたように、この時期には、大農園で働く移住者は次第に減少し、邦人の移民の都市への流出が加速する。一部、大農園にとどまる者もいたが、労働の内容は、契約移民という以前の身分とは異なり、自ら土地を借り（または購入し）、自分で農場経営に乗り出すというものであった。こうした日本人移民の短期間での社会的上昇について、ペルーのホスト社会からはっきりとしたコメントはないが、経済力をつけ、商売を拡大していく日本人の成功は、勤勉、努力、信頼、謙虚といった言葉で説明され、驚きをもって称賛された。
　一方、大農園での農作業に見切りをつけた邦人は、都市に集まり、そこで新生活を開始した。彼らの生業は、先に見た理髪業だけでなく、とりわけ商業、サービス業の分野で多様化――業種は、理髪店、雑貨食料品店、古物商、洋食レストラン、喫茶店などに拡大――していった。したがって都市部のペルー住民は、主に客として日本人と接触することになった。そして、日本人の商売を、親切、丁寧、きれいな商売、旺盛なサービス精神などと好意的に評し（田中、1969：19）、その評判により事業はさらに伸びた。商売が順調に推移すると、成功を収めた者が集まり、同業者の組合が結成されはじめるのもこの時期であった。言うまでもなく組合の創設は、経済的成功を前提とするもので、邦人当人たちには、それまでの努力が報われた素晴らしい成果と受け取られ、それと同時に更なる次のステップへの準備にもなった。
　とはいえ、この組合の結成は、良くも悪くも邦人の栄進を可視化するものであった。したがってホスト社会の一部のセクター――邦人が進出した業種に就労する人々――にとっては、日本人が日本人だけで集まり、ペルーの店主らの意向を無視して運営する排他的な集団とも映った。そして、さらに悪いことには、邦人が成功を収めれば収めるほど、ホスト社会からの「静かな反発」が日本人に対して湧き上がってきた。ペルー人が一定の割合で占めていた仕事のシェアを日本人が脅かし始めたのである。言い換えれば、ペルーと本来無関係だった日本人が、ペルーに押しかけ、商売で成功を収め、ついには本家のペルー人を廃業に追い込んでしまうという事態が見えてきた。ただし、上記の懸念はまだ、ペルー社会のほんの一部の人々の心配にすぎないと、しばらくは見過ごされていく。
　この期間は、急速に経済力をつけた日本人に対する悪感情よりも、先の日露

戦争で勝利した「あっぱれな日本」のイメージや日本人のプラスの特性についてのコメントが広まった。それは、主に新聞報道を通してだが、日本における学校教育の高い普及率、当時としては並外れた高い識字率が紹介され、それと前後して、ペルーにおいて日本人学校の創立、日本語新聞の創刊等が相次いだ。そうした現実を目の当たりにして、ホスト社会は、新聞や口コミで伝えられる邦人についての情報を事実として再認識するようになった。

　こうした情報に、ペルーの知識人や政治家はすぐに反応した。とりわけ、先住民擁護協会の若いエリート集団は、日本人を手本にしようとしたふしが見られる。彼らは形質人類学者のコールブルッヘ（Kohlbrugge）の説を引用し、モンゴロイドの日本人には足の親指も動かせる者が多く、これは、その劣等を意味するものではなく、むしろ、進化を表わす証拠であるとした。ペルーにとって重要なのは、自国に日本人と同じモンゴロイドの先住民が多く存在することであり、彼らを日本人のように教育すれば、ペルーも日本と同じく強い国になれるはずと考えた。だから、先住民擁護協会にとって、ペルーを発展させ近代国家とするには、まずは先住民の処遇改善が急務ということになったのである[10]。

　もちろん、今日では、100年以上も前のコールブルッヘの説を信じる者はいないが、当時のヨーロッパでは最前線の学説であり、それに依拠して先住民政策を提言しようとしていたことは特筆に値する。また、常に前向きな日本人のバンザイの雄叫びにならい、ペルー人も前進しなければならない、というのも、チリとの太平洋戦争（1879～84年、ボリビアとチリの間で行われた戦争。ペルーはボリビアに加担し敗れた）の敗因と日本がロシアを破った勝因を比較し、その結果を考え合わせての発言と思われる[11]。

　そして、この転換期の前半には、またしても日本人を誉めそやす出来事が予期せぬ形で発生した。1907年頃、日露戦争で手柄を立てた日本人凱旋兵が、移民として、ペルーに上陸したのである。折しも、それはペルーとエクアドルとの国境紛争が勃発寸前で、邦人凱旋兵7名がペルー陸軍省に赴き、ペルーのため実践戦力となると入隊志願を申し出た。この命を賭した勇気ある行動が陸軍大臣に知れるところとなり、彼を大いに喜ばせることになった。結局、彼らは採用にはならなかったが、7名の日本人凱旋兵が陸軍省から去ろうとすると、事情を知ったペルー人兵士が彼らのために整列し、捧げ銃で敬意を表した

あと、「ビバ・ハポネス」と叫んだという。それに対し日本人の兵士も「ビバ・ペルー」と応じ、この一連の出来事が、日秘の絆の美談として新聞を賑わした。そのニュースのお蔭で日本人礼賛はより一層高まり、熱が入ることになった（田中、1969：25）★12。

また、日本人への信頼は軍事だけではなく、大統領の世話係にも及んだ。1906年ごろからホセ・パルド（José Pardo）大統領のもとで大統領付きのボーイに日本人の青年が抜擢されたのである（田中、1969：19）。彼の任務は、国の最高権力者の介錯（世話）だけにとどまらず、政府の中枢に入り込んで行う勤務であり、この重要性を考えれば、この抜擢は「日本人に対する信頼の篤さ」を象徴的に示す事柄となる。ともあれ日本人の良いイメージがペルー社会の中心、大統領から少しずつ国全体にも浸透しはじめたのである。

2・3　発展期（1914-1930）

発展期は、その前の転換期と比べ、邦人が前の時期以上により深く、より安定した形でホスト社会に根づいたことに注目して付けた名称である。周知のように、1914年は第一次世界大戦の勃発の年である。ペルーはこの戦争で直接戦火を交えることはなく、ペルー全体として見ると大きな変動はなかったが、しかし日本人移民にとってそれは、やがて決定的な変革を引き起こす重大な出来事になった。

事の次第は以下のようであった。第一次世界大戦の開始で政治的・経済的に先行きが不確実になると見たペルーや外国の資本家や投資家たちは、ペルーに所有していた不動産や権利の売却に走った。かつて邦人移民者が働いた海岸地域では、砂糖生産の効率の低下と砂糖価格の下落により、サトウキビ栽培から綿花栽培への転換がはかられた。そしてそれに伴い、この分野に邦人が経営者として参入していく事例がいくつも見られ、日本人の置かれた数十年前の社会・経済的な環境と比べ日本人の生活は大きく様変わりした（稲村、1999）。

経済の先行き不透明感は、都市の在住者にとっても同様で、ペルー経済の将来を悲観視する重苦しい空気のなか、都市のあちらこちらで土地や店が安く売りに出された。その不動産を購入したのは主に日本人であった。邦人が経営するペルーの日用品雑貨店の数は、飯田（飯田、1992：39）によれば、第一次世界大戦前は20店舗、戦後には200店舗と10倍に急増している。また1915

年に結成された日本人商業組合の組合員数は、これまた第一次世界大戦を挟んで、27名から108名（1919年）へ、つまり4倍に増えている（飯田、1992：39）。町の要所要所にある日本人の店は、邦人の蓄財を可視化する大きなバロメーターになった。

　邦人のペルー経済の分野への進出は目覚ましく、それは彼らの日ごろの頑張り、粘り強さによるとは誰しも認めるところであったが、彼らの社会的上昇はもろ手を挙げて称賛すべき事柄ではなくなった。それを端的に示すのが、先にも触れたリマ市における日本人経営の理髪店数の推移である。

　リマで理髪業を生業にした日本人は、それ以前は契約移民としてコスタ（太平洋沿岸地方）の農園で働いた人たち、劣悪な就業環境での労働に耐え、その後そこから這い出て、どうにか都市で住むようになった人たちであった。彼らは一般に大きな資本を手にしていたわけではないので、先行投資や運転資金を必要しない稼業を町で探すことが急務であった。そして、その条件にうまく合致したのが理髪業であった。持ち前の勤勉さ、細かな仕事による出来栄えの良さ、親切な対応等で、日本人による理髪業は一躍人気となり、彼らの商売はすぐに上向いた。数字が残っているのでそれを参考にすると、たとえば、1904年時点でリマには、理髪店が71件あった、という。そのうち、日本人が経営する店は僅かに1軒、他の70軒の経営者はペルー人だった。ところが1913年になると、全体で105店舗のうち、経営者がペルー人である店は30軒、日本人のものは75軒と逆転してしまう。さらに1921年になると、全体で176軒のうち、ペルー人経営者は46軒。それに対して日本人の経営者は130名となっている（飯田、1992：39）。

　このように考えると、わずか15年のうちに日本人が理容業界に進出し、そのシェアの大半を奪ってしまったことになる。そうであれば、ペルーで理髪業を営んできたペルー人がこうした事態をどのように見たかは、もうすでに明らかであろう。農作業をするといって移住してきた日本人が、わずかな期間に転職し、町のあちらこちらに店を構え、ペルー人のお客をつぎつぎに奪っていく事態。それが原因で、自分たちの仕事は減り、やがては日本人にすべてを取られ、最悪、廃業すら覚悟しなければならないことになる、と。

　しかも邦人の経済的成功は、理容業界だけに留まるものではなかった。すでに述べたように、第一次世界大戦を機に、多くの店や土地が売りに出され、そ

れを手に入れた者が財を貯めていた日本人だった。そして町のあちらこちらに日本人の店が開店すると、日本人がシェアを拡大したのは理容業界だけではないことが分かった。町に出れば、あちらこちらで日本人がオーナーとなって店を切り盛りする姿が飛び込んでくる。日本人が一人勝ちしていたのは一目瞭然だった。

こうなると、「日本人はペルーで稼ぎ、そのカネを持って日本に戻る」と揶揄する者も出てくる。これは、必ずしも事実ではなく、成功した者にしばしば向けられる妬みややっかみと呼べるものだが、それは、さらに進んで、「日本人はペルーには何も利益をもたらさない。彼らはペルーを利用しただけ」となる。日本人ひとりひとりを見れば、勤勉・努力・誠実・謙虚等の結果が彼らに成功をもたらしたということになるはずだが、日本人をひとまとめで考えてみると、彼らの成功はホストとしてのペルー社会にとっては大きな脅威に見えてしまうのであった。

もちろん、邦人はホスト社会に渦巻くこうした懸念に無頓着だったわけではない。1921年、こうした悪感情を察知し、ペルー独立100周年を祝い、日系人の有志が、彼らのホスト国ペルーに対し、インカ帝国の始祖像を寄贈し、感謝の気持ちを真摯に表明しようとした。しかし、残念なことに、その彫像の建立で、彼らの謝意をホスト社会に充分伝えることはできなかった。

1930年、ルイス・ミゲル・サンチェス・セロ（Luis Miguel Sánchez Cerro）少佐のクーデターをきっかけに、日本人に対する鬱積した感情が爆発した。暴力と略奪の排日運動の始まりである。邦人等は、次は自分が標的になるかもしれないとおびえ、ついにはホスト社会で行き場を失い、息をひそめて暮らすことを余儀なくされた。しかし、その陰鬱で危険な日々を送るなか、邦人をペルー人だと偽って匿ってくれる人たちが少なからずいた。彼らは、排日運動の参加者と同じペルー人だった。

だとすると、人数では大きな差があるものの、この時期にペルーのホスト社会には真逆の反日派と親日派が存在していたことになる★13。第二次世界大戦が引き金となる陰惨な排日運動の萌芽は、すでにその10年以上も前から顔をのぞかせていたわけである。

おわりに

　以上、1999年から1930年までのペルーにおける日本人移民の歴史を概略したが、小論はこれまで重視されてこなかったホスト社会という脈絡に注目し、移動してくる日本人と、それを受け入れるペルー社会との相互作用、せめぎ合いを初の排日運動が起こる1930年まで検証するのを目的としていた。

　そこで回想録や記念誌等を使って移住初期の歴史を洗い出してみると、ホスト社会が決して一枚岩のように一様というわけではなかったということが直ちに判明した。換言すればホスト社会は多様を特徴とするということになるが、その点に加えて、移住した邦人は、ペルーの伝統や、その国や欧米諸国で生起した出来事に一喜一憂しながら自らの生活を確立しなければならなかったこと、さらには、ホスト社会そのものが変化し、移民はそのたびごとに、生活を適合させなければならなかったことが明らかになった。そしてその適応過程で受け入れ側と移住者側がせめぎ合う姿が浮かび上がってくることなどが分かった（Morimoto, 1998）。

　さて、小論を閉じるにあたり、1930年以降のペルーの日本人について付言すれば、やはり大きな出来事は、第二次世界大戦の勃発と共にペルー政府が日本政府に対し一方的に宣言した国交断絶と、ペルー国内の日本人の資産の接収である。そして、それらに煽られて発生した略奪と排日運動。政府も国民も日本を敵国とする「反日」で方向が定まり、日本人の生活はさらに深刻さを増した。しかし、ここでも11年前と同じく、命の危険も顧みず、日本人を匿い潜伏させてくれるペルー人が何人も現れた。これは、どのようなホスト社会に属す人びとだったのか、また、彼らの中で日本人や日系人がどのように映っていたのか。さらには、どのようなペルー人に日本人・日系人が助けられたのか。以上の問いは、ペルーにおける日本人移民の有り様の変化を予想させるものであるが、それらについては今後の課題として残しておきたい。

付記　本稿は、平成27年6月6日、第7回名桜大学国際学群公開シンポジウムで行った講演を大幅に書き直したものである。

注

★1　1614年のリマで行われた人口調査で、「インディオ」と呼ばれた日本人がすでにいたことを思いかえすと、これは大きな差といえる。

★2　ペルー社会の構成要素をさらに細かく腑分けすることは可能だが、ここでは議論を広げすぎないよう注意し日本人と直接的・間接的に関わる集団ないしセクターだけに限定しておく。大場樹精から私信（2018.8.21）で、苦力はどうなっているか調べるべきではないか、というコメントを貰ったが、残念ながら、この時代の中国人と日本人との関係については、まだ調べがついていない。ただ、興味深いことに、先住民擁護協会のリーダー、スーレンの父親は広東生まれの中国人であり、この点から面白い展開がのぞめるかもしれない。

★3　植民地時代から受け継がれてきた古い労使関係──アセンダードとペオン──の延長上で、であった。

★4　以下は、今後の検討課題であるが、こうした邦人移住者の行動には、秩父事件などに代表される当時の日本の農民運動の影響を見てみる必要があるかもしれない。

★5　日本人は高慢とか自尊心が高すぎる、とホスト社会で言われることがあるが、こうした点が、そのように映る一因であろう。

★6　ことばの違いで起きた悲喜劇は（田中、1969：15-17）に詳しい。

★7　移住から1年の後には、790人中143人の犠牲者が出るという過酷なものだった。しかも、そうした状況の悲惨さは、死者の数字だけではない。死者が出るたびに、日本人同士で墓穴を掘る作業を行ったが、初めの頃は、死者一人に対し一つの墓穴が用意されたが、死者が急増すると、一遺体一墳墓では墓が足りなくなり、一つの墓穴に2名を葬るようになっていた、という証言がある。また、同胞を失ったばかりの重苦しい空気の中で、墓穴を掘りながら、次は自分に順番が回ってくるのではないか、と常に考えるようになっていたという。こうした証言は、ペルーの日本人移住の黎明期の過酷な現状を生々しく語るものである。ペルー到着前の夢と希望は多くの犠牲者が出て、しぼみかけたが、早々に農園から出て、次の職に就く者も多かった。

★8　こうした疑問に関してこれまでほとんど光が当てられたことがなかったが、当時の日本人の思い出話等からわずかながら窺い知ることができる。

★9　残念ながら山間地域出身のペオンの日本人観については、記すべき事柄はない。ことばの障壁で両者が出会って話す機会があまりなかったことが原因だが、最大の要因は、彼らが日本人についてその意見を表明する場が無かったことであろう。

★10　この件に関しては、先住民擁護協会の全員で議論されたわけではない。

★11　太平洋戦争での敗北の原因の一つとして、先住民を国民として統合できていなかったことが挙げられる。

★12　なお、エクアドルは、ペルーの軍隊に日露戦争の日本人凱旋兵が加わると知って、エクアドルに勝ち目がないと考え、紛争を穏便に解決することにしたという（田中、1969：19）。

★13　これは、ペルーのホスト社会が二つに分かれていたという意味ではない。反日でも親

日でもない人もいたであろうし、無関心の人もあったであろう。また日本人の商店から略奪した者がいたからと言って、直ちにその人が反日派であるとも言えないだろう。略奪しに行ったら、そこがたまたま日本人の店だったというだけであったかもしれない。

引用・参考文献

Fukumomto, Mary, 1998, "Migración japonesa al Perú", *Boletín de Lima*, Número 114, pp.81-90.

Kapsoli Escudero, Wilfredo 1980, *El pensamiento de la Asociación Pro Indígena*. Centro de Estudios Rurales Andinos "Bartolomé de las Casas", Cusco.

Kato,Takahiro, 2014, "Los japoneses y la arqueología de las religiones", *YUYAYKUSUN* 7, pp.187-194.

Málaga, Modesto, 1914, *El problema social de la raza indígena*, Tesis sustentada a la Universidad del Gran Padre San Agustín de Arequipa.

Morimoto, Amelia, 1998, "Inserción y asimilación de la población de origen japonés en el Perú", *Boletín de Lima*, Número 114, pp.91-100.

赤木妙子、2000 年、『海外移民ネットワークの研究――ペルー移住者の意識と生活』芙蓉書房出版。

浅香幸枝、2018 年、「移民研究の現状と展望」『日本人と海外移住』明石書店。

飯田一夫、1992 年、「日本人ペルー移住小史」『アンデスへの架け橋』（日本人ペルー移住八十周年祝典委員会編）、34-47 ページ。

―――、1992 年、「日秘関係年表」『アンデスへの架け橋』（日本人ペルー移住八十周年祝典委員会編）、115-151 ページ。

稲村哲也、1999 年、「綿花王 岡田幾松――ペルー日本人移民とアシエンダ」『季刊民族学』23-2、44-55 ページ。

伊藤一男、1992 年、「"Viva" と日秘友好讃歌にわく」『アンデスへの架け橋』（日本人ペルー移住八十周年祝典委員会編）、18-27 ページ。

前川啓治編、2012 年、『カルチュラル・インターフェースの人類学』新曜社。

モリモト，アメリア（今防人訳）、1992 年、『ペルーの日本人移民』日本評論社。

中川文雄・田島久蔵・山脇千賀子編、2010 年、『ラテンアメリカン・ディアスポラ』明石書店。

野内セサル良郎・稲村哲也、2016 年、『世界遺産マチュピチュに村を創った日本人「野内与吉」物語――古代アンデス文明の魅力』新紀元社。

田中重太郎、1969 年、『日本人ペルー移住の記録』ラテンアメリカ協会。

柳田利夫編、1997 年、『リマの日系人 ペルーにおける日系社会の多角的分析』明石書店。

第 3 章

20 世紀初頭ブエノスアイレス市におけるアラブ系移民の二つの選択

――レバノン・マロン派カトリック教徒とギリシャ正教徒の適応戦略

大場樹精

はじめに

　メキシコの大富豪カルロス・スリム、ルノーの取締役会長兼 CEO（最高経営責任者）にして日産自動車の会長であるカルロス・ゴーン（ブラジル出身）、コロンビア出身の歌手シャキーラ（名前「シャキーラ」は、アラビア語で「感謝」を意味する）――彼らは皆、レバノン移民の子孫である。ラテンアメリカには、アラブ系[1]移民の血を引く人びとが 1000 万〜 2500 万人ほど存在するとされる（Ballofeet, 2016）。19 世紀末から 20 世紀初頭にかけて当時オスマントルコの支配下にあった歴史的シリア（現在のシリア、レバノン、パレスチナおよびヨルダンの一部）から渡ってきた移民の子孫が大半だ[2]。現在では、すでに 5 世が誕生している。
　彼らは、政治・経済・文化面で大きな成功を収めていることで知られる。アルゼンチンでは、シリア系の両親を持つカルロス・メネム（在任 89 年〜 99 年）が、ホンジュラスおよびエルサルバドルでは、それぞれパレスチナ系移民の子孫であるカルロス・ロベルト・フロレス・ファクセ（在任 98 年〜 02 年）と、エリアス・アントニオ・サカ・ゴンサレス（在位 04 年〜 09 年）[3]が大統領を務めた。現ブラジル大統領（2018 年 8 月）のミシェル・テメルもレバノン

系である。このような「成功」を収めているのは全体からみるとごく一部の人びとではある。しかし、それぞれのホスト社会で一員として認められずして、政治やビジネスにおける有力者となり、その世界での頂点を極めることはできない。

　ホスト社会であるラテンアメリカの多くでは、先住民と黒人、そして欧州系の白人が国民の中心を成し、宗教ではカトリックが主流である。アラブ系移民は、地中海沿岸地域出身者であり、同じく地中海沿岸に位置するスペインやイタリアの人びとと外見上は似通っている。しかし、宗教としてはマロン派カトリック★4や東方正教★5などの東方キリスト教諸派、さらにはユダヤ教やイスラーム諸派を信仰する彼らは、ホスト社会にどのようにして受け入れられたのか。

　本稿では、アルゼンチンの例を見ていくこととしたい。アルゼンチンは当時、ラテンアメリカ最大の移民受け入れ国であった★6。1888年から1914年にかけて同時代の米国とブラジルへの流入数を上回る13万6060人のアラブ系移民が入国した（Klich, 1992: 244）。

　アルゼンチンにおいて、アラブ系移民といえば「シリア・レバノン人」（sirio-libanés）として知られてきた★7。筆者が確認できる限り、この呼称は1920年代に正教徒系移民を中心に用いられるようになった。おりしも1920年代は、出身地の歴史的シリアが「シリア」と「レバノン」を含める四つの地域に分かれてフランスの統治下に置かれた時期である★8。ナショナリズムが高まった時期でもあるが、正教徒系移民の出身地が両地域に広がっていたために二つの地域名が用いられたと考えられる。この名称が、次第にアルゼンチン社会に定着していくこととなる。実際にはマロン派レバノン系、ドルーズ派（シーア派の一派）レバノン／シリア系、シーア派レバノン系、アラウィー派シリア系がおり、その多くがアルゼンチン社会においては存在が認識されずにきたことも指摘しておきたい。

　なお、もっとも名の知られた「シリア・レバノン人」がアラブ系移民の代名詞としてアルゼンチン国内の有力グループとして全国的に認識されるのは、実はカルロス・メネム★9の大統領就任である。それまで、彼らの活躍は北西部の地域に留まっており、政治・経済・文化の中心地ブエノスアイレスでの存在感は目立つものではなかった。そもそも、エスニック集団を社会を構成する単

位とするという考え方そのものがアルゼンチンでは意識的／無意識的になされてこなかった。

それにもかかわらずこの時期に「シリア・レバノン人」が話題となったことには、もう一つの背景がある。それは、国民国家の在り方として単一主義（移民に対する同化主義）から多文化主義へと変化した世界的な潮流を受け、アルゼンチンにおいても国家の在り方についての議論が活発となっていたことである。1930年に同化したとされていた移民にルーツを持つ多くの人びとが、エスニックな出自に関心を払うようになった。研究対象としてもエスニック集団が取り上げられ始めた。

シリア・レバノン系移民に関しては、ホサミ、モンテネグロ、カソルラ、アクミールらの研究が、流入から定着までの全体像を知る上で有用である。宗派別の定着過程の概要については、国勢調査や州ごとのセンサス、インタビューを基にホサミが論じている。ブエノスアイレス市では、マロン派教会が中心となったコミュニティが形成され、同化が進んだという。北西部の諸州では、正教徒移民たちがよりはっきりするような形でコミュニティを形成し、コミュニティを後ろ盾として政治・経済での躍進が見られたという（Jozami, 19xx）。州ごとの定着過程については、モンテネグロ論文で知ることができる（Montenegro, 2009）。さらに、宗派および出身地ごとの移民組織の設立についてはカソルラが詳しい（Cazorla, 1999）。これらの研究の一致点は、いずれの地でもマロン派移民の同化が最も進み、それ以外の宗派の移民も2世はアルゼンチンの公教育を受けてアルゼンチン社会に統合されたということである。この点は、配偶者選択と言語を同化の指標とし、宗派と世代を変数として分析したアクミール論文も同様である（Akmir, 1991）。ただし、いずれの論文も大まかな流れを記述したにすぎず、定着過程におけるコミュニティ単位での詳細は明らかにされていない。同化の背景として、クリッチはマロン派移民に男性が多かったためにアルゼンチン女性との通婚が進んだことや見た目が南欧系移民に似ていることを挙げている（Klich, 1992: 253）。しかし、それらの条件はマロン派移民に限ったことではない。

他方で、ホスト社会への定着と政界への進出や経済界での活躍の要因について、マルトスは、アルゼンチン第二の都市コルドバを事例として詳細な分析をしている（Martos, 2007）。彼女は、成功の要因について、同郷人ネットワー

クと、現地社会へコミットするバランス感覚の 2 点から説明している（Martos 2007,: 348）。

　この中で筆者は特に、シリア・レバノン系移民が同化の意志を表明する必要があったということに注目した。彼女はそれを、移民たちが頻繁にアルゼンチンの政治家をコミュニティの集会に招待するという行為から読み取っている。この点は、同時代のブエノスアイレス市における欧州諸地域からの移民とは異なる点である。欧州系移民の多くは 1930 年代まではホスト社会へのアピールは行わず、むしろ、コミュニティ中心の生活を送っていた。その違いはどこにあったのだろうか。

　こうした問題意識から、本章では欧州系移民も多かったブエノスアイレス市に着目し、「シリア・レバノン人」がいかにしてホスト社会に適応しようとしてきたのかを明らかにする。特に、アラブ系移民に対するホスト社会の反応と、それに対する移民たちの働きかけを、宗派別のコミュニティを単位として具体的に見ていくこととしたい。

1　アルゼンチンのアラブ系移民

　アルゼンチンへの歴史的シリアからの移民の流入が統計上確認できるのは 1888 年である。1890 年代前半は、毎年 100 人ほどの移民が入国した。その後、90 年代後半から 1904 年までは、年間流入人数は 1000 人ほどであった。1905 年には前年までの倍以上にあたる 7085 人が流入し、1909 年にはその数は 1 万人を超え、1912 年、13 年には 2 万人に迫る規模となった（Klich, 1992: 244）。こうした流入の増加にともない、流入開始期には 1% に満たなかったアルゼンチンへの総入移民数に占める比率も 1912 年には 4% にまで上昇した（Devoto, 2003: 272; Klich, 1992: 243）。こうして、1888 年から 1914 年にかけて合計 13 万 6060 人のアラブ系移民がアルゼンチンに入国した（Klich, 1992: 244）。

　なお、彼らの大半が、マロン派カトリックだったと長らく信じられてきたが、実際には正教徒、ドルーズ派、シーア派およびスンニ派ムスリム、さらにユダヤ教徒の移民の入国も確認されている（Issawi, 1992; Jozami, 1994: 98）。

2 19世紀末から20世紀初頭——ミッション系初等学校の選択

2・1 「移民学校」から「アルゼンチンの公立校」へ

　レバノン・マロン派修道会は、数多くの移民たちの宗教生活や教育を支えることを目的として派遣され、1901年7月5日にアルゼンチンに到着した。レバノン山岳地帯付近以外にマロン派の神父が派遣されるのは初めてのことだったとされる（Cazorla, 1996: 15）★10。到着した翌年から、ミサや教育活動を始めた（La Misión Libanesa Maronita, 2001: 21）。当時のブエノスアイレス市のアラブ系移民人口は、およそ1000人であった（Instituto Panamericano de Geografía e Historia, 1987）。

　初等学校は、シリア・レバノン系移民の子どもたちにアラビア語教育を提供することを目的に1902年に「創設」されたが、はじめから専用の施設および設備をもっていたわけではない。当初は、シリア・レバノン系移民の集住地区ソコッロ地区（現レティーロ地区）にあるレバノン人移民の住居で、小さな「教室」として開講された。翌1903年には、別のレバノン系移民が提供した同じ地区内の別の場所に、小さいながらも独立した教室と礼拝堂が作られた。

　運営が本格化したのは、同じ地区内のパラグアイ通り834番地——現在もここに教会と学校がある——に教会と学校建設のための物件を購入した1905年といえる（Cazorla, 1996; La Misión Libanesa Maronita, 2001: 23-34）。学校は「シリオ・アルヘンティノ学校」（Colegio Siro-Argentino）と名付けられた★11。1905年ごろから、移民の流入も増加した。

　1906年度の在籍者は、小学校1年生から5年生までの計60人であった（Colegio San Marón ホームページ参照）。その全員がマロン派教徒移民の子どもたちであったとされる（Cazorla, 1999; Jozami, 1996）。開校した年の翌年には78人が在籍し、その後生徒数は1910年代初期まで120人前後で推移した。生徒の構成には、以下のような特徴があった。

　第一に、創立から1920年にかけてはどの年も1年生が圧倒的に多く、それ以上の学年の生徒数はごく少数であった。6年生まで進級した生徒は非常に少なく、1906年度の1年生では2%、その後も07年度2.7%、08年度1.2%、09年度1.2%、10年度4.2%、11年度、12年度では0%に留まった★12。この

傾向は、1920年まで変化を見せなかった（マロン派教会ホームページ）★13。進級の条件が不明ではあるが、当時は子どもが学校に通って授業を受けるという行為が最優先ではなかった可能性が考えられる。第2回国勢調査★14において10歳以上の子どもが行商人や従業員として記録されていたことも考えると、家族にとっては働き手の一人とみなされていたことが浮かび上がる★15。

　第二の特徴は、それでも1年以上学校に通う生徒は増加傾向にあったことである。1906年から1909年まで8割ほどの生徒が1年後には退学していたが、その数はその後1910年年代には4割ほどに減少した。ただし、彼らは必ずしも進級したわけではなく、複数年次、学校に在籍した生徒も増えていたのである。1年生に占める新入生の割合をみると、1911年以降1年生の半数ほどしか新入生ではなかった年がある。すなわち、半数に近い生徒が、何らかの理由で進級せずに留年もしくは学年を一つ落とし、それでも在籍しつづけていたことになる。

　こうして継続的に在籍する児童の増加に、1910年ごろからは移民の流入も増加したことも重なり、1913年からは校舎の増築が始まった。校舎は、1920年10月7日に完成した（*El Misionero*, 23 de octubre de 1920）。その同じ年の10月28日、シリオ・アルヘンティノ校は、当時の大統領イポリト・イリゴージェンと法・教育大臣J・S・サリーナスの署名をもって、アルゼンチンにおける公的教育機関として承認された。この決定とともに、同校の初等教育を修了した生徒には、国立ドミンゴ・ファウスティノ・サルミエント中等学校および国立商業高等学校への進学の道が開かれた（Iglesia San Marón, 2001: 34）。

　これは、同校における教育をアルゼンチンの基準に合わせるという決定でもあった。すなわち、シリオ・アルヘンティノ校は創設から20年後には、「移民のための教育施設」から、移民色を除いた一つのミッション系初等学校に変質したと解釈できる。この方法での現地化は、学校名の変化からも推測できる。まさにこの時期、「シリオ・アルヘンティノ校」から「サン・マロン校」（Colegio San Marón）へと名称を変えたのである。国名が消え、カトリックの一派であるマロン派の聖人「サン・マロン」の名がつけられた背景について言及している資料は確認できないため推測の域は出ないが、アルゼンチンの教育機構のなかに組み入れられたことに伴う同化の表明として解釈できる。

2・2　現地化という選択の背景

　背景の一つは、1900年以降に歴史的シリア地方から流入した移民が多様化していたことである。時期ごとにそれを特定できるデータはないが、様々な宗派や出身地の人びとが流入するようになっていたと考えられる。一つの手がかりは、その時期に設立された移民組織にある。宗派を単位としたものとしては、1913年にはユダヤ教徒のシリア・レバノン系移民が二つの協会を創設した。さらに1915には、ギリシャ正教徒系移民の女性組織、翌1916年にはマロン派教徒系移民の女性組織がつくられた。1910年代末にはムスリムの組織も設立された。

　さらに、1920年代には出身村のつながりに基づいたクラブもいくつか創設された。大シリア地方シリア州ホムスの出身者は1925年にホムス・ユース（Joventud Homsiense）を結成した。1926年6月17日には、大シリア地方シリア地区ハマの出身者が、「ハマウエンセ（ハマ出身者）センター（Centro de los Hamauenses en la Argentina)」を創設した（Verenoni, 2004: 103）。さらに、1927年にはレバノン北部アカールの出身者が「アカール慈善協会（Sociedad Al Akariat de Beneficiencia）」を創設した（Club Sirio Libanés de Buenos Aires ホームページ）。

　これらはいずれも、アルゼンチンのシリア・レバノン系コミュニティにとっては新しい宗派および出身地ごとの紐帯に基づいた組織であり、それらの背景をもつ移民が新たに到着していたことが推測できる。つまり、マロン派がアラブ系移民の大半であったという従来の説★16は、アルゼンチンにおいても現実を反映していないことになる。さらに、そうであったとすれば、マロン派カトリック修道会が運営する教会や学校が十分な受け皿となりえなかったと考えられる。そのため、従来のマロン派教徒を中心とする組織が存続できるだけの構成員を確保できず、現地社会での生き残りを選択したと考えられる。

　もう一つの背景は、アルゼンチン社会からの同化圧力である。移民を数多く受け入れたアルゼンチンにおいては、19世紀末から公教育の徹底が目指され、移民コミュニティの教育機関の存在が問題視されていたのである。1884年にはアルゼンチンの公教育法が定められ、読み書き、算数、道徳、衛生に関する知識のほか、アルゼンチンに重点を置いた地理や歴史、国語などが教育内容と

して定められた。アルゼンチン国民／市民として学ぶべきことが統一されていくにあたり、移民学校の存在が大きな障害とみなされていた。1885 年には法・教育大臣がイタリア系民族学校に対して懸念を表明することもあった（Bertoni, 2001: 64）。こうした風潮のなかで、シリア・アルゼンチン学園も同化圧力にさらされ、現地社会の教育機関となることが選択されたと考えられる。

　これ以降マロン派教徒たちは、表向きはアルゼンチン社会へと同化していく。しかし、実際にはレバノン・クラブを交流の場としてパーティーを行ったり、出身地の独立を支援する活動は行っていた。アルゼンチン人としてのアイデンティティを獲得していくことは、シリア人やレバノン人としてのアイデンティティの完全な喪失を意味していたわけではない★[17]。

3　1920 年代──シリア・レバノン系組織の選択

3・1　シリア・レバノン系組織の登場

　マロン派移民たちが同化の道を選択していた 1920 年代、一方では「シリア・レバノン」と関する一連の組織が設立された。最初に創設されたのは銀行であった。1916 年に発行されたラ・ナシオン紙の特別号（*La Nación*, 1916: 684）でも指摘されていたように、アラブ系移民コミュニティには、独自の金融機関への需要が高まっていた。これに応えるべく、コミュニティリーダーのモイセス・ホセ・アシセ（Moisés José Azize）を中心とする委員会が組織され、1924 年 10 月 25 日に「リオデラプラタ・シリア＝レバノン銀行」が創設された★[18]。頭取には、レオデガリオ・コルドバ、第一副頭取にはモイセス・J・ブサデル、第二副頭取にはエルネスト・ホルヘが就任した。いずれもコミュニティで有力な実業家として名をはせた人物である。創設を主導したアシセは、同行では取締役として役員に就いている（Embajada del Líbano en Argentina, 2011）。

　銀行の主な機能は、アルゼンチンに在住しているシリア・レバノン系移民に対する融資であった。銀行は 1925 年 4 月 30 日にレコンキスタ通り 421 番地で開業した。第 1 回目の融資は、開業から 1 週間もたたない 5 月 4 日に行われ、その後も多くの申し込みが続き事業は拡大の一途を辿った（Embajada del

Líbano de Argentina, 2011）★19。

　この銀行は、「シリア・レバノン病院」の設立に際しても融資を行った。同病院は、「慈悲の女性協会」を母体としていた。1916年にマロン派神父が、コミュニティの女性を集めて新規移民への支援を始めた際に組織された協会であった。1925年には、「シリア・レバノン慈善協会」と改称し、病院建設のための資金集めを開始した。同行からの融資は、1926年にレバノン青年クラブの事務所で開催された会合において決定された。こうして資金的な後ろ盾を得たうえで、1927年8月6日法人格を取得し、1936年に病院が創設された（Embajada del Líbano en Argentina, 2011）。

　銀行の創設に携わったアシセは、その3年後の1928年3月28日に「シリア・レバノン移民保護財団（El Patronato Sirio-Libanessa de Protección al Inmigrante)」を設立した（Veneroni y Arab, 2004: 110-111; Azize, 2001: 7)。この組織は、同郷移民がシリア地方を出発してから入国後に至るまでの支援を行った。当時、アラブ系移民の入国が認められにくくなっていたのである。アシセは、当時の大統領イリゴージェンの支援を取り付け（Klich, 1998: 5)、アルゼンチン国内だけでも、首都ブエノスアイレス市のほか、北部のトゥクマン、サンティアゴデルエステロ、サルタそしてフフイ各州に担当者を配置し、さらにはウルグアイのモンテビデオ、さらにはベイルートにも事務所を置いた（Veneroni y Arab, 2004: 112)。

　1932年5月27日には、再びアシセを中心に「シリア・レバノン「名誉と祖国」クラブ」（Club SirioLibanés "Honor y Patria"）が創設された。設立目的は、シリア・レバノン系移民コミュニティのアルゼンチンへの貢献の提示、コミュニティ内の関係強化、伝統の保持であった（Azize, 2001: 16-17)★20。彼はそのほかにも、1927年に「シリア・レバノン学校」（Colegio Sirio Libanés）を創設した。さらに、増加するギリシャ正教徒のための教会の創設にも尽力した。これらは、アシセの努力と能力が結びついた成果であったと同時に、宗派を超えたコミュニティ内の有力者や教会との協力の賜物でもあった。銀行の初代第二頭取のエルネスト・ホルヘは、コミュニティ内で知られる保険会社ラ・ビクトリアの共同経営者であった。クラブ創設者の一人ホセ・ホルヘは、やはりコミュニティ内で名の通った繊維関連企業のフランシスコ・ホルヘ兄弟会社代表の一人であった。彼らはユダヤ教徒であった（Lesser, 1998: 5)。

くわえて、銀行の理事に名を連ねたドミンゴ・カイルスは、マロン派の有力者でマロン派教会の重要な支援者だったほか、のちに結成されるレバノン愛国協会で代表を務めた。シリア・レバノン財団による食料配布は、1915年に設立されたシリア正教徒女性慈善協会（Asociación Femenina Siria Ortodoxa de Beneficencia）との協力で行われた。

3・2　ヨーロッパからの移民との同等な扱いをもとめて

なぜ、マロン派の学校が現地化を選択した1920年代になってから、次々にこのような組織が設立されたのだろうか。それも、なかには創設から間もないうちに形骸化した組織もあった。たとえば、シリア・レバノン学校については1927年の創設以降の記録が何も残されておらず、創設から間もないうちに機能を失っていた可能性が高い。

なぜアシセは、必ずしも需要が存在しなかったような組織の設立を進めたのだろうか。そこには、ヨーロッパ系移民コミュニティの充実した社会制度網を模倣することで、ホスト社会においてヨーロッパ系コミュニティと同等の地位を獲得することを目指したコミュニティリーダーの意図と挑戦、そして願いが映し出されているのではないだろうか。

流入規模の小さかったアラブ系移民たちであったが、彼らは19世紀末からホスト社会においては批判の対象であった。その批判は、世界を「文明」と「野蛮」とに二分する二元論に立脚したアルゼンチンのエリートや政治家たちの思想に基づくものであった。「野蛮」の要素は排除の対象であった——先住民の虐殺がその代表的な行為である。この二元論の中では、アラブは「野蛮」に属し、19世紀半ばにおける言説上の「オリエント」の引き合いに出されていた。

彼らに対する批判的な発言はこの時期の新聞や政治家の発言に多く見られた。1890年から1910年まで移民局局長を務めたフアン・アルシーナ（Juan Alsina）は、こうした非西欧・非南欧系移民を"exóticos"（「外来人」ないし「異邦人」といった意味合い）と呼んだ。この呼称は、彼らを文明国の仲間入りをしようとしているアルゼンチンから排除するものであった（Klich, 1992: 263）。アルシーナは、ラテンの血が流れる移民は、「キリスト教の共和国」であるアルゼンチンの形成に貢献するとし、その反面「それ以外の移民は我々の同質性に深刻な影響を与える」とまで述べていた（Klich, 1992: 263）。

また、アルゼンチン政府はそもそも経済発展に不可欠な農地開拓に携わる労働力を求めていた。ところがアラブ系移民の多くが農業に従事せず、それが彼らに対する風当たりの強さの要因ともいえる。20世紀初頭には、農業大臣のウェンセスラオ・エスカランテ（Wenceslao Escalante）が、アラブ系移民は「汚くて、みすぼらし」く、また「社会経済的にも何も生み出さない」と記した報告書を議会に提出した。1910年には、やはり農業大臣のエレオドロ・ロボスが、「アルゼンチンが必要としているのは、土地を開拓する人手であり、商人ではない」と述べている。彼の部下も、同じ年に「彼らは、常に公正な商売をしているわけではない」として、アラブ系移民が商業道徳に欠けていることを批判していた（Klich, 1992: 262）。

　こうした状況が、アラブ系移民エリートの間に自分たちのコミュニティの地位向上を意識させたのは当然であろう。たとえば、『シリア・レバノン日報』の創刊号では、以下のような文を載せている。

　　シリア・レバノン人（sirio=libanés 原文ママ）は、初期においては周知の通り、取るに足らない規模で商売を行っていた。資本や言語力に欠いていただけでなく、新しい環境においてどのように行動すべきか、全く知識を持っていなかったからである。〔中略〕こうした初期段階を経た今、状況には変化が見られる。われわれは牧畜や農業、芸術、専門職など多様な職業に従事している。これらは、いずれも国（アルゼンチン）の前進と進歩の原動力となるものである。

　　今では、シリア・レバノン人はアルゼンチンにおいて規律を守り、勤勉で、そして愛国者として知られている。〔中略〕シリア・レバノン人は、その進取の気性に富んだ精神で、公益のためになるような努力を続けることが期待されている。　　　　　（*El Diario Sirio-Libanés*, 1929.1.13）

　初期においては無知ゆえに商業に従事したが、現在では様々な分野の職業に従事し、アルゼンチンの経済発展や進歩に貢献しているということが強調されたのである。

　こうした社会状況にあって、彼らは常にブエノスアイレスに在住するヨーロ

ッパからの移民を意識していた。彼らと同等の立場を得ることを目指し、その一つの方法として、同程度の機関や施設をコミュニティ内で整備することを目指したとみることができる。この点は、銀行の設立経緯にも見受けられる。あるコミュニティリーダーは、商業を中心としていない他の移民集団が独自の銀行を有していることを指摘し、商売を生業としているシリア・レバノン系コミュニティであれば、銀行の必要性はなおさらであると主張した（Martos, 2007: 196）★21。前項で見たようなアシセが提案し、創設に動いたのは、すべてヨーロッパ系のコミュニティが備えていた組織であった。それらは、生活するうえでの基本的ニーズを満たすものであったため、もちろん移民のなかからの要求に応えた側面もあったと考えられる。しかし、必ずしも需要のなかった分野をふくめ生活のすべての側面を網羅するような教育機関まで設けようとしたことは、コミュニティとしてヨーロッパ系移民コミュニティと同等の文化水準や能力をもつということをホスト社会に示すためだったと推測できる。

おわりに

　以上、本稿では19世紀末から20世紀初頭のアルゼンチン、なかでもブエノスアイレス市のアラブ系移民コミュニティにおける二つの適応戦略をみてきた。第一に、先に入国したマロン派移民を支えた教育機関が、20世紀初頭には現地社会へと同化をしていったことが明らかとなった。それは、移民の多様化とそれにともなう需要の多様化に応えられなかったことと、ホスト社会からの同化圧力を背景としていた。第二に、1920年代に「シリア・レバノン系」に関する組織が次々に設立された。それは、新しい移民からの需要に応えるものであったと同時に、ホスト社会においてヨーロッパ系移民と同等の地位を獲得しようとしたコミュニティリーダーの挑戦であった。

　それから100年ほどが経過した現在に目を向けると、1990年代には「シリア・レバノン人」として全国的に知られていた人びとが、今では「レバノン系」「シリア・レバノン系」、そして「アラブ系」とい三つに分かれてエスニック集団として活動している様子が観察できる。従来からいずれのグループも存在したが、グループ以外の人びとにもわかる形で活動するようになったのは、2000年代以降である。

第 3 章　20 世紀初頭ブエノスアイレス市におけるアラブ系移民の二つの選択

　レバノン系移民の子孫は 4 世が中心となり、文化活動を行っている。移民 1 世が創設したレバノン・クラブで、ダンス（Dabke）の教室やアラビア語の教室（ただし、4 世のほとんどはアラビア語を話さない）を開講しているほか、ブエノスアイレス市が主催する文化イベントに参加する。

　彼らの親世代は、こうした活動に全く興味を持たなかったといい、4 世が活動に参加するようになったのは外的要因からだと考えられる。前述のとおり、アルゼンチンは 1980 年代以降まさに多民族国家としての国家像および歴史を叙述しようとする時期を迎えている。そのために、多文化・多民族を謳うイベントがかつての移民に起源をもつエスニック集団を集めて行われている。これに応える形で、当時 10 代〜 20 代後半までの人びとが一種のクラブ活動のような形で活動を始めたといえる。また、世界レバノン文化連合（WLCU）からの働きかけも活動の動機となっている。

　他方で、「シリア・レバノン系」という集団は、シリア人とレバノン人の親を持つような文字通りのシリア・レバノン系の人物や、正教徒のシリア系移民を祖先に持つ人物によって構成されている。ナショナルな文脈では最も知名度がある集団だが、ブエノスアイレス市では集団としての凝集度は薄いという印象を受ける。4 世は見当たらず、「シリア・レバノンクラブ」での活動や『シリアレバノン日報』のウェブ版を発行しているのは、専門職に就いている 3 世である。

　最後に、政治的にも最も一体感を保っているのは「アラブ系」と自称する人びとで、ムスリムのレバノン系およびシリア系移民の子孫である。「アルゼンチン人」としてのアイデンティティを持つ完全なアルゼンチン人であるという人が多いが、宗教面での差別に直面する状況や★[22]、出身国政府（特にシリア）に対する批判が高まる中で、イスラーム世界を擁護するという立場から、集団としての結びつきを保持していることがうかがえる★[23]。彼らの存在は、カトリック教徒が中心でヨーロッパ文化圏に属していると考える人が依然として多いアルゼンチンで特殊だと見なされている。この面からみても、アルゼンチンは、いまだ多文化・多民族国家になり切れていないことを表している。

付記　本研究は、2010 年度科研費・特別研究員奨励費（課題番号 224842）の助成を受けて行ったフィールドワークの成果の一部である。また、本稿は 2014 年度に上智大学大学院グ

ローバル・スタディーズ研究科国際関係論専攻に提出した博士学位論文の 1 章と 4 章を大幅に書き換え、加筆したものである。

注

★1　本稿では、アラビア半島出身のアラビア語話者を「アラブ系」と呼ぶこととする。宗教の面では、イスラームだけではなくキリスト教を信仰する人も含む。

★2　オスマン帝国下のシリア地方は、19 世紀末から 20 世紀初頭にかけて、地域の人口の約四分の一を移民として送り出したといわれる移民送出地域である（Cohen, 2008: 92）。現在では、米国、カナダ、オーストラリア、ブラジル、アルゼンチン、メキシコのほか、フランスや西アフリカの一部にも、凝集度合いはさまざまだが彼らや彼らの子孫が形成するコミュニティが存在している（Hourani, 1992; Akmir, 2009）。

★3　大統領選では、対立候補もパレスチナ移民の子孫であるシャフィク・アンダル（左派）であった。

★4　マロン派は、東方正教会の一派でありながらローマ教皇権を認める東方典礼カトリック教会の一派である。レバノンの主要宗派の一つで、フランス委任統治領時代（1926 年～ 1943 年）以来、大統領はマロン派から選出されることが暗黙の了解となっている。

★5　東方正教会はキリスト教三大分流の一つである。ロシア・中東・東欧を中心とする 15 の自立教会の連合体である。西方のローマカトリック教会に対して、正（オーソドックス）教会として発展した。15 世紀にギリシャ正教会がオスマン帝国の支配を受けるようになると、主流はロシア正教会に移った。

★6　1880 年から 1928 年の 48 年間に、約 570 万人もの移民が流入し、入移民の規模では、1861 年から 1920 年の期間に約 3000 万人が流入したアメリカ合衆国（カースルズ／ミラー、2011：110）に次ぐ存在であった（Germani, 1969: 316）。

★7　流入当初は、オスマントルコのパスポートを所持していたために「トルコ人（turcos）」と呼ばれたり、「アジア人（asiáticos）」と呼ばれたりした。20 世紀初頭の国勢調査では「オスマン人（otomanos）」という呼称も用いられた。

★8　オスマン帝国下にあった歴史的シリアは、第一次世界大戦が終結した 1918 年以降、戦勝国による権益争いに翻弄される。フランス、イギリスともにいったんは独立を支持したものの、フランスがシリアにおける権益確保に固執した。結局、1920 年 4 月のサンレモ会議でフランスの委任統治領と決定された。8 月のセーヴル条約で、シリア地域は大レバノン（26 年に「レバノン共和国」となり、43 年にフランスから独立）、ダマスカス国、アレッポ国、アラウィ自治区に 4 分割された。1924 年 12 月にはアレッポ国とダマスカス国が統合し、シリア国となり、1930 年にシリア共和国（～ 1958 年）となった。アルゼンチンのアラブ系移民は、出身地のこうした動きを意識して生活を送っていたことは忘れてはならない。

★9　彼自身は、スンニ派ムスリムのシリア系移民の両親の下に 1930 年に生まれた。1966 年に大統領就任を視野に入れてカトリックに改宗した。1853 年に制定された憲法は、カトリック教徒のみにアルゼンチン共和国大統領への就任を認めていた。メネムの大統

領在任中の 1994 年に憲法が改正され、目立った反対意見もなくこの制限は撤廃された。
★10　それに先立つ 1870 年代に到着した移民のなかには修道士も含まれていたという話もある（マロン派教会における聞き取り）。
★11　この学校名は、クリッチも指摘するとおり、当時のマロン派エリートおよび聖職者たちが自身を「シリア人」と自己認識していたことを推察させる（Klich, 1992: 249）。シリア地方は、1516 年にオスマン帝国の支配下に置かれた。アレッポ、ダマスカス、トリポリという三つの州に分割され、それぞれの州にトルコ人知事が派遣された。これらの地域には、ギリシャ正教徒やイスラーム諸派が多い。一方で、マロン派教徒が多いレバノン山岳地帯では、オスマン帝国の統治以前から自治的特権が与えられていた。そのため、「レバノン人」というアイデンティティが移民した時から存在したかのごとく語られることが多かった。しかしアルゼンチンの場合「レバノン人」アイデンティティが強化されるのは、オスマン帝国崩壊後、それまでのシリア地方が、レバノンとシリアに分割統治されるようになってからだと考えられる。
★12　当時アルゼンチンの公立初等学校における退学率もきわめて高く、6 年間の修業期間を終えることなく学校から去る生徒は 1886 年から 91 年にかけては 98％、93 年から 98 年にかけては 97％ にのぼった。またいずれの時期においても、1 年生から 2 年生に進級する際三分の一以上が、それ以降は学年が上がるたびに半数を超える生徒が中退していた（林、2007：52）。
★13　この算出は、ホームページに掲載されている年度別学年毎の名簿を用い、生徒一人一人の氏名を年度ごとに確認していくという方法で行った。
★14　1895 年に実施されたもので、調査員が書き込んだ手書き資料も残っている。ブエノスアイレス市におけるシリア・レバノン系移民の詳細な情報が入手できる唯一の公的資料である。
★15　米国の大シリア系移民の場合にも、子どもが働き手の一人に数えられていたという様子も指摘されている（Khater, 2001: 79-85）。
★16　初期移民の多数を占めていたことは間違いがなさそうである。しかし、マロン派（すなわちシリア人ではなくレバノン人）が在外アラブ人の大多数だということは、レバノン人研究者が主張してきた、ある種の神話だと現在では言われている。
★17　むしろ 1943 年のレバノン独立、1946 年のシリアの独立は、彼らのアイデンティティを問うことになる。
★18　1 株 100 ペソの株券を 1 万株分、2 回発行することとなった。その知らせに国内各地から申し込みがあり、一人平均 1 株から 10 株ほどの規模で予約が進んだ。購入額を 10 カ月に分けて支払うという方式がとられた。
★19　1935 年にはオンセ地区とカニング通りにも事務所が設けられた。どちらも、アラブ系移民が多い地区として知られる。ただし、前者は、長らくユダヤ人街としてアルゼンチン社会で知られていた。シリア＝レバノン銀行の事務所が設けられたことは、20 世紀初頭にはアラブ系移民も多かったことを物語っている。
★20　第 1 回目の会合ではサンティアゴデルエステロ州知事が招かれ、その後もアルゼンチ

ンの要人との会食は伝統としてつづいた。1937年5月15日には、『シリア・レバノン日報』のサロンで会食が催され、そこで法人格の取得が決められた。次の月にはフンカル通り857番に4階建ての邸宅が購入された。1階には「バルトロメ・ミトレ会議室」のほか、秘書および財務の部屋が設けられた。2階には食堂、「ホアキン・V・ゴンサレス図書室」が整備され、バーも設置された。さらに3階には、チェス、ビリヤードなどのスペースと客室も用意された。この邸宅も、多くの要人を招き、大シリア系移民集団のホスト社会における知名度を上げ、彼らの文化に対する評価を向上させる場として用いられた（Azize, 2001: 16-17; Veroni y Arab, 2004: 120-123）。

★21　アルゼンチンの銀行は1890年の債務危機で深刻な打撃を受け次々と破綻し、その危機を生きながらえたのはドイツ、フランス、スペイン、イタリア系コミュニティが設立した銀行であったとされる（Martos, 2007: 195）。

★22　Instituto Nacional contra la Discriminación, Xenofobia y el Racismo (INADI) に務めるシリア系移民女性への聞き取り。

★23　筆者のフィールドワーク中、大学でのアラブ世界に関する講座に参加したシリアおよびレバノン移民の子孫の女性たちの発言を参考にした。

引用・参考文献

Akmir, Abdelwahed, 1991, "La inserción de los inmigrantes árabes en Argentina (1880-1980): Impicaciones sociales", *Anaquel de Estudios Árabes*, no.2, pp.237-259.

Azize, Eduardo. A., 2001, "Los árabes en la cultura nacional", *Todo es Historia*, No.412, pp.6-17

Ballofeet, Lily, 2016, "Syrian Refugees in Latin America: Diaspora Communities as Interlocutors", *LASA FORUM*, vol. IXLVII, Issue 1, pp.9-14.

Bertoni, Lilia Ana, 2001, *Patriotas, cosmopolitas y nacionalistas: la construcción de la nacionalidad argentina a fines del siglo XIX*, Buenos Aires: Fondo de Cultura Económica de Argentina.

Cazorla, Liliana. 1999, *Presencia de inmigrants sirios y libaneses en el desarrollo industrial argentino*, Fundación "Los Cedros"（Fundación "Los Cedros" より寄贈）.

Cohen, Robin, 2008, *Global Diasporas: An Introduction (second edition)*, London and New York: Routledge.

Embajada del Líbano en Argentina. 2011, *Historias de Instituciones, (Raíces Libaneses en la Construcción de la Nación Argentina): volumen 2*（CDRom版を在アルゼンチンレバノン大使館で入手）.

Germani, Gino, 1969, "Mass Immigration and Modernization in Argentina" in Horowitz, Irving Lois, José de Castro and John Gerassi eds., *Latin American Radicalism: A Documentary Report on Left and Nationalist Movements*, New York: Vintage Books.

Jozami, Gladys, 1994, "Identidad religiosa e integración cultural en cristianos sirios y libaneses en Argentina, 1890-1910", *Estudios Migratorios Latinoamericanos*, número 26, pp.95-114.

Khater, Akram Fouad, 2001, *Inventing Home: Emigration, Gender, and the Middle Class in Lebanon, 1870-1920*, Berkley, Los Angeles, London: University of California Press.

Klich, Ignacio, 1992, "*Criollos* and Arabic Speaker in Argentina: an Uneasy *Pas de Deux*, 1888-1914" in Hourani, Albert and Nadim Shehadi eds., *The Lebanese in the World: A Century of Emigration*, London: The Centre for Lebanese Studies.

Instituto Panamericano de Geografía e Historia, 1987, *Legislacion y politica inmigratoria en el cono sur de America* (Serie Inmigraciónvol. 3), México, D. F: Instituto Panamericano de Georgrafía e Historia.

Martos, Sofía D., 2007, *The Balancing Act: Ethnicity, Commerce, and Politics Among Syrian and Lebanese Immigrants in Argentina, 1890-1955* (A dissertation presented in partial satisfaction of the requirements for the degree Doctor of Philosophy in History), Los Angeles: University of California.

Misión Libanesa Maronita, 2001, *Libro del Centenario de la Misión Libanesa Maronita en la Argentina*.

Montenegro, Silvia, 2009, "Panorama sobre la Inmigración Árabe en Argentina" en Akmir, Abdeluahed coord., *Los árabes en América Latina: historia de una emigración*, Madrid: Siglo XXI, pp.61-98.

Veneroni, Rita, Omar Abú Arab y H. Noufouri, 2004, "Cronología institucional" en Hamurabi F. Noufouri y Horacio Munir Haddad, *Sirios, Libaneses y Argentinos, Buenos Aires: Editorial Cálamo*.

カースルズ／ミラー、2011年、『国際移民の時代〔第4版〕』(関根政美・関根薫監訳) 名古屋大学出版会。

林みどり、2007年、「本を読む労働者――ブエノスアイレス市の教育・出版・地域コミュニティ」牛田千鶴編著『ラテンアメリカの教育改革』、行路社。

新聞
El Misionero, 1920/10/23
El Diario Sirio-Libanés, 1929/1/13

参照ホームページ
サンマロン校 http://www.sanmaron.edu.ar/ (最終閲覧日 2018年7月31日)

第 4 章

中南米日系社会の変容と日本の対応

堀坂浩太郎

はじめに

　2017 年 5 月、岸田文雄外相に「中南米日系社会との連携に関する有識者懇談会報告書」が提出された。海外移住審議会が 2000 年 12 月に「海外日系人社会との協力に関する今後の政策」と題する意見書を提出してからほぼ 17 年ぶりの日系人に関する指針の策定である。筆者は、有識者の一人として同懇談会（以下、有識者懇談会）の座長を務めた★1。有識者懇談会は、21 世紀に入ってからの中南米★2 日系社会の変容をベースに検討したもので、本稿はその過程から得た筆者の個人的な知見をとりまとめたものである。その意味で本章は、アカデミックな分析結果ではない。また、ここで示される見解は有識者懇談会としてのものではなく、外務省の見解でもないことを予め記しておく。

1　対中南米関係の基底をなす日系イシュー

　わが国の対中南米関係において、日系社会の存在は、常に関心の基底をなすイシュー（事案）となり続けてきた。日本人が集団移住した国は中南米 33 カ国のうちブラジル、ペルー、アルゼンチンなど特定の国に集中していたものの（表 1 参照）、中南米は、第二次世界大戦にかけて日本の覇権主義の下で進められた隣接アジアへの移植民とは様相をかなり異にし、自由意識にもとづく移住者として戦前・戦後を通じ最も多くの日本人を受け入れてきた地域であった。

表1　中南米における日本人の国別移住者数（人）

①第二次世界大戦前（1889～41年）

国名	移住者総数
ブラジル	188,986
ペルー	33,070
メキシコ	14,476
アルゼンチン	5,398
キューバ	686
パラグアイ	521
チリ	519
パナマ	415
コロンビア	229
ボリビア	202
その他	34
合計	244,536

②第二次世界大戦後（1952～88年）

国名	移住者総数
ブラジル	53,562
パラグアイ	7,136
アルゼンチン	2,735
ボリビア	1,905
ドミニカ共和国	1,330
コロンビア	55
ベネズエラ	49
ウルグアイ	46
メキシコ	22
チリ	13
ペルー	5
コスタリカ	2
ホンジュラス	2
合計	66,860

出所：国本（1991）、7ページおよび9ページより。原資料は、①外務省（1975）、『わが国民の海外発展——移住100年の歩み』第2巻（東京）、140-141ページ、②国際協力事業団（1989）、『海外移住統計昭和27年～昭和63年度』（東京）、23ページ。

　今日でこそわが国と中南米の関係を規定する要因として経済関係、とりわけ通商や民間企業による投資、技術協力が大きなウエイトを占めている。しかし、戦前においては地理的に遠いがゆえに、移住が関係の基幹をなしてきた国が少なくない。戦後も日本国内の貧困や過剰人口がプッシュ要因として働き、農業生産を主体に労働力を必要としていた中南米諸国に向け、日本政府は国策として移住政策を推進した。

　その方式は相手国の事情と時代によって一様ではないが、移住諸協定の締結、渡航費の貸付・支給、植民・斡旋会社の支援、移住地の購入・分譲、技術指導・営農資金協力等と多岐にわたった。移住推進・実施機関としては、外務省のほか、戦前には拓務省（設立1929年）や海外移住組合連合会（27年）が、戦後には日本海外協会連合会（海協連、54年）、日本海外移住振興株式会社（55年）、海外移住事業団（63年）が設けられ、都道府県レベルでの移住者募集の協力を得て、いわばオールジャパンとして推進された。1955年には、総理大

臣（以下、首相）の諮問機関として移住審議会が設置され、1962年、85年、93年、2000年と答申ないしは意見書が取り纏められ、移住・日系施策の方向づけが行われてきた。

　ただ、1960年代の高度成長期を迎えると移住希望者は減少に転じ、東京オリンピックが開催された1964年には最多の移住先ブラジルでも年間1000人を割り込んだ。73年2月横浜出航の「にっぽん丸」をもって移住船を使った集団移住の幕は閉じる。その翌年の74年に、海外移住事業団は国際協力事業団（現・国際協力機構、JICA）に統合され、制度的にみれば対日系施策は経済協力の一環という位置づけになったとみることができる。政策の重点も送り出しの側面は消え、移住者の定着・営農・資金支援、日系団体や福祉機関への助成、子弟教育、日系研修員の受入れなどに重点が移された。

　こうした変化にさらに新しい局面を加えたのが、1980年代末から本格化した移住一世から三世までの"デカセギ現象"★3であった。中南米諸国と日本間の経済情勢の違いを反映して、経済危機に見舞われた中南米から日本に仕事を求めて来住する日系人が増え、1989年には日本政府が出入国管理法を改正し、日系二、三世に労働機会の制限を加えない特別な在留資格（身分に基づく在留資格）を与えることになる。これによって中南米から日本へのヒトの"逆流現象"が出現し、雇用のみならず居住、子弟教育、社会保険等の条件整備が喫緊の課題として噴出、日系人が集住する地方都市を中心に日本国内での日系人施策が本格化することとなった。

　日系人来住のピークは2007年で、その数は30万人台に上った。ただその後は彼我の経済情勢の変化もあり、出稼ぎ者の数が減る★4。だが一方で、日本に定着し、さらに日本国籍の取得に至る日系家族も出てきている。日本国内に形成されたブラジル、ペルー出身者を中心とする中南米日系社会は、食文化をはじめ中南米文化の発信地的存在ともなってきた。

　中南米側も日本との関係性を特徴づける要素のひとつとして中南米・日本双方における日系社会の存在を多分に意識している。この点は、ボリビアやパラグアイのほか、規模からみれば日系人の数が1000人にも満たないベネズエラからも日系出身者を駐日大使として送り込んできた、これまでの経緯にも表れている。

2　21世紀開始後の『外交青書』にみられる日本政府の関心の変遷

　以上のような底流が続いてきてはいたものの、今世紀初頭における日本政府の中南米日系人に対する関心は、総体としてみれば必ずしも高いものではなかった。この点は、外務省が毎年編纂する『外交青書』の記述の変遷からもある程度類推できる。

　20世紀末の2000年12月には、前述のように前回から7年ぶりとなった海外移住審議会の意見書「海外日系人社会との協力に関する今後の政策」がまとめられている。その中で海外日系人を日本と（日系人の）居住国との「架け橋」となりうる存在とした上で、日系人の要望や期待をくみ取ること、日系人の必要に応じた協力・支援を行うことが日系社会の地位向上に役立ち、ひいては居住国民の対日理解・わが国のイメージ向上に役立つと指摘した上で、日系人ならびに日系社会との協力は「我が国の外交政策上においても積極的かつ明示的に意義付けられることが望ましく、そのために必要な各方面における施策を推進していくべきである」[★5]と述べている。

　こうした動きがみられながら、2000年の外交を取り扱った『外交青書』2001年版（同年7月刊行）では、「海外安全対策と領事移住にかかわる諸問題」の中の「海外日系社会との協力」の一項で海外移住審議会が答申を出した点に一言触れているのみである。地域外交の特記事項を扱った第3章第3節「中南米」では、日系社会の存在について全く触れていない[★6]。

　この傾向は2004年版まで続き、わが国首脳として8年ぶりとなった小泉純一郎首相の04年の中南米歴訪（ブラジル、メキシコおよび2カ月をおいてチリ）を扱った2005年版でもほぼ同じであり、新たに「在日外国人問題等」の中で在日日系人の存在に触れている程度であった[★7]。

　2000年代後半になると、こうした傾向に変化が現れる。06年版では、中南米外交を扱った第2章第3節で、「両地域の交流の観点から重要なのは、中南米地域における150万人以上に上る日系人の存在である」（『外交青書』2006年版79ページ）と明記し、さらに在日日系人についても「日本と中南米をつなぐ「架け橋」として友好と相互理解の増進に重要な役割を果たしている」と

言及し始めた。その上で、「日本での就労・教育等を巡る諸問題も顕在化しており、こうした在日日系人の住みやすい環境整備や住民との共生に向け積極的な取組が行われている」と述べている[8]。

　対中南米外交に占める日系人の存在に関する『外交青書』の記述は、その後2008年版まで、06年版とほぼ同様の表現が続いた後、2010年版以降は、中南米外交の冒頭部分にいわば親日の論拠とするかのように「日本は中南米との間で、日系人の存在を始めとする人的な絆もあり」（『外交青書』2010年版68ページ）との一文が加わる。13年版には「日系人の存在は、日本にとり、重要な外交資産である」（『外交青書』2013年版70ページ）との文言が登場する。

　関心を示しつつも紙数を当てて記述することが少なかった背景には、小泉政権以降、第二次安倍政権が登場する2012年までの6年間、わが国の内閣が目まぐるしく変わったことも少なからず影響していたと思われる。この間は国際会議への出席（08年11月の麻生首相による「アジア太平洋経済協力会議APECペルー首脳会議」、12年6月の野田首相による「20カ国・地域G20メキシコ首脳会議」）を除けば、首脳による中南米歴訪はなく、かつ2005年から06年の2年間と09年は外相の訪問さえ途絶えている。支援・協力の現場はともかく、対中南米外交が全般に低位であったことの現れとみてよいであろう。

　『外交青書』の記述に劇的な変化があらわれたのが2015年版からである。同版第2章第3節「中南米」の「総論」で後述する安倍首相の中南米歴訪とその折に発表された中南米外交の三つの指導理念に言及し、「「日本が中南米に帰ってきた」ことを印象付けた」（『外交青書』2015年版80ページ）との評価を行っている。首相と同行した延べ250人を超える経済ミッションによる各国経済関係者との交流や、首相による日系議員、日系団体、日系企業との懇談なども念頭においた記述といえる。同版では、「ブラジルの日系人女性の活躍」と題して移住者出身の女性ホテル経営者（青木智栄子）を取り上げたコラムを掲載した点でも新規性がみられた。

3　安倍中南米外交に占める日系イシュー

　2012年12月に第二次政権を発足させた安倍首相は、翌13年9月に東京オリンピック・パラリンピック2020年の招致を決めたアルゼンチンの首都ブエ

ノスアイレスで開催された国際オリンピック委員会（IOC）に出席したのをはじめとして、2017年末までに通算6回、10カ国に上る中南米歴訪を行っている（表2参照）。

表2　安倍首相の中南米歴訪

訪問期間（現地ベース）	訪問国	主たる目的
2013年9月6日〜7日	アルゼンチン	国際オリンピック委員会総会出席
2014年7月25日〜8月2日	メキシコ、トリニダード・トバゴ、コロンビア、チリ、ブラジル	公式訪問
2015年9月30日〜10月1日	ジャマイカ	日本の首相として初の訪問
2016年8月21日〜22日	ブラジル	オリンピック閉会式出席
9月22日〜23日	キューバ	日本の首相として初の訪問
11月18日〜21日	ペルー、アルゼンチン	APECペルー首脳会議出席

出所：外務省ホームページ「総理大臣の外国訪問一覧」より筆者作成。

　首相による中南米訪問の増加は、国際協調主義にもとづく「積極的平和主義」を掲げた安倍首相による「地球儀を俯瞰する」（『外交青書』2014年版6ページ）外交の一環とみることができよう。第二次安倍政権発足以降2018年1月までで、首相が訪問した国・地域は76に上り、延べ訪問国・地域の数は135に達し★9、歴代の政権に比べて格段に多い。ただ地球を俯瞰するということだけではなく、日本にとっての中南米の存在が、欧米アジアとの関係に比べれば比較にならないにせよ、関心を向けざるを得ない状況になりつつあったことにもよると思われる。

　メキシコ、チリ、ペルーは日本との経済連携協定（EPA）締結国（それぞれ05年、07年、12年に発効）であり、いずれも2017年11月に基本合意に達したTPP11（環太平洋パートナーシップTPPから米国が離脱した11カ国による経済連携協定）の参加国である★10。レアメタル（希少金属）を含む鉱物資源や食糧の安定供給地域として中南米への伝統的な関心の高さに加え、対米輸出基地として「5年で2倍以上」★11の勢いで進出社数が増えたメキシコをはじめ同地域での日本企業の動き★12、さらにはこの地域においても政治経済面で急速にプレゼンスを高める中国やロシアの存在も中南米への積極外交の推進要因となった。国際場裏では、国連安全保障理事会の常任理事国入りを目指したブラジル、インド、ドイツとのG4（4カ国グループ）の動きもある。

オリンピック招致の働きかけに加え、首相自らがスーパーマリオに扮してリオ・オリンピック閉会式に臨み世界中の話題をさらった二日間のブラジル短期訪問（2016年8月）は、リオのオリンピック・パラリンピックから東京のオリンピック・パラリンピックにつなげるパフォーマンスの必要性を感じてのことであったのであろう。

訪問の機会を捉えて地域を念頭においた政策スピーチを発信した点でも、歴代の政権に比べ積極性がみられた。2013年に支倉常長訪墨400周年を期に岸田外相がメキシコ市で「中南米と共に新たな航海へ」★13と題する外交スピーチを行い（13年4月29日）、翌14年8月2日には安倍首相がサンパウロで「Juntos!! 日本・中南米協力に限りない深化を──対中南米外交・三つの指導理念」と題するスピーチを発信した。「Juntos（共に）」を標ぼうすることで、従来ともすれば南北（先進国・途上国）関係で捉えられてきた日本・中南米の立ち位置に変化を加えようとの意図が込められていたとも受け止められる。三つの指導理念として掲げられたのは、「発展を共に（Progredir juntos）」、「主導力を共に（Liderar juntos）」、「啓発を共に（Inspirar juntos）」の3点であったが、この段階では、日系人の存在に触れてはいるものの、さらっと述べたにすぎなかった。

日系人に焦点を当てたのが、2016年11月21日にブエノスアイレスの在亜沖縄県人会連合会会館で行った安倍首相による「中南米日系人スピーチ」であった。ペルーの首都リマで開催されたAPEC首脳会議に出席した後、アルゼンチンに赴いたもので、この年は同国の日本人会発足100周年に当たった。ブラジル、ペルー、メキシコなど中南米から参加した日系人代表★14も加え1000人近い会衆を前に語ったもので、祖父・岸信介首相による57年前（1959年）の同国訪問などのエピソードを交えながら話を進め、（日系人の）「皆様が『架け橋』になってくださるからこそ、日本と中南米は「Juntos」でやっていけるのです」と結んでいる。

2017年版『外交青書』は、第2章第3節に「中南米日系社会との交流・連携強化」と題するコラムを掲載し、首相のアルゼンチン訪問のほか、眞子内親王が臨席したパラグアイ移住80周年記念式典などを紹介している。訪問国の先々で、日系人との懇談の機会が綿密に組まれてきた点も、安倍中南米歴訪のひとつの特徴と指摘できる。『外交青書』2018年版では、世界にいる日系人の

6割が中南米地域にいると指摘したうえで、「これは日本が独自に有する中南米諸国との間の絆である」(78ページ)と記載している。

2015年5月、国会では日伯議員連盟といった地域や国を対象としたこれまでの議員連盟とは別に、「中南米の日系人を応援する議員連盟」が発足した。

4　姿を変える日系社会

日本政府が改めてその存在を明確に意識し始めた日系社会ではあるが、それではその実態はどのようなものであるのかとなると、極めて曖昧な把握に留まってきたのが実情である。

最後の移民船「にっぽん丸」の出航から数えても、すでに半世紀近くたっている。日系人と言えば、本来、移住者の子孫、移住者との血のつながりをもった人たちということになる★15が、国によってはすでに六世、七世、すなわち移住者・一世から数えて六代、七代の世代も誕生している。この間に非日系人と結婚する子孫も増え、混血の度合いも進展する。居住地域の拡散も進む。その一方で、親族関係、地縁、さらには個人的な興味から日系団体の活動に加わる非日系人の姿も珍しくなくなった。「新日系人」ともいうべき、現地に根を下ろした日本企業の元駐在員や元政府関係者および自由渡航者やその子弟の存在もある。格段に多様性と流動性が増しているのが日系社会である。

『外交青書』最新版(2018年版)では、中南米在住の日系人数を「約210万人」と記載しているが、これは同地域に開設している在外公館が業務上この程度の数ではないかと類推している数値の総和にすぎない。最大の日系人在住国であるブラジルでは、1980年代後半に国勢調査の結果をベースに聞き取りを加えた調査が日系のサンパウロ人文科学研究所の手によって実施され、1988年に122万8000人の推計を発表している★16。ただその後は、この調査ほど詳細な追跡調査は行われていないし、他の国においても、公館や日系人会等が自分たちの必要に応じて自主的に実施した調査が一部あるのみにすぎない★17。

日系人を主題とする「有識者懇談会」を開催するに当たって、事務局をつとめた外務省中南米局は、同地域23カ国に開設している大使館、総領事館、領事事務所計33公館を使って各公館がどのように日系人を把握しているのか、

23項目からなるかなり詳細な調査を行っている。その結果は、「中南米日系社会の現状に関する調査報告（要約）」という形で外務省が公表している[18]が、「日系人の定義が不明確であることもあり、実態を把握するのは困難」「現地における調査実績が少ない」、さらに「「日系何世か」という質問はさほど意味を持たなくなった」といった率直な回答が寄せられた。正確を期すには、実態調査の方法論確立からまず始める必要がある。

　この点を踏まえた上でも、日系社会は今世紀に入り急速に姿を変えつつある。日本人がしばしば「移住」と結びつけてイメージしがちな日系人・日系社会からは大きな変容と遂げているとみてよい。同上調査によると、もはや一世の比率は、日系人の多いブラジルでも「数パーセントから2割」程度を占めるにすぎない。その一方で、「最も新しい世代」として六世が挙がったのはブラジルだけだった[19]が、キューバ、コロンビア、ペルー、アルゼンチンでは五世の存在が認められた。人数の上で最も多い世代は「二世から三世」という回答が大半の国を占めたが、活動世代は二世から三世、四世へとシフトしつつあるとの認識で捉えておいたほうが良いステージに至っている。

　職業分布の上でも大きな変化がみられる。歴史的には、移住者の多くが農業移住であったが、しかし、今調査では、農業従事者が「多い」との回答はパラグアイ、ボリビアのみで、ほとんどの国で「少数」ないしは「減少傾向」にあるとの回答であった。もっとも、大規模農業主体の中南米農業の実情を考えれば、「減少傾向にあるも、大規模化、専門化の方向」（在サンパウロ総領事館）、「多い。ただし、大農家でも跡継ぎは一人で十分なので絶対数は減少している」（在パラグアイ大使館）といった点は留意しておく必要がある。

　「農業従事者」は少数で、製造業は「最多分野」との回答が寄せられたのは一部（在サンパウロ、マナウス総領事館）であった。数の上では商業従事者が多く、専門職・事務職・公務員への進出が目立つ。マスメディアによく登場する日系人が政界、官界、財界、芸能界、スポーツ界と多岐にわたることからも、職業分布の多様化がうかがえる。ペルー、ブラジル、アルゼンチンでは日本食関係のシェフ、レストランの認知度が上がっている点が、職業分布の調査から明らかになった。

　異文化の中に飛び込むといった移住者の置かれた立場から、互助会的な形で多数の日系団体が結成されてきたのも中南米日系社会の特徴のひとつだ。移住

地や移住地方単位の団体に加え、出身県単位で組織された県人会や、現在では数は少ないが渡航時の移住船単位で結成された乗船会などもある。これらの結束がベースとなって、日墨協会やペルー日系人協会、ボリビア日系協会連合会、在亜日系団体連合会などの統括団体が作られてきた。

サンパウロには、「日系五団体」と称される「ブラジル日本文化福祉協会」「サンパウロ日伯援護協会」「ブラジル日本都道府県人会連合会」「日伯文化連盟」「ブラジル日本商工会議所」がある。ペルーには、沖縄、広島、熊本、鹿児島等26の県人会のほか、宜野湾市、名護市、北谷町、読谷町、国頭村、中城村等22の沖縄県市町村人会の存在が報告されている。

これらのいわば地縁的な組織のほか、華道、将棋、日本舞踊、沖縄芸能、コーラス、文芸といった文化団体や野球、柔道、ゲートボールなどのスポーツ団体も多数みられ、国単位、地方単位の連盟の結成や、パンアメリカン日系人協会や日系国際スポーツ親善大会のように国境を越えた活動も散見される。日系人が集住する地域では、医療機関、老人ホーム、障害者施設等の福祉面での活動も注視しておく必要がある。

こうした広範かつ多様な組織・活動を抜きにしては、中南米各地で毎年繰り広げられ、地元でも注目される日系イベントの存在は説明できない。外務省中南米局が2017年1月時点で集計した「2017年 中南米日系人関連主要行事年間予定表」[20]によると、日本祭りをはじめとする日系社会主要行事は年間206件に上り、延べ参加人数は200万人以上が見込まれている。「日本祭り」が42％を占め、スポーツ系行事が9％、参加者1万人超と予想されている行事が年間46件を数える[21]。

ただこうした数値が、日系人・日系社会の一体性を示すものでは必ずしもない。むしろ今回の調査からは、日系社会と密接に関わっている日系人がいる一方で、日系社会と一定の距離をおいている人、さらには日系社会から離れ、意識の上でも「日系」の意識をもたない人々が若い世代ほど多数を占める「日系人意識の希薄化」現象が多くの公館から指摘された。特に都市部においては、共同体的要素が残る農村部とは異なり、日系社会・日系団体に所属するメリットは少なくなる。ニーズに応えていないといった観点から、「日系人の日本社会離れ」というよりも「日本人会組織の日系人離れ」といった指摘も聞かれ、調査全体からは日系団体の活動休止や廃止、情報共有の手段ともなってきた邦

字新聞の地盤沈下などのリスクが指摘される。

　もっとも、日系団体離れと日系意識の低下は必ずしもイコールではない。ポップカルチャーや日本関連イベントへの参加、訪日、日本語教育、日本公館の働きかけなど"外的要因"によって「日系」意識に気づく事例が観察されてもいる。日本に関する情報や体験機会が得られれば、自らのルーツへの意識や日本への関心が覚醒される事例が把握されているし、日系人の訪日への関心は全般に高く、その目的は就労だけでなく、留学、研修、観光等と多様化している。さらに非日系人による日系イベントや日本語★22・日本文化への関心が刺激となるケースもある。

5　支援・協力の時代から連携の時代へ

　以上のような状況認識をベースに、有識者懇談会は4回の会合を重ねて、①中南米日系社会の世代を跨いだ発展に資するための施策、②中南米日系社会とのオールジャパンの連携ための施策、③在日日系社会に関する施策——の三本

表3　中南米日系社会との連携に関する有識者懇談会の報告書の構成

はじめに
1　中南米日系社会の現状
2　中南米日系社会との連携に関する基本的な考え方
（1）基本理念
（2）考慮すべき点
3　今後の具体的対応策
（1）中南米日系社会の世代を跨いだ発展に資するための施策
ア　中南米で日系社会が築いてきた評価やその存在感を，今後の世代に引き継いでいくための施策
イ　新しい世代の日本や日系ネットワークへの関心を育むための施策
ウ　小規模な日系社会の活性化ための施策
エ　その他
（2）中南米日系社会とのオールジャパンの連携のための施策
ア　総論
イ　地方公共団体による連携のための施策
ウ　経済界による連携のための施策
エ　JICAによる連携のための施策
オ　学界による連携のための施策
カ　日本語・日本文化発信事業における連携のための施策
（3）在日日系社会に関する施策

出所：外務省ホームページ。「中南米日系社会との連携に関する有識者懇談会報告書」。

柱からなる具体的な施策（表 3 参照）をまとめ、報告書を提出した。

　提言の具体的な内容は報告書そのものの記載に譲るとして、この一連の作業の中から筆者なりに会得した点まとめておくと、以下のような諸点を挙げることができる。

　まず第一は、本懇談会の名称にいみじくも冠せられているように、中南米日系社会に対するスタンスは、「支援・協力」から「連携」に意識的にも比重を移した方がさまざまな面でグローバル化を志向する日本にとって適切ではないかということである。このことは、日系社会が必要とする高齢移住者等の福祉面での支援や、ところによっては衰退の傾向が見え始めた日系団体への協力までも取りやめるということを意味するものではもちろんない。必要によっては強化すべきでもあろう。それはともかく、それぞれの居住国において数の上では明らかにマイノリティではあるものの、世代交代を伴いながらも、さまざまな分野で存在感を増してきた日系人との関係構築を進める上では、双方の立場を積極的に活かすことのできるイコール・パートナーの意識づけが好ましいということである。

　第二に、急速に変容しつつある日系社会の実態を把握する調査の継続と同時に、改めて移住史を含めた日系社会の存在を日本国内で広く知らしめるべく広報や資料館整備、教育現場での教材提供、さらにマスメディアやソーシアル・ネットワーク、イベント等を通じた情報発信を増やす必要がある。こうすることによって、日本に定住し、日本で教育を受け、働き、日本のノウハウを身に着けた日系人の母国やその言語能力を活かせる他の中南米地域、ひいては国際社会で活躍できる機会を増すことにも結びつく。

　第三に連携のためのチャネルは決して少なくないということである。日系人を親戚にもつ個人から始まり、移住者を送り出し"デカセギ"現象の中で日系人を受け入れてきた地方自治体、日本政府や JICA 等の関係諸機関、さらには中南米地域にも多数の日本企業を進出させている経済界や活動を多様化させてきている学界、市民団体などさまざまな主体をチャネルとして挙げることができる。ただ、中南米日系社会と多層な関係を織りなす上での課題は、事業内容に応じた大小の拠点づくり、それらを結びつけるネットワーク化、そして多様な主体が出会うマッチングといった取り組みを継続的に推し進めていく姿勢が必要となる。

連携において留意すべき点は、報告書でも強調されていることだが、中南米各国ごと、さらに個々の国内においても日系社会の歴史的成り立ちや規模、世代構成等の事情は決して一様ではないことである。また「日系意識の希薄化」といった状況を前にすれば、若い世代をはじめ日系団体に属さない日系人に対しての働きかけも重要である。その一方で、日本に関心を有し、日系社会活動に恒常的に関与する非日系人との連携も、「日系社会」の拡がりをつくるといった観点から推し進める必要がある。

おわりに

　本章を終えるに当たって最後に毎年開催されている海外日系人大会のメインテーマをみておこう（表4）。本大会は1957年、第二次世界大戦で荒廃した母国および祖父母の国・日本へ生活支援物資を送り支援した海外の日系人に感謝の意を表わすため、国会議員が中心となり開催したのが最初で、現在では公益財団法人・海外日系人協会が受け手となって運営されている。

　21世紀に入ってからは毎年およそ20カ国から200人前後の日系人が集まり開催されている。参加者の対象は世界の日系人であり、中南米に限定されてはいないものの、21世紀に入ると、日系社会の変化の確認と日本との共生に力点が置かれてきていることがみてとれる。2010年の第51回大会からは、分科会の中に「ユース分科会」が設けられ、20代の日系人を中心に日系社会のこれからを議論し、大会ごとにまとめられる「大会宣言」にその考え方を盛り込んできた★23。

　第59回大会は、明治維新の直後、新政府の正式な出国許可を得ることなく砂糖きび農園の労働者としてハワイに渡った、近代日本最初の移民「元年者」★24の渡航150周年を祝して、2018年6月6日米ハワイ州のオアフ島ホノルル市にて開催された。15カ国298人の参加を得て「世界の日系レガシーを未来の礎に！──ハワイ元年者150年を祝って」を総合テーマに討議し、日系レガシーの継承、日系資料館の連携、グローバル化における日系の役割、若い世代のアイデンティティ形成、在日日系社会への理解と支援などを柱とする大会宣言を採択している★25。

　中南米日系社会も、こうした流れの中にあるといえる。

表4 海外日系人大会にみられる総合テーマの変遷

開催年・大会数	総合テーマ
1999年40回大会	転換期の海外日系社会
2000年41回大会	20世紀の日本人の海外移住——海外日系社会の新たな発展のために
2001年42回大会	日系社会の現状と将来の展望
2002年43回大会	日系社会に新しい活力を——求められる絆の強化と自覚
2003年44回大会	日系人として生きるために
2004年45回大会	日系人社会と母国日本の連携強化を求めて
2005年46回大会	新時代に挑戦する海外日系社会——その目標と課題
2006年47回大会	日系社会の新たな発展を目指して——歴史を振り返り、明日への活力を
2007年48回サンパウロ大会	海外日系社会の原点に立ち、その発展と役割を求めて
2008年49回大会	グローバリゼーション時代に生きる海外日系社会——その在り方と役割を求めて
2009年50回大会	海外日系社会と日本——海外日系人大会半世紀を振り返り、共生と繁栄を求めて
2010年51回大会	日系人の生きる道——海外日系社会のさらなる発展を目指して
2011年52回大会	強めよう日本との絆——国難に立ち向かう日本と海外日系社会
2012年53回大会	共に歩もう日本再生の道——問われる海外日系社会の課題
2013年54回大会	多極化時代に生きる日系社会と日本——持続的成長に向けた連携
2014年55回大会	日本文化を創造する海外日系人社会——「和食」の展開に示す底力
2015年56回大会	戦後70年——日本の歩みと海外日系人
2016年57回大会	21世紀の日系人像
2017年58回大会	TOKYO2020に向け日系パワーを結集！
2018年59回ハワイ大会	世界の日系レガシーを未来の礎に！——ハワイ元年者150周年を祝って

注：開催地記載以外の大会は東京での開催。
出所：海外日系人協会のホームページより筆者作成。

注

★1 このほかの有識者懇談会メンバーは、山田啓二海外日系人協会会長・全国知事会会長（京都府知事）、飯島彰己三井物産会長・日本経済団体連合会副会長、北岡伸一独立行政法人国際協力機構（JICA）理事長、柳田利夫慶應義塾大学文学部人文社会学科史学系教授、浅香幸枝南山大学外国語学部スペイン・ラテンアメリカ学科准教授、ウラノ・エジソン・ヨシアキ筑波大学人文社会系准教授の各委員で、同懇談会は7人で編成された。

★2 本稿の「中南米」は、日本の外務省が使用する記載方法に準じて、南米および中米に、地理上は北米に属するメキシコ、さらにカリブ海地域を加えた地域の総称である。

★3　ある期間、居住地を離れて働きに出るという意味では出稼ぎ行為であるが、国境を跨いでの特異な行為ということでもあり、カタカナで表記されることがかなり一般的になっている。
★4　法務省の「在留外国人統計」によると、2017年6月時点で、在日の人数はブラジル18万5967人、ペルー4万7861人、ボリビア5657人、アルゼンチン2710人、メキシコ2393人、コロンビア2366人、パラグアイ2011人である。但しこの中には非日系人も含まれる。同省ホームページ。このほか少数ではあるが、日本国籍保持の移住一世の在日者もいる。
★5　海外移住審議会「海外移住審議会意見──海外日系人社会との協力に関する今後の政策」外務省ホームページ。この意見書では、具体的な対応策として、①移住者に対する支援措置、②わが国と海外日系人社会との関係維持・促進のための支援、③開発・経済・技術分野での協力、④日系人の本邦就労、⑤日系人社会、内外関係方面との連携・協力の強化──の5本の柱を立てて提言している。①では「高齢移住者福祉」「必要な支援策の継続」など、②では「日本語教育」「幅広い人的交流の促進」など、③では「日系人社会にも裨益する国レベルもしくは国際的なプロジェクトへの協力」など、④では「就労の受入れ」「本邦滞在中の支援」「居住国帰国後の支援」がそれぞれ謳われている。
★6　ペルーを扱った箇所で三選を果たしたフジモリ大統領について言及しているものの、日系人である点は述べられておらず、「同人の日本国籍が確認された」とのみ記載されている（『外交青書』2001年版154ページ。）。
★7　2004年9月14日～16日の小泉首相のブラジル訪問は、ヘリコプターで日本人移住地を上空から視察中に、急遽、首相の指示で歓迎する日系人の前に降り立ったり、サンパウロで日系団体による歓迎会で感極まって首相が涙を流す（『朝日新聞』2014年9月15日夕刊、16日朝刊）など日系人との交歓ぶりが話題となった。しかし、ブラジル移住100周年の2008年を「日本ブラジル交流年」に設定したことや二国間関係の深化策を検討する「日伯21世紀協議会」の設置を決めたものの、サンパウロで発表した「日・中南米新パートナーシップ構想」（いわゆる「小泉ビジョン」）の中でも日系施策は正面から取り扱われることはなかった。
★8　2006年7月には、小泉首相のブラジル訪問時に設置が決まった両国の有識者からなる「日伯21世紀協議会」（座長：日本側─河村建夫、ブラジル側─エリエゼル・バチスタ）から「新たな日伯関係を目指して」と題する提言が両国首脳に提出されている。7項目からなる提言の中に、政治的、経済的協力・交流などと合わせて日系人に関する一項目が第5項目「「ニッケイ」：日伯の架け橋」として設けられ、「ブラジルの日系社会及び在日ブラジル人社会は両国社会の発展に一層貢献し、引き続き日伯の架け橋となることが期待される。そのため両国は、双方のコミュニティが暮らしやすい生活環境の整備に協力する」と謳っている。
★9　外務省ホームページ「総理大臣の外国訪問一覧」（2006年10月から2018年1月まで）
★10　本稿脱稿の2018年7月時点で、日本はメキシコにつづき批准のための国会審議を終え国内手続きを完了した。11カ国中6カ国の批准を終え同年12月30日に発効する予定。

★11　2016年12月6日開催のラテンアメリカ協会主催の講演会（東京）における山田彰駐メキシコ大使の発言。2015年末で進出日本企業数は957社を数え、その後、1000社を超える。

★12　例えば、日本経団連とブラジルの全国工業連盟（CNI）は2017年8月26日、ブラジル南部のクリチバ市で開催した日伯経済合同委員会で、それまでに研究を進めてきた日本ブラジルEPA（経済連携協定）締結の働きかけを日本とメルコスール（南米南部共同市場）間のEPAにアップデートすることで合意に達している（ブラジル日本商工会議所ホームページ「日メルコスールEPAに関する意見交換会開催」2018年1月16日）。

★13　岸田外相のスピーチ「中南米と共に新たな航海へ」、続く安倍首相のスピーチ「Juntos!! 日本・中南米協力に限りない深化を──対中南米外交・三つの指導理念」および「中南米日系人スピーチ」はいずれも外務省ホームページ。

★14　ブラジル日本文化福祉協会ハルミ・ゴヤ会長、ペルー日系人協会ホルヘ・クニガミ会長、パンアメリカン日系人協会カルロス・カスガ名誉会長（メキシコ）など。

★15　「日系人」の定義は、日本の外務省の中でも変遷を遂げている。その変遷については、海外移住資料館『海外移住資料館だより』第31号（2013年秋号）でみることができるが、現在では同省領事局『海外在留邦人数調査統計』平成14年度版（2001年）で用いた「日本国籍を有する永住者及び日本国籍を有しないが、日本人の血統をひく者（帰化一世及び二世、三世等）の双方を含むもの」とされている。

★16　サンパウロ人文科学研究所「ブラジルに於ける日系人口調査報告書1987・1988」（1990年）。その後、2001年に同研究所は追跡調査を実施し日本就労・出稼ぎ者25万余を含めて140万人前後との推計を公表している（「日系社会実態調査報告書」2002年3月）。また、2000年実施の国勢調査（センサス）の結果143万人とのブラジル国土地理院（IBGE）の推計がある。

★17　在ドミニカ共和国大使館による「ドミニカ共和国日系社会実態調査」、サンパウロ人文科学研究所による「多文化社会ブラジルにおける日系コミュニティの実態調査」「日系人および日本文化普及に関する実態調査」、アルゼンチンの在亜日系団体連合会による「日系人の重要性」などが在外公館から報告されている。

★18　外務省ホームページ。「中南米日系社会との連携に関する有識者懇談会第1回会合（結果）」の参考資料「中南米日系社会の現状に関する調査報告（要約）」。

★19　ブラジルの邦字紙『ニッケイ新聞』には、すでに七世の存在をうかがわせる記事が散見される。

★20　外務省ホームページ。「中南米日系社会との連携に関する有識者懇談会第1回会合（結果）」の参考資料「2017年 中南米日系人関連主要行事年間予定表」。

★21　外務省ホームページ。「中南米日系社会との連携に関する有識者懇談会報告書」10ページ。

★22　調査では、「日本語学校」（日本人学校・日本語補習校を除く）の存在を聞いたところ大半の国に存在し、そのうち生徒に「非日系人が多い」との回答は55％、また教師については66％が「非日系人もいる」と回答している。

★23　海外日系人大会のプログラム、討議内容、大会宣言等は各大会の「報告書」として海外日系人協会のホームページに掲載されている。
★24　最初の移住者を指すハワイで一般的に使われている呼称で、英語でもGannenmonoと表記される。
★25　第59回大会では、元年者がハワイに上陸した6月20日を「国際日系デー」とすることが大会宣言に盛り込まれ採択された。

引用・参考文献

海外移住資料館、『海外移住資料館だより』各号。
外務省、『外交青書』各年版。
―――、『海外在留邦人数調査統計』各年度版。
国本伊代、1991年、「移住と日系人社会―その歴史と現在」B・スターリング／G・ツェケリー／堀坂浩太郎編著『ラテンアメリカとの共存――新しい国際環境のなかで』同文館。
法務省「在留外国人統計」各年版。
サンパウロ人文科学研究所、1990年、「ブラジルに於ける日系人口調査報告書1987・1988」。
―――、2002年、「日系社会実態調査報告書」。

新聞

『朝日新聞』
『ニッケイ新聞』

ホームページ

外務省、2000年、海外移住審議会「海外移住審議会意見――海外日系人社会との協力に関する今後の政策」。
―――、「総理大臣の外国訪問一覧」。
―――、2017年、中南米日系社会との連携に関する有識者懇談会「中南米日系社会との連携に関する有識者懇談会報告書」。
―――、「中南米日系社会の現状に関する調査報告（要約）」。
―――、2006年、日伯21世紀協議会「日伯21世紀協議会提言――新たな日伯関係を目指して」。
―――、「2017年 中南米日系人関連主要行事年間予定表」。
公益財団法人・海外日系人協会
ブラジル日本商工会議所

第2部
歴史から読み解く世界

第 5 章

新大陸における銀貨の鋳造とその流通
――植民地時代前半期ポトシの場合

真鍋周三

はじめに

　島根県立古代出雲歴史博物館（島根県出雲市）と石見銀山資料館（島根県大田市）において「石見銀山遺跡とその文化的景観」の世界遺産登録 10 年を記念して、石見銀山展（2017 年 7 月）が開催された（二館同時開催）。そのさい、（古代出雲歴史博物館では）「ポトシの富の山 セロ・リコ――世界遺産 ポトシ銀山」のコーナーが設けられ、そこに 1 枚の「カルロス 3 世 8 レアル銀貨」が展示された（2017 年はポトシ銀山の世界遺産登録 30 周年記念の年でもあった）。この銀貨は世界を駆けめぐった後、日本に流入。愛媛県の大洲藩士の家に伝来する（島根県立古代出雲歴史博物館・石見銀山資料館、2017：44）。大洲藩士が 1822 年に主君の長崎行きに随行したさいに手に入れたもので、この銀貨の材料である銀はポトシ産であり、1776 年にリマで製造されたものだという。さらに「この銀貨には、多数の荘印の打刻が打たれている……ボリビアのポトシで産出された銀がリマで 8 レアル銀貨に鋳造され、アカプルコからマニラを経て、中国で使用された銀貨である……中国から日本の長崎、そして大洲へと伝わった、まさに世界を旅した銀貨といえよう」と解説されている（島根県立古代出雲歴史博物館・石見銀山資料館、2017：196）。
　今回の展覧会では、ボリビア多民族国ポトシ市の現カサ・デ・モネダ（Casa Nacional de Moneda：国立造幣局博物館）から初来日した 19 点の展示品が

公開された。この展示品の中で、とりわけ注目を引いたのがさまざまな銀貨であった。会場にはマクキーナ・8 レアル銀貨やフェルナンド 7 世銀貨などが並べられた。

　展覧会の開催中、その関連講座「石見銀山とポトシ銀山」において私は石見銀山の専門家と公開の対談を行った。石見銀山側から投げかけられた質問に、私がポトシ銀山側に立って答えるという企画であった。そこで 16 世紀を中心にペルー副王領における銀貨の鋳造やその流通の実態を調査する必要性を痛感した。

　1545 年にポトシ銀山発見のニュースが広がると、シルバーラッシュが起き（Mendieta Pacheco, 2000: 247）、やがてポトシは南米大陸において最大級の経済拠点となった。ポトシ市の人口は 12 万人（1572 年）から 16 万人（1611 年）にまで上昇する。それはヨーロッパの大都市、たとえばアムステルダムやロンドンが有する人口に匹敵したとされる。ポトシ市にはさまざまな商品がヨーロッパや東洋をはじめ海外から、また植民地域内から大量に集まり、市場経済が浸透していった。銀の生産によってポトシ市とその地区は一大消費センターとなった。ポトシへの供給品の代表的なものとしては食糧・日用品を主とする生活必需物資、舶来の奢侈品などがあげられる（真鍋、2011：59）。

　スペインは新大陸植民地から莫大な富を入手し続けた。ポトシから送られてきた銀塊や銀の延べ棒はセビーリャの造幣局で銀貨に鋳造されたという。ポトシでは建築・芸術上のめざましい活動が展開され、最盛期には 32 の大聖堂や 10 の修道院が存在した。精錬業者の威厳のある豪邸も人目を引いた（Mendieta Pacheco, 2000: 250; Mendoza, 1965: 479-485）。

　ペルー副王領において最初の金属貨幣としての「銀貨」が出現するのは、（初代ヌエバ・エスパニャ副王を歴任した）アントニオ・デ・メンドーサが第 2 代ペルー副王（在位 1551-52）に就任してから後である。副王メンドーサは貨幣を鋳造するよう命じた。できあがった貨幣は銀塊をハサミで切ったものであり、6 種類の銀貨（4 レアル、3 レアル、2 レアル、1 レアル、0.5 レアル、0.25 レアル）であった。この銀貨には刻印はなく表裏に十字架を表す印章が押してあるだけの簡素なものであった。これがプラタ・コリエンテ（流通銀）（plata corriente/peso corriente）と呼ばれる銀貨である。ペルー副王領における最初の貨幣の誕生であった（Cañete y Domínguez, 1952: 158;

Omiste, 1996: 6)。

　ペルー副王領でつくられた「銀貨」を検討するとき留意点がある。それは1570年代の初めポトシにおいてカサ・デ・モネダ（Casa de Moneda. 貨幣鋳造所）が操業を開始する以前につくられ出回ったコリエンテ（流通銀）のような銀貨と、以後に作られた、試金された銀貨であるエンサヤダ貨幣（plata ensayada/peso ensayado）との相違点である（以下、peso corriente、peso ensayadoと原語で表記する）。両者の価値を比較すると、peso ensayado（450マラベディ〔maravedíes〕）はpeso corriente（272マラベディ）の約1.65倍の価値があったと判断される（Noejovich, 2002: 774; Fisher, 2000: 168; López Beltrán, 1988: 11; Bakewell, 1984: 198; Arduz Eguía, 1985: 138）。peso ensayadoの段階になってはじめて、貨幣には人の手によって打刻がなされた。刻印（識別用の印）には硬貨の製造場所を示すモノグラム（組み合わせ文字または単一のアルファベット）が表示された。刻印には品質保証の意味があった。

　ペルー副王領における貨幣の鋳造量を知るに際して、ポトシにおける銀の生産量や生産動向に言及しておく。まず生産量から。現ポトシのカサ・デ・モネダの館長を歴任したメンディエタ・パチェコの見解では、「1545年から1704年までにその有名な山はスペインに16億7000万ペソという驚くべき量の銀をもたらした」「それは今日でいうと37億5750万ドルに匹敵する」とある（Mendieta Pacheco, 2000: 250）。またジョン・テパスケの研究を引用したケンダル・ブラウンの著書には、「1545年から1823年までの期間にポトシの山は正式には2万2695メートル・トン（重量の単位。1メートルトンは1000kgゆえにこれは2269万5000kgとなる―筆者）を生産した」（Brown, 2012: 17）と述べられている。しかしながら、研究者たちが依拠した史料に示されている銀生産量を示す数値には大きな差がみられることや、脱税など諸般の事情を考慮すると、銀生産量の正確な数値を特定することは事実上不可能である。しかしポトシ銀の生産傾向についてはどの研究者の場合も似通っている（Brown, 2012: 17）。1570年代半ばに水銀アマルガム法が導入されてからは「脱税」の幅が狭められたから、銀生産量は「5分の1税」（quinto real. 新大陸スペイン領植民地において貴金属生産量の5分の1を王権が徴収する税）の徴収額（真鍋2011：2）とほぼ平行している（Mendieta Pacheco, 2000:

251; Fisher, 2000: 169)。

　ところで、「5分の1税」の徴収記録（Sierra, 1964: 172-178; 眞鍋、1995：14）はポトシの発見（1545年）から1555年までの11年間は存在せず、その徴収記録は1556年から開始される。1556年は、第3代ペルー副王カニェテ侯（在位1556-60）の統治が始まった年である。ペルーの内乱がほぼ終わりを告げ、ペルー植民地統治が始まった年であった（眞鍋、2004：318；眞鍋、2012：2）。しかし当時の精錬方法がワイラス法（インカ時代から存在した先住民による銀の精錬方法）（Mira, 2000: 111; Salazar-Soler, 2003: 289）であったため、「5分の1税」未払いの銀が依然として流通していた。また「5分の1税」は、ポトシのカサ・デ・モネダが設置され、王権主導の下での銀貨鋳造が始まるまでは、銀塊とか延べ棒もしくは peso corriente で支払われた。

　peso corriente の基本的な特徴は、低品位の銀のかけらであった。銀塊がハサミで切断された形状のものであり、刻印はなく、しかも銅や鉛もしくはスズとの合金であり、試金されずに出回っていた。品質保証が十分ではなかった（Omiste, 1981: 2; Mendieta Pacheco, 2000: 247）。

　ポトシ銀の生産量がだいたいにおいて測定可能となるのは、第5代ペルー副王トレド（在位1569-81）の時代に入ってから、つまり1575年以降水銀アマルガム法精錬が本格化してからである。基本的に「5分の1税」の徴収額を5倍にした分量が全生産高ということになるからである（Capoche, 1959: 24）。

　ペルー副王領における銀貨についての研究史であるが、わが国においてはほぼ皆無であり、未開拓の領域である。本稿では、16世紀を中心にペルー副王領における銀貨の製造（鋳造）と流通について考察する。副王トレド登場以前の時期と登場以後の時期とに分けてそれぞれの事項を検討・考察してみたい。

1　銀貨の出現

　フランシスコ・デ・トレドがペルーに到着し、第5代ペルー副王（在位1569-81）として統治を始め、ポトシにカサ・デ・モネダを設置するが、本章では、その操業が開始される以前に出回った銀ならびに銀貨についてまず述べ

る。次に、ポトシのカサ・デ・モネダにおいて鋳造された銀貨である peso ensayado の特徴を考察する。

1・1　副王トレド登場以前の状況

　ペルーでは征服時から貴金属の一部が「延べ棒」に改鋳されたのは周知のところである（眞鍋、2004：307-309）。それは、持ち運びしやすいコンパクトな形状に改変するというやり方を示している。ポトシ銀山の開発によって得られた銀の場合も当初は同様の方式がとられた。1548年に最初のポトシ銀（5分の1税）がスペイン王室に届けられたが、その際にアルティプラノ（アンデスの高原地帯）からアンデスの西斜面を太平洋沿岸まで搬出されたときの状況をみてみよう。7771個の銀の延べ棒が2000頭のリャマに積まれて輸送された。100人のスペイン人人夫頭が輸送隊を指揮し、1000人の先住民アリエロ（役畜の御者）がリャマを操作し、一行は6か月の道のりを進んだ（Mendieta Pacheco, 2000: 247）。

　新大陸において「銀貨」の鋳造はわりあい早い段階で行われる。1536年にスペイン王室はメキシコ市において新大陸で最初のカサ・デ・モネダを配備した。1565年にはリマ市にカサ・デ・モネダを設置した。さらにその後ラプラタ市（現スクレ。チャルカス〔現ボリビア多民族国にほぼあたる〕のアウディエンシア〔Audiencia de Charcas.「アウディエンシア」とはスペイン領新大陸植民地の司法・行政の王室機関〕の首都）にもカサ・デ・モネダが設置されたといわれている（Omiste, 1981: 6-7; Mendieta Pacheco, 2000: 247）。

　新大陸では「貨幣観念」はスペイン人による「征服」と同時に導入されたから、リマ市においてスペイン人により貨幣経済が志向されたのは無理からぬことであった。膨大な量の金銀をスペイン人は所有しており、はやくもそれによって商取引が始まろうとしていた。また「貢納（tributo. 先住民は法的にはスペイン国王の臣民とされ王権が共同体の18歳から50歳までの成年男子に一律に課した税）」の支払いにも貴金属の断片が使われ始めた。やがて植民地役人らの間からペルー副王領の首都リマにおいて貨幣鋳造所の設置を望む声がスペイン王権に届く。1551年から紆余曲折の後、リマにおけるカサ・デ・モネダの設置が承認された。1568年、リマのカサ・デ・モネダは貨幣鋳造の仕事を始めた。しかし意気込みとは裏腹に、それはたいした機能も果たさずに終

わる（原料である銀塊のリマへの提供がうまくいかなかったのが主な原因と判断される）。1572 年リマの貨幣鋳造所は閉鎖され、ポトシのそれに取って代わられていく（Omiste, 1996: 6, 14）。

1・2　ポトシのカサ・デ・モネダにおける銀貨の鋳造

副王トレドの時代になってペルー植民地統治が確立される。副王トレドはペルー植民地を巡察。そこで、peso corriente の流通を目の当たりにする。それは貢納の支払いにも充てられていた。人々はなるべく品位の低い銀貨によって納税しようとしていた。そうした事態に歯止めをかけるという意図もあり、品位の統一された貨幣を造ろうと考えた。1573、4 年頃、ポトシのカサ・デ・モネダは設置され——ポトシの棟梁ヘロニモ・レトが建築の仕事を請け負い、その建設費用は「8231 ペソあまり」を要し、レゴシホ広場の南側、マトリス教会に面した 45 バラ（約 37.6 メートル）平方の場所に建てられた——、操業が始まる（Cañete y Domínguez, 1952: 159; Fernández, 1979: 56）。カサ・デ・モネダの主要な役職者はトレドによって任命された。財務官（tesorero）にはフアン・ロサノ・マチューカが指名され、検査官（エンサヤドール〔ensayador〕）にはアルフォンソ・リンコンが選ばれた。リンコンはスペインやメキシコ、リマなどにおいて長期間エンサヤドールを歴任してきていた（Arzáns de Orsúa y Vela, 1970: 37; Brown, 2012: 25-26; 真鍋、2017：74-78）。

副王トレドが鋳造を命じたのは 8 レアル銀貨（pesos/ps. de a 8 rs.）であった。ポトシのカサ・デ・モネダで鋳造された硬貨のひとつひとつには刻印（識別用の印）（marca/sello del contraste/cuño）が押されており、刻印には硬貨の製造場所を示すモノグラムが表示されていた。ポトシで鋳造された銀貨の刻印のモノグラフは「P」であり、「P」の字が入ったマキーナ・8 レアル銀貨（pesos/ps. de a 8 rs./ macquina）——ハンマーによる殴打によって製造されたため、「マクキーナ（macquinas/macuquinas）」と命名された。"macquinas" とはケチュア語に由来し、「叩いて鋳造されたもの」という意味（Mendieta Pacheco, 2000: 250, 254, 256-258）——の製造が行われ始めた（写真 1）。peso ensayado の誕生であった。このポトシ銀貨は増産の一途をたどる（Cañete y Domínguez, 1952: 160; Omiste, 1981: 21）。ポトシで

発行された銀貨はやがて世界に知られ、「ポトシほどの価値（Vale un Potosí）」というセルバンテスの言い回しは不動のものとなる。

採掘・精錬された銀塊が貨幣鋳造に回されるまでの状況についてみてお

写真 1　peso de 8 reales. Potosí. 1573. macuquina
（出所：López Beltrán, 2016: 37）

こう。鉱山業者（精錬業者）は銀塊を「鋳造所」に提出。そこで「延べ棒」の形に加工されるが、この段階で試金が行われた。そして銀位に問題がなければ、財務府が「5分の1税」を徴収した。納税・試金済みの延べ棒には刻印が打たれ、この作業が完了してはじめて延べ棒は銀貨に加工された（Omiste, 1981: 20-21）。

17世紀半ばになると銀位の低い貨幣が流通するようになった。それは、ポトシのカサ・デ・モネダにおいて貨幣鋳造の面で「不正」が行われていることを意味していた。貨幣鋳造現場では、刻印の相違をなくすため打印器(punzón)の点検も行われた。しかしこうした措置にもかかわらず、貨幣の質の低下は防げなかった（Cañete y Domínguez, 1952: 162-164; Omiste, 1981: 357; Omiste, 1996: 9, 109-110）。そしてこの問題は結局ポトシの斜陽化を招く一因となった（Cañete y Domínguez, 1952: 162-164）。

2　（ポトシ周辺部地域への）ポトシ銀貨の流出

ポトシ銀流通（流出）の事情をうかがい知るには、ポトシ周辺部地域に存在した先住民共同体に課せられた貢納の納税形態の変化を手がかりとしてみていくのがよい。というのも、ポトシの富は、その周辺部にすでに存在していた社会的に組織された労働力と物資の供給を通じて生み出されたものだからである。周辺部先住民社会のうち、ここでとりあげるのはアルティプラノ（アンデス山脈中部の山間にある広大な高原地帯）を代表するチュクィート地方である（図1）。同地方に課せられた貢納やポトシのミタ（mita. 強制労働。その対象

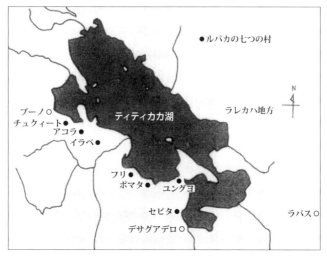

図1 チュクィート地方
「サマ」は現ペルー・タクナ県サマ川流域に、「カピノタ」は現ボリビア・コチャバンバ市南西部（コチャバンバ県）にそれぞれ位置する。（出所：眞鍋、1995：21）

は18歳から50歳までの先住民成年男子）の変遷過程をみていく。次に、ポトシ周辺部地域全般からポトシに供給された商品の対価として支払われた銀貨を検討する。

2・1 ポトシ銀貨流出のメカニズム──チュクィート地方のケースから

チュクィート地方はティティカカ湖西岸に位置し、とりわけ大規模な先住民人口を擁する地域であり交通の要衝でもあった。インカ時代から「ルパカ（Lupaca）」（民族名）と呼ばれてきたアイマラ語圏である。ティティカカ湖西岸に沿ってチュクィートを筆頭に七つの主要村落が点在する。そして太平洋沿岸のサマやモケグアの渓谷部や、またアンデス東部のラレカハ地域やカピノタなどに先スペイン期からミティマエス（mitimaes. 移民）を送り込んでいた（ワシュテル、1984：160-167; 眞鍋、1995：23; Assadourian, 2002: 748; Diez de San Miguel, 1964: 48, 199-200, 240）。

2・1・1 副王トレドの時代以前

1553年におけるリマのアウディエンシアの査定によれば、チュクィート地

方の貢納額は、年間に「2000ペソの銀」、リャマの毛でできた1000着の衣類、1000ファネガ（1ファネガは55.5リットルゆえに1000ファネガは5万5500リットル）のトウモロコシ、ポトシで需要があった1200ファネガ（6万6600リットル）のチューニョ（chuño. ジャガイモの保存食）や家畜等である。このうち2000ペソの銀は、同地方の人々がポトシに物資を提供し、その支払いとして得られ、それが貢納として支払われた。また1200ファネガのチューニョと90頭の家畜も（貢納として）ポトシに提供された（真鍋1995：28-29）。

1559年にチャルカスのアウディエンシアが設立されたのと同時に、副王カニェテ侯による査定が行われ、チュクィート地方の貢納税額が著しく引き上げられる。従来の2000ペソの銀は年間に「1万8000ペソ」へと9倍に増額された。そしてこの1万8000ペソの支払い手段として、共同体側は年間に500人の先住民をポトシ銀山のミタに提供し、彼らに支払われる俸給額でその一部を穴埋めした。この500人の一人当たりにつき「40ペソ（peso corriente）」を貢納の支払いに充てるようはかられた。また「1000着の衣類」については、各村の共同体成員がポトシに運び、そこで売却して銀に換えられた（Assadourian, 2002: 750; 真鍋、1995：29-30; Mangan, 2005: 33; Diez de San Miguel, 1964: 208）。

次に、巡察使がこの地方を巡察した翌年（1568年）に出された法令で、従来の「1万8000ペソ」の銀は「2万ペソ」に引き上げられた。この2万ペソの根拠は「500人×40ペソ＝2万ペソ」にあると判断される。また「1000着」の衣類の税は「1600着」へと引き上げられた（Noejovich, 2002: 774; ワシュテル、1984：161）。

チュクィート地方は標高が3800メートルを超える高地であり、1553年の査定に登場している「トウモロコシ」は同地方では収穫できなかったため、太平洋沿岸部やアンデス東部地域から調達した（Murra, 1996: 126-129）。またここで、先住民社会に対して貢納がおよぼした作用について確認しておくと、貢納が先住民に課せられた場合、先住民側は自分たちが所有している物資をポトシ市場なり近くの市場に運び、そこで売却して現金を得てそれで貢納を支払うか、もしくは労働力をポトシなどの労働市場に提供してそこで賃金を得てそれで貢納を支払うか、という二つの方法があった。これが先住民社会における貢納の作用であった（真鍋1995：62）。

2・1・2　副王トレドの時代

　副王トレドの時代になるとポトシ周辺部の先住民共同体に課せられていた貢納が引き上げられ、またミタは王権の側から再編成されその規模が高まった。

　チュクィート地方に対して副王トレドは貢納やポトシのミタの査定を 1572 年、1574 年、1579 年（もしくは 1580 年）と 3 度実施した。1572 年末に行われた査定で同地方のポトシのミタに派遣される予定者は年間「1000 人」となった。1574 年の査定において副王トレドは同地方の貢納をすべて銀による支払いに一本化し「年間 8 万ペソ（peso ensayado）」とした。同地方の貢納額は 1553 年の 40 倍以上につり上げられた（眞鍋、1995：30; Assadourian, 2002: 742, 749, 752, 755-757; Saignes, 1987: 112）。

　ここで、ミタについて重要な点を指摘しておく。同地方からポトシに送られる 1000 人のミタ労働者（ミタヨ）一人につき「年間 24 ペソ（pesos ensayados）」の額をポトシ財務府が支払うよう副王トレドが決定した。その合計額は 2 万 4000 ペソ（pesos ensayados）である（24 ペソ×1000 人＝24000 ペソ）。そしてこの額は、同地方に課せられた貢納 8 万ペソの支払いの一部にあてられることになった。それは 8 万ペソの 30% を占めた（24000 ペソ÷80000 ペソ＝0.3）。さらに副王は 1574 年の査定を見直し、ポトシへのミタ労働者の人数を増やすことにした。その人数は年間「1100 人」になり（1575 年頃）、そして 1578 年、最終的に年間「2200 人」となった（Brown, 2012: 53-55）。また第 3 回目の査定の結果、貢納の支払い構成は銀による負担（50.7%）、ミタによる負担（ポトシ財務府によるミタ労働者一人当たりへの支払額は年間 15 ペソ余りに引き下げられた後）（43.5%〔これは「8 万ペソ」中 3 万 4800 ペソを占める〕）、ポトシでの衣類（ropa）販売による負担（5.8%）になったと歴史家アサドリアンは分析した（（　）に示した % は同地方から王権に支払われた全貢納額 8 万ペソに占める割合）。ミタによる貢納支払い負担の割合が著しく高まった。「貢納」と「ポトシのミタ」は密接に絡み合い連動していたことがわかる（Assadourian, 2002: 761-764; Premo, 2000）。チュクィート地方に課せられた貢納は銀による支払いに一本化されたわけであるが、その単位は peso ensayado であった。

　チュクィート地方はポトシ銀山の労働力需要やポトシ市場の商品需要に規定

され、この需要に応えて大規模な先住民労働力や生活必需品をポトシに提供した。このことは、同地方に課せられた貢納を支払うための方策であった。

チュクィート地方のケースから、副王トレドによって1570年代に先住民共同体に課せられた貢納やミタが、ポトシの銀貨を大量にポトシ周辺部地域に放出させる引き金となったことが理解されよう。

2・2　ポトシ周辺部地域全般から
ポトシへの供給物資の対価として支払われた銀貨

2・1において、貢納を媒介とするチュクィート地方からポトシへの物資供給の公的な面でのメカニズムについて考察した。さらに（私的な面での）商業・企業的側面における同地方の人々のポトシへの関与もまた重要である。チュクィート地方は、ポトシに至る幹線道（アンデス商業交易路）の中継点に位置しており、ポトシの膨大な人口を支え鉱山を稼働させるのに必要な物資の多くを輸送し提供した。太平洋岸コースからの内外の物資（アンデス西部地域産の物資をも含めて）がこの交易路を通じて輸送・供給されたため、同地方はきわめて重要な役割を担った。それは、同地方がアルティプラノの南米ラクダ科家畜の産地であり、膨大な数の役畜を用いてポトシへの隊商を編成しうる能力を有したこととも関係する。また人々は商業交易路沿いのタンボ（tambo. 宿営）の運営維持にも努めた。海外からの商品のポトシへの輸送・供給も、こうしたアルティプラノの先住民の支えがあってこそ成り立っていた（真鍋、1995: 30-34, 41; Capoche, 1959: 99; Murra, 2002: 786-787; López Beltrán, 1998: 209; López Beltrán, 2016: 24-25, 47; Mangan, 2005: 37, 39）。

前節や上に述べた状況はチュクィート地方にだけみられたのではない。アルティプラノの他の地域においてもまた広くみられたのである。

1603年にポトシ周辺部地域全般からポトシに流入した食糧・日用品を主とする生活必需品45品目の各価格単位（年間）をみてみると、6品目がpeso corrienteで販売されていた。表示のないものが3点ある。しかしこれら以外の商品の大半（黒人奴隷を含めて）はpeso ensayadoで販売されていたことがわかる（表1—Jiménes de la Espada, 1885: 126-132; 真鍋、2011：73）。

表1 ポトシにおいて年間に消費された生活必需品（黒人奴隷を含む）とその価格（1603年）

商品名	合計額	ペソの種類（原語で表記する）
小麦粉	1,642,500	pesos corrientes
チチャ酒	1,024,000	pesos ensayados
ぶどう酒	500,000	pesos ensayados
牛	28,000	pesos ensayados
羊	100,000	pesos corrientes
リャマ	120,000	pesos ensayados
アルパカ	400,000	pesos ensayados
コカ	360,000	pesos ensayados
砂糖	48,000	pesos ensayados
アヒ	56,000	pesos ensayados
クスコとチュキアゴ、チュキサカその他からの保存食品	30,000	pesos ensayados
サトウキビの蜜	16,000	pesos ensayados
パリアとタリハその他の産地からのチーズ	25,000	pesos ensayados
ブタのラード	100,000	pesos ensayados
ハム、ベーコン、ブタの舌（タリハ、パリアその他の産）	30,000	表示なし
チャルキ（干し肉）	45,000	pesos ensayados
アレキパからの物資（品名は不明）	5,000	表示なし
イチジク	12,000	pesos ensayados
海産魚	24,000	pesos ensayados
チュクィートの湖産魚	30,000	pesos ensayados
魚類	12,000	pesos ensayados
オリーブ	20,000	pesos ensayados
オリーブ油	24,000	pesos ensayados
酢	32,000	pesos ensayados
ワラ（paja）とマテ茶	91,250	pesos ensayados
野菜	21,900	pesos ensayados
果物	109,500	pesos ensayados
トウモロコシ（粒）	280,000	pesos ensayados
チューニョ	120,000	pesos ensayados
ジャガイモ	120,000	pesos ensayados
オカ	120,000	pesos ensayados
カスティーリャ風の衣服	400,000	plata ensayada
トゥクマンの麻布	100,000	表示なし
キトのラシャ、ワヌコのベーズなど	100,000	pesos ensayados
粗布（sayal）	14,400	pesos ensayados
帽子	182,000 (=106,480)	pesos corrientes pesos ensayados)
リャマの毛で作った衣類（ropa de abasca）	126,000	pesos ensayados
リャマの毛で織った布（de cumbes）	6,000	pesos ensayados
（粗布もしくは革製の）大袋（costal）	100,000 (=64,000)	pesos corrientes pesos ensayados)
靴作りのためのなめし革	54,000	
トランプカード（baraja）	21,900	pesos corrientes
金具（鉄具）（herraje）	26,700	pesos corrientes
蠟製品（cerero）	26,000	pesos ensayados
（ブラジルからの）黒人奴隷450人	92,500	pesos ensayados
ろうそく	132,500 (=84,000)	pesos corrientes pesos ensayados

出所：Jiménez de la Espada, 1885: 126-132; 真鍋、2011：73

おわりに

本稿では、植民地時代前半期ペルー副王領における銀貨の製造（鋳造）と流通を考察するために、第5代ペルー副王トレド登場以前の時期と登場以後の時期とに分けてそれぞれの事項を考察した。

副王トレドは植民地支配体制の確立に尽力したが、その一環が王権によるポトシ銀山の掌握であり、ポトシのカサ・デ・モネダにおける peso ensayado の製造であった。peso ensayado は経理上価値を計算するためのものであり、品位（銀の含有量）がばらばらの貨幣（peso corriente）が造られていた状況を改善するべく、きちんと統一された貨幣として出現した。

ポトシ周辺部地域へのポトシ銀貨の流出については、チュクィート地方のケースをとりあげて検証した。とくに副王トレドの時代に入って貢納とミタの規模が著しく高められ、このことがポトシ周辺部地域から物資や労働力をポトシにいちだんと引き出し、その対価として大量の peso ensayado 銀貨がポトシから流入したことがわかった。そしてまた、ポトシ周辺部地域全般から供給された商品の対価として支払われた銀貨の内実を検討すると、ポトシ周辺部地域全般に peso ensayado 銀貨が大量に流入していたことがわかった。

peso corriente 製造の実態はよくわからなかった。引き続き今後の課題としたい。またミタ労働者の実態について、本稿での考察は理念的過ぎたように思う。先住民によるミタの回避（共同体からの先住民の逃亡・離脱）、ポトシにおける死亡・残留、ミタ終了後のポトシからの逃亡などの影響を考慮する必要がある。

引用・参考文献

Arduz Eguía, Gaston, 1985, "Sobre el régimen monetario colonial", *Historia y Cultura*, vol.8, Sociedad Boliviana de Historia, Editorial Don Bosco, La Paz, pp.135-141.

Arzáns de Orsúa y Vela, Bartolomé, 1970, *Anales de la Villa Imperial de Potosí*, Potosí: Ministerio de Educación y Cultura.

Assadourian, Carlos Sempat, 2002, "La política de virrey Toledo sobre el tributo indio: el caso de Chucuito", en *El hombre y los Andes homenaje a Franklin Pease G.Y.* (Tomo II) por editores de Javier Flores Espinoza, Rafael Varón Gabai,

Lima: Pontificia Universidad Católica del Perú, Fondo Editorial, pp.741-766.

Bakewell, Peter, 1984, *Miners of the Red Mountain Indian Labor in Potosi 1545-1650*, Albuquerque: University of New Mexico Press.

Brown, Kendall W., 2012, *A History of Mining in Latin America from the Colonial Era to the Present*, Albuquerque: University of New Mexico Press.

Cañete y Domínguez, Pedro Vicente, 1952, *Guía histórica, geográfica, física, política, civil y legal del gobierno e intendencia de la provincia de Potosí*, Potosí: Editorial Potosí.

Capriles Villazón, Orlando, 1977, *Historia de la minería baliviana*, La Paz: Bamin.

Capoche, Luis, 1959, *Relación general de la Villa Imperial de Potosí*, edición y estudio preliminar por Lewis Hanke, Madrid: Ediciones Atlas-Biblioteca de Autores Españoles.

Diez de San Miguel, Garci, 1964, *Visita hecha a la provincia de Chucuito en el año 1567*, ed. Waldemar Espinoza Soliano, Lima: Casa de la Cultura del Perú.

Fernández, Luis Alfonso, 1979, "La real Casa de la Moneda (Potosí)", en *La real Casa de la Moneda (Potosí)*, dirección de Hugo Boero Rojo, La Paz-Cochabamba: Editorial Los Amigos del Libro, pp.55-132.

Fisher, John, 2000, "La producción metalífera", en *Historia general de América Latina, III-1 Consolidación del orden colonial*, por Alfredo Castillero Calvo, Allan Kuethe, París: Ediciones UNESCO/Editorial TROTTA, pp.151-175.

Hamilton, Earl J., 1977 (reprint), *American Treasure and the Price Revolution in Spain, 1501-1650*, New York: Straus and Giroux.

Hanke, Lewis, 1965, "Producción de plata en Potosí", en Bartolomé Arzáns de Orsúa y Vela, *Historia de la Villa Imperial de Potosí*, edit. por Gunnar Mendoza y Lewis Hanke, tomo III, Providence: Brown University Press, pp.488-491.

Jiménes de la Espada, Marcos, 1885, "Descripción de la Villa Imperial de Potosí, año de 1603", en *Relaciones geográficas de Indias*, vol. II, Madrid: Ediciones Atlas, pp.372-385.

López Beltrán, Clara, 1988, *Estructura económica de una sosiedad colonial Charcas en el siglo XVII*, La Paz: Ira. Edición.

————, 1998, *Alianzas familiares elite, género, y negocios en La Paz, siglo XVII*, Lima: IEP.

————, 2016, *La ruta de la plata: de Potosí al Pacífico, caminos, comercio y caravanas en los siglos XVI y XIX*, La Paz: Plural Editores.

Mangan, Jane E., 2005, *Trading Roles: Gender, Ethnicity, and the Urban Economy in Colonial Potosi*, Durham and London: Duke University Press.

Marchena Fernández, Juan, 2000, "Albanza de corte y menosprecio de aldea. La ciudad y Cerro de Potosí", en *Potosí plata para Europa*, compilador de Juan

Marchena Fernández, Sevilla: Universidad de Sevilla, Fundación El Monte, pp.15-71.
Mendieta Pacheco, Wilson, 2000, "La Casa de la Moneda de Potosí: el monedero de los Andes", en *Potosí plata para Europa*, compilador de Juan Marchena Fernández, Sevilla: Universidad de Sevilla, Fundación El Monte, pp.243-261.
Mendoza, Gunner, 1965, "Lista preliminar de gobernadores de Potosí, 1545-1740", en Bartolomé Arzáns de Orsúa y Vela, *Historia de la Villa Imperial de Potosí*, edit. por Gunnar Mendoza y Lewis Hanke, tomo III, Providence: Brown University Press, pp.479-485.
Mira, Guillermo, 2000, "Panorama de la organización y las bases de la producción de plata en Potosí durante el período colonial (1545-1825)", en *Potosí plata para Europa*, compilador de Juan Marchena Fernández, Sevilla: Universidad de Sevilla, Fundación El Monte, pp.105-124.
Murra, John V., 1996, "El control vertical de un máximo de pisos ecológicos y el modelo en archipiélago", en *Comprender la agricultura campesina en los Andes Centrales, Perú y Bolivia* por Pierre Morlon (compilador y coordinador), Lima: IFEA y CBC, pp.122-130.
―――, 2002, "La correspondencia entre un "capitán de la mita" y su apoderado en Potosí", en *El hombre y los Andes homenaje a Franklin Pease G.Y.* (Tomo II) por editores de Javier Flores Espinoza y Rafael Varón Gabai, Lima: Pontificia Universidad Católica del Perú, Fondo Editorial, pp.785-794.
Noejovich Ch., Héctor Omar, 2002, "Las visitas de Chucuito en el siglo XVI: en torno a la visita secreta", en *El hombre y los Andes homenaje a Franklin Pease G.Y.* (Tomo II) por editores de Javier Flores Espinoza y Rafael Varón Gabai, Lima: Pontificia Universidad Católica del Perú, Fondo Editorial, pp.767-783.
Omiste, Modesto, 1981, *Cronicas potosinas* (Tomo Primero), Potosí: Impreso por "El Siglo"Ltd.
―――, 1996, *La casa de moneda de Potosí 1572-1891*, Potosí: Ediciones Casa de Moneda, Banco Central de Bolivia.
Premo, Bianca, 2000, "From the Pockets of Momen: The Gendering of the Mita, Migration and Tribute in Colonial Chucuito, Peru", *The Americas* (A Quarterly Review of Inter-American Cultural History), Vol.57, Number 1, pp.63-94.
Saignes, Thierry, 1987, "Ayllus, Mercado y coacción colonial: el reto de las migraciones internas en Charcas (siglo XVII)", en *La participación indígena en los mercados surandinos estrategias y reproducción social siglos XVI a XX*, compiladores de Olivia Harris, Brooke Larson y Enrique Tandeter, La Paz: Centro de Estudios de la Realidad Económica y Social, pp.111-158.
Salazar-Soler, Carmen, 2003, "Quilcar los indios: a propósito del vocabulario

minero andino de los siglos XVI y XVII", en *Los Andes: cincuenta años después (1953-2003) Homenaje a John Murra*, compiladores de Ana María Lorandi, Carmen Salazar-Soler y Nathan Wachtel, Lima: Pontificia Universidad Católica del Perú, Fondo Editorial, pp.281-315.

Sierra, Lamberto de, 1964, "Reales quintos pagados a SM desde 1 de enero de 1556 hasta 19 de julio de 1736", en *Colección de Documentos Inéditos para la Historia de España*, tomo 5, Madrid: Academia de la Historia, pp.170-184.

林邦夫、1977 年、「16 世紀における新大陸貿易とスペイン国家財政」『史学雑誌』第 86 編第 2 号、1-32 ページ。

近藤仁之、2011 年、『ラテンアメリカ銀と近世資本主義』行路社。

真鍋周三、1995 年、『トゥパック・アマルの反乱に関する研究──その社会経済史的背景の考察』神戸商科大学経済研究所。

────、2004 年、「16 世紀ペルーにおけるスペイン植民地支配体制の成立をめぐって」『人文論集』第 39 巻、第 3・4 号、神戸商科大学学術研究会、297-347 ページ。

────、2011 年、「植民地時代前半期のポトシ銀山をめぐる社会経済史研究──ポトシ市場経済圏の形成（前編）」『京都ラテンアメリカ研究所紀要』No.11、京都外国語大学、57-84 ページ。

────、2012 年、「植民地時代前半期のポトシ銀山をめぐる社会経済史研究──ポトシ市場経済圏の形成（後編）」『京都ラテンアメリカ研究所紀要』No.12、京都外国語大学、1-31 ページ。

────、2013 年、「植民地時代後期ペルー・モケグア地域産アグアルディエンテの流通をめぐって──ブルボン改革との関係で」『人文論集』第 47 巻、兵庫県立大学、34-54 ページ。

────、2017 年、「17 世紀ポトシにおけるビクーニャスとバスコンガドスの戦い（1622～1625 年）の社会経済的背景──バスク人の動向を中心に」『人文論集』第 52 巻、兵庫県立大学、63-85 ページ。

ポランニー，カール、1980 年、『人間の経済 I ──市場社会の虚構性』玉野井芳郎・栗本慎一郎訳、岩波書店。

島根県立古代出雲歴史博物館・石見銀山資料館、2017 年、『世界遺産登録 10 周年記念 石見銀山展 銀が世界を変えた』報光社。

ワシュテル，ナタン、1984 年、『敗者の想像力──インディオのみた新世界征服』岩波書店。

第 6 章

1959年発見のメキシコ・クエルナバカの壁画
——〈長崎二十六聖人殉教図〉への問いかけ

川田玲子

はじめに

1959年、メキシコ市から100キロメートルほど南に位置するクエルナバカ市の大聖堂で、大変興味深い壁画が発見された（図1、図2）。

発見のきっかけとなったのは、1957年に始まった大聖堂修復工事である。工事開始2年後、修復作業中に偶然、壁の石灰の下に隠れた彩色の絵に気づいたという。

現在この壁画は、『長崎二十六聖人殉教の図』と紹介される。文字通り、1597年に起きた長崎殉教事件のことである。ここでいう「二十六聖人」とはその犠牲者で、23人のフランシスコ会の殉教者と3人のイエズス会の日本人殉教者のことである。前者の23人の構成は、スペイン人修道士が6人と日本人信者が17人となっている。

図1　20世紀前半のクエルナバカ市大聖堂外観
（出所：メキシコ市資料館 Fototeca Constantino Reyes Valerio 提供）

図2　修復後の大聖堂内部の様子
（出所：川田玲子『メキシコにおける聖フェリーペ・デ・ヘスス崇拝の変遷史』、2019年刊行予定）

本稿は、既に定説となっている上述の題名『長崎二十六聖人殉教の図』についての考察を試みるものである。

　この壁画と関連するテーマを研究している筆者は、この大聖堂には何度となく足を運び、そのたびに壁画を鑑賞、観察してきた。最初はスケールの大きさ、全体の色合いの美しさや仔細な描写に感激した。その後訪問回数を重ねるごとに問いが浮かんだ。「この絵は何故、ここに描かれたのだろうか」「何故、メキシコ市内で描かれなかったのだろうか」「何故、フランシスコ会とイエズス会という、異なる二つの修道会の殉教者が、一緒に描かれたのだろうか」。

　とりわけこの最後の問いが気にかかった。筆者が知る限り、1862年の列聖以前の長崎殉教事件に関連する美術作品では、その多くが修道会別に描写される傾向にあったからである。さらに、現在のクエルナバカ市大聖堂はかつてフランシスコ会の修道院であったこと、また、この事件が生じた1600年前後、宣教活動地域においてフランシスコ会とイエズス会の間に摩擦があったこと、特に、当時イエズス会はポルトガルに属し、フランシスコ会はスペインに属していたことから、日本における布教活動では政治的にも難しい関係にあった。

　こうした史実を踏まえ、ひとつの仮説「クエルナバカの壁画は、長崎における26人の殉教者全員ではなく、その内の23人のフランシスコ会の殉教者を讃えるために描かれたものである」を立てた。この「仮説の論証」を本稿の目的とする。

　そこで、次の3節に分け、話を展開させていく。まず第1節「発見された壁画」では、本稿で扱う研究対象の共有を行う。ここでは壁画の図柄を確認し、そのうえで先行研究の見解を比較し、作品に関する基本情報を整理する。続いて第2節「歴史から見た壁画」では、歴史的アプローチとして、まず、クエルナバカ市大聖堂の歴史を把握する。その上で、1862年に列聖されるまでの関連美術作品を時系列順に鑑賞し、その傾向と特徴を確かめる。第3節「修復と壁画」では、修復過程の検証として、修復関係者とのインタビューを整理し、修復作業の過程と題名の決定について調査する。以上をもとに、本稿で立てた仮説の可能性を問う。

第6章　1959年発見のメキシコ・クエルナバカの壁画

1　発見された壁画

1・1　場面の確認

　まず、研究対象を共有するために、壁画に描かれた各場面を見ていく。この壁画が修復されたのは、1959年から1962年にかけてで、全体の5割弱の部分が蘇った。

　では、その詳細を見ていく。正面祭壇に向かって右壁面（南壁面）上部には、「EMPERADOR TAYCOSAMA MANDO MARTIRIZAR POR（皇帝太閤が…〔不明〕…によって処刑することを命じた）」という文字が読み取れる（図3・2）。その下に広がる壁の3分の2ほどが空白である。

　この右壁面は、向かって左側の空白から始まり、中央近くでは、虫食い状態ではあるが、いくつかの場面が浮かび上がる。まず、武器を持った人物が10人ほど立っている（図3・1）。その場面の右端部分に車輪の一端が描かれている。続く空白を越えると、上部と下部でかなり修復された部分があり、そこでは、囚人が牛車に乗り、その周りに警備の人々が並んでいる。このあたりが、牛車の列の先頭と考えられる。この場面では、家々が建ち並び、人々の姿も見られる。これは引き回しの場面であろう。その先は、上部に一片の修復部分が

図3・2　文字部分拡大

図3・1　クエルナバカ市大聖堂南壁面の図で、上部に「EMPERADOR TAYCOSAMA MANDO MARTIRIZAR POR」という言葉が見える。（出所：川田『メキシコにおける聖フェリーペ・デ・ヘスス崇拝の変遷史』、前掲）

101

あるものの、大部分が空白となっており、場面の特定は難しい。

　一方祭壇に向かって左壁面（北壁面）の図は、船旅から始まっている（図4・1）。12艘の船が描かれており、船の間をたくさんの魚が泳いでいる。その12艘のうち、8艘には手を縛られた人が見える。彼らは囚人で、その頭部に光輪を戴いている。その数は全部で28ある。8艘の内、下部の3艘にそれぞれ二人ずつ修道服を着た囚人が乗っている（図4・2）。この6名が外国人修道士であろう。

図4・2　船中の拡大。役人たちが乗った船と修道士が二人ずつ乗せられた船

図4・1　北壁面の図。船旅から始まり、磔刑場面で終わっている。（出所：川田『メキシコにおける聖フェリーペ・デ・ヘスス崇拝の変遷史』、前掲）

　次は陸地の場面である。船が着いた陸地には大勢の人がいる（図5）。その中に光輪のある者が26人確認できる。手を縛られていることから、囚人であることは容易にわかる。残りが役人と見物人である。見物人の中にはヨーロッパ風の着衣を身につけている人もおり、当時の長崎の様子を物語っている。

　続いて大きな空白がある。この空白へ続く陸地の右最端に、十字架刑に処せられた人が一人見られる（図5）。目を右に移すと、壁面右最端には磔刑に処せられた12人の姿が並んでいる（図6）。つまり、空白を挟んで、合計13人の磔刑姿がそこにある。この部分が磔刑の場である。12人の磔姿の手前には少なくとも5本の十字架が横たえられている[★1]。また、右から10番目の磔姿の上に燃える柱が見える。

　先に触れた、右壁面上部に書き込まれた文字から、この壁画が、1597年に長崎の西坂の丘で起きた殉教事件を描いたものであることは確かであり、虫食

第 6 章　1959 年発見のメキシコ・クエルナバカの壁画

図5　九州到着。大勢の見物人と上陸後の様子。
（出所：川田『メキシコにおける聖フェリーペ・デ・ヘスス崇拝の変遷史』、前掲）

図6　磔刑の場面

い状態ではあるが、京都と大坂での捕縛、囚人の引き回し、門司から下関までの小舟での移動、九州上陸、磔刑までの各場面を紹介するものと言える。

1・2　壁画の基本情報

次に、壁画に関する基本情報についてである。美術作品において、制作年や制作者などといった基本情報は制作意図と深く関係する。そこで、これまでにこの壁画についてどの程度それらが把握されているかを整理していきたい。ここでは内容から六つの先行研究を対象とする★2。

最初に制作年を扱う。大きく二つの見解が指摘できる。すなわち、26 人の殉教者が列福された 1627 年以前か、以後かに分かれる★3。それぞれ根拠は異なるが、列福以前説を唱えているのは、海老沢有道、本間正義、ルイス・イスラス・ガルシア、マリア・エレーナ・オオタ・ミシマの四人である。列福以後説を挙げているのが、越宏一、セリア・ホンターナ・カルボの二人である。

前者の列福以前説を唱える研究者の見解を確認していく。まず、殉教事件の意義とクエルナバカの地理的重要性に着目した海老沢が、制作年を 17 世紀の初め頃としている。その根拠として、26 人の殉教者のひとりでメキシコ出身の聖フェリーペに対する崇拝が始まったことを挙げている★4。次に、壁画のモチーフから制作年代を特定しようとしたのが本間である。彼は、欧風とメキシコ先住民風図柄に日本的要素が加わっているとし、実際に日本人が参加し得た慶長遣欧使節団（1613 年出国、1620 年帰国）のメキシコ滞在時期にあたる

1615年から1616年が該当すると考えた★5。他方、イスラス・ガルシアは海老沢と同様に、17世紀の初めとしている。但し、イスラス・ガルシアの場合は、最初に殉教の知らせが到着した際に、すぐに描こうとしたが、あまりにも壁面が大きく、完成するのに数年かかったという理由である★6。また、列福の年以降であれば、メキシコ（ヌエバ・エスパーニャ）★7では、聖フェリーペのみが注目されるようになることも指摘している。マリア・エレーナ・オオタもイスラス・ガルシアと同様、現在目にする図柄の部分に、聖フェリーペの姿に対する特別な意識がないことから、この壁画は、その崇拝が始まる前の作品であると言う。オオタは、メキシコでは、列福後崇拝が始まるとフェリーペのみが注目されていくので、列福の後の作品であれば当然フェリーペの姿が強調されなくてはならない、という見方をしている★8。

　次は列福以後説である。まず、越が、囚人の頭上に目を留め、光輪を戴いている以上、列福後でなくてはならない、とした★9。またホンターナは、列福がメキシコ社会にもたらした現象、すなわち、殉教事件への関心の高まりに留意し、フェリーペが守護聖人となった1629年を制作年として捉えている★10。

　ここで列福前と後の関連する事象を簡単にまとめておく。列福前の状況については、まず、殉教事件がメキシコに伝わったのが、1598年である。この年は殉教者の遺骨も運ばれ、盛大な祝典が執り行われた。その際、フランシスコ会系の教会堂で祝福されている★11。その後17世紀に入ると、教皇から殉教に関する書簡が届き、列福のための調査委員会の設立及び委員の任命が指示された。こういった経緯を経て、1627年、修道会別に列福が行われたのである。その知らせがメキシコに届いたのが、1628年夏のことであった。

　列福後の最初の反応は、その知らせに対するもので、修道会別の動きが見られた。殉教者の中にイエズス会に属していた3人の日本人がいたことから、イエズス会が直ちにこれらの日本人殉教者のための祝典の請願をした。同日フランシスコ会も、メキシコ人聖フェリーペとその仲間のための祝典を市参事会に求めている★12。続いて聖フェリーペのための様々な請願をした。

　以上の列福前と後の事象を比べてみると、関心の高まり故か、後の方がより積極的な行動をとっているように思える。

　ほかに制作に関わった人について簡単に述べる。まず、実際に絵を描いた人たちであるが、表1から分かるように、メキシコの先住民か日本人、あるい

表1　先行研究の各見解

=	制作年	絵を描いた人物	その他
海老沼有道	17世紀初め。殉教の後、聖フェリーペに対する信仰が起こったことが論拠。	画風・色彩がいずれも西欧的でも日本的でもないこと、フィリピンの画との比較から、フィリピン人を想定。	〈描かれた理由〉殉教事件はフランシスコ会にとって極めて重要な事件。〈なぜ小都市の寺院か〉ラ・アスンシオンの聖母修道院とアジアが深い関係があった。〈題名〉26聖人殉教の図。
本間正義	1615年〜1616年。支倉常長一行の滞在期間を考慮。	欧風、先住民風、日本風の要素で描かれている点を考え、日本人の関与を指摘。	〈描かれた理由〉殉教事件はフランシスコ会にとって極めて重要な事件。〈なぜ小都市の寺院か〉ラ・アスンシオンの聖母修道院とアジアは深い関係が理由。〈題名〉場面によっては光輪を持つ人物が28人描かれているが、26聖人殉教の図。
ルイス・イスラス・ガルシア	17世紀初め。壁画制作のきっかけは、殉教の知らせが届いて、その話が人々の間に広まったことに着目。	メキシコへ渡ってきた日本人の信者と先住民の合作と推測。	〈なぜ小都市の寺院か〉そこは東洋に行く宣教師の別れの場所であること。1600年には50人程のフランシスコ会士がアジアへ渡っている。その中には1622年に日本で殉教したペドロ・デ・ラ・アスンシオンも含まれていた。〈題名〉「26聖人殉教図」
越宏一	1627年の列福後。上陸する場面で殉教者が光輪をつけていることが論拠。	海老沼説、本間説・イスラス説を紹介。	〈なぜ小都市の寺院か〉クエルナバカはアジアへ行く宣教師が必ず足を止める宿場町であった。〈題名〉26聖人殉教の図。
マリア・エレーナ・オオタ	1598年から1628年の間。聖フェリーペ崇拝の始まる時期に注目。	記述なし	記述なし 〈題名〉26聖人殉教の図
フォンターナ・カルボ	1629年。フェリーペが、メキシコ市守護聖人となった年に完成したことを想定。	図柄、特に魚の描き方にコディセの手法との共通点を見出し、先住民を作者と断定。	〈なぜ小都市の寺院か〉当時のクエルナバカの地理的重要性に注目。〈題名〉26聖人殉教の図

出所：本章で扱った先行研究をもとに筆者が作成

はフィリピン人か、または、いずれかの合作である、という見方をしている。但し、作風やモチーフを基にした推測の域を出ない。

　如上の壁画を描いた者とは別に、この壁画制作の依頼者について見ていきたい。当時は現在と違い、描きたい時に作品を描くという状況ではなかった。制作を依頼する人物が必要であった。本稿で扱う先行研究ではこの点に触れていないが、制作依頼者の意図は作品に大きく影響することから、それに言及することも重要である。果たしてこの制作依頼者は誰であろうか。筆者は、フランシスコ会の高位聖職者が該当すると考える。理由は、この壁画が描かれた場所がフランシスコ会修道院であったこと、作品が大掛かりであったこと、壁画制作の場が修道院教会堂、つまり主聖堂であったことである。

　次に、殉教事件を詳細に描くために必要となる情報の出所として、記述史料に言及したい[★13]。事件後かなり早い時期に出された長崎殉教事件関連の印刷物がある。ヨーロッパにおけるこれらの印刷物の状況を整理すると、1598年から1604年にかけて、何冊かの書物が複数の言語に訳され出回っている[★14]。その多くが修道会別に殉教を褒めたたえている。多少の時差はあったと思われるが、これらがメキシコへ殉教事件の詳細を伝えたことであろう。

　以上、この作品に関しては、推察可能な基本情報もあるが、今ひとつはっきりしない部分もあり、その制作目的は未だ明らかにはされていない。また題名『長崎二十六聖人殉教の図』については、日本で起きた殉教事件と解釈され、26人の殉教の場面というのが共通の認識ではあるが、それに関して十分な考察がなされた様子は見られない。

2　歴史から見たクエルナバカの壁画

2・1　クエルナバカ市大聖堂の歴史

　壁画が描かれた場所が、かつてフランシスコ会修道院であったことは、表1にあるように、先に扱った先行研究でも言及されている。ここではクエルナバカ市大聖堂の歴史を簡単に辿っていく。

　まず、その始まりは16世紀前半に遡る。この場所に初めて教会堂が建てられたのは、メキシコがスペイン人により征服された直後の1525年のことであった。建立したのは、この地域で宣教活動をしていたフランシスコ会修道士で、

1524年にスペインからメキシコに渡った最初の12人の宣教師（全員がフランシスコ会士）の中の一人であったと言われる。

1529年にこの教会堂を利用して、メキシコで5番目のフランシスコ会修道院が設置された。それはラ・アスンシオンの聖母修道院と名づけられ、メキシコ市以南からオアハカ地方にかけて広がるフランシスコ会の活動地域の拠点とされた。教会堂の完成は、その入り口外壁に刻まれた数字から1552年と考えられている。

修道院は、その後長い年月をかけ増築されてきた。まずは回廊、青空礼拝堂、18世紀になると入り口横に第三会礼拝堂、少し離れてはいるが、その正面に位置するカルメン礼拝堂などが建てられた[★15]。1767年に教会所有となり、1891年には大聖堂という名称が与えられた。

この修道院があったクエルナバカ市は、1575年に太平洋貿易が始まって以降、その太平洋側拠点アカプルコ港とメキシコ市を結ぶ主要街道沿いのメキシコ市に最も近い宿場町であった。そこに設置されたフランシスコ会のラ・アスンシオンの聖母修道院は、そのあたりの唯一の修道院として、フランシスコ会関係者はもちろんのこと、通行するすべての人々にとって、重要な役割を果たしていた。ガルシア・イスラスが指摘するように、そこはアジアへ渡る人々、アジアから戻ってくる人々のまさに別れと出会いの場所であった[★16]。そういった場所で同会の殉教者を崇めることは、人々の同会への一層の賞賛を得ることでもあったであろう。そのことが制作意図の一つであった可能性は十分にある。

2・2　美術史から見たクエルナバカの壁画
　　　──1628年から1862年に描かれた長崎殉教事件関連美術作品とその傾向

既に触れてきたように、長崎殉教事件をテーマとする美術作品は、修道会別に描かれた傾向にある。そこで関連美術作品を紹介していくことにする。

ここで扱う作品は全部で10点である[★17]。最初は図7で、これは1628年に彫られたヴォルフガング・キリアンの版画で、現在ドイツのバイエルン国立図書館に所蔵されている[★18]。題は『3人のイエズス会の殉教者』で、作品上部に3人の日本人イエズス会殉教者の磔姿が大きく描写されている。その後方には残りの殉教者が見える。殉教者や死刑を執行する役人、彼らを囲む大勢の人々の姿は日本的とは言い難い。下部に殉教事件の流れがドイツ語で書かれている。

次に図8で、これは1630年に制作された聖画で、題名は『日本のフランシスコ会殉教者』となっている。画家はラサロ・パルド・ラゴで、この絵画はペルー・クスコのフランシスコ会系ラ・レコレータ修道院（現ラス・レコレータス美術館）に所蔵されている。

図7　1628年の版画
ヴォルフガング・キリアン作
（出所：バイエルン国立図書館〔ドイツ〕。吉田正彦提供）

図8　23人のフランシスコ会殉教者
ラサロ・パルド・ラゴ作
（出所：Santiago Sebastian, *El Barroco Iberoamericano Mensaje iconobrafía*, p.306）

　図9は、メキシコのトルーカ市近郊のシナカンテペック・フランシスコ会系旧サン・ミゲール修道院の入口前の側壁に描かれた壁画である★19。図に見られるように、老朽化しており、不鮮明ではあるが、複数の磔刑姿の痕跡が見て取れる。その一本の十字架の上に「バウティスタ」という名前が残っていることから、長崎の殉教者のうち23人のフランシスコ会の殉教者が描写されたことが推察される。その右横に当たる壁面には、フランシスコ会の「生命の木」が描画されているが、この作風は16世紀に好んで用いられた黒と赤を使ったものである。現在目にする図9は、1598年夏にメキシコに届いた長崎殉教事件の知らせが届いたのち、既にあった絵に上書きされたと考えられる。壁画の劣化の状況から、その制作年の特定は難しいが、聖フェリーペの姿が強調されていなかったとすれば、クエルナバカの壁画と同時期あるいはその直後に制作されたという見方もあり得る。

　図10は、マカオ市の天主教主教公署の2階廊下の端に掛かっている聖画で

第6章　1959年発見のメキシコ・クエルナバカの壁画

図9・2　一部拡大図

図9・1　シナカンテペック・旧サン・ミゲール修道院入り口の壁画（出所：川田『メキシコにおける聖フェリーペ・デ・ヘスス崇拝の変遷史』、前掲）

ある。ここには23人の磔姿が描かれている。人を埋葬したことを示す2本の十字架も立てられている。数字的には辻褄が合わないが、これは3人のイエズス会士を意識したものと言われている★20。この作品の磔刑の場面は、クエルナバカの壁画の十字架の並びとよく似ている。越によれば、制作年は推定1644年である★21。マカオ天主教公署によれば、この作品は、もともとマカオ・フランシスコ会修道院が所蔵していた作品であるが、大聖堂へ譲渡されたということであった。しかし、越は1975年の論文で、その所在をマカオの賈梅士博物

図10　『23人のフランシスコ会殉教者図』
（現在マカオ市の天主教主教公署所蔵。筆者撮影）

図11　メキシコ・テポツォトラン市の旧イエズス会修道院教会堂主祭壇。祭壇中央下にあるイエズス会の日本人殉教者（出所：川田『メキシコにおける聖フェリーペ・デ・ヘスス崇拝の変遷史』、前掲）

図12 『殉教三聖人図』(出所：九州国立博物館所蔵)

図13 メディーナ著書に挿入された版画。フランシスコ会の殉教者たちの絵姿(出所：挿絵〔Medina, 1682〕)

館所蔵としており、フランシスコ会修道院から大聖堂へ譲渡された過程が判然としない。

図11は、メキシコ・テポツォトランの旧イエズス会修道院の主祭壇である。そこには槍を3本抱えた若者が、円形盾型の深彫りレリーフでそれぞれ彫り込まれている。祭壇前に置かれた説明文によれば、この3人の若者はイエズス会に属していた日本人殉教者である。

図12は、「殉教三聖人図」と言われる、17世紀にスペインで描かれた作品である★22。長崎で殉教した3人の日本人イエズス会士が磔刑姿で描写されたもので、彼らの頭上には殉教者のための棕櫚の葉や冠を手にした6人の天使が舞う。彼らを槍で突いている処刑執行人の服装はヨーロッパ風である。かつての所蔵先は現在のところ不明である。

図13は、1682年に印刷されたバルタッサール・デ・メディーナの著書『ヌエバ・エスパーニャの清貧フランシスコ会系メキシコ聖ディエゴ修道会の歴史――素晴らしい美徳あふれる賢人たちの人生』の中表紙に挿入された銅版画で、長崎殉教事件の6人のフランシスコ会修道士の磔姿が彫られたものである。ここでは、全員の胸が交差する二本の槍で突き抜かれている。そして、聖フェリーペだけが他の5人より1本多く、3本目の槍でその胸を突かれており、識別されている。

次の図14と図15は、1774年に印刷された年代記フアン・フランシスコ・デ・サン・アントニオ著『フィリピン諸島・シナ・日本・其の他におけるサン・フ

第 6 章　1959 年発見のメキシコ・クエルナバカの壁画

図 14　23 人のフランシスコ会殉教者（出所：注 23 を参照）

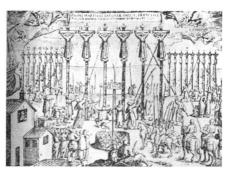

図 15　23 人のフランシスコ会殉教者
（出所：注 23 を参照）

ランシスコ会のサン・グレゴリオ管区年代記』第 3 巻に添えられた銅版画で、図 14 は扉絵として、図 15 は、本文に挿入されたものである[23]。共に 23 人のフランシスコ会の殉教者を称える作品となっている。

最後に紹介する図 16 はメキシコ・サカプ市の旧サンタ・アナ修道院内の階段部分の壁に残された壁画である。これは十字架に処せられていると思われる数人の姿が薄く見えるのみであるが、郷土史家フェルナンド・ミゲール・ペレス・バルドビーノスによれば、17 世紀の作品で、長崎の二十六聖人を描いたものである[24]。しかし図柄が不鮮明であり、実際に二十六聖人が描写されたものかどうかについては再考する必要があろう。

以上の作品のうち、内容がはっきりしない図 16 を除くと、そこには 26 人

図 16・1　メキシコ・サカプの旧サンタ・アナ修道院の廊下壁面に残された磔刑姿の壁画
（出所：川田『メキシコにおける聖フェリーペ・デ・ヘスス崇拝の変遷史』、前掲）

図 16・2　右壁画の一部拡大写真
（出所：同左）

の殉教者が全員揃って描かれた作品は見られない。その分類は、「23人のフランシスコ会殉教者の図」(5点)、「6人のフランシスコ会殉教修道士の図」(1点)、「3人のイエズス会の日本人殉教者の図」(3点)の3区分となる。

　これらの作品とは別に、26人の殉教者が題名となっている作品の有無について見ておきたい。越の長崎殉教事件に関連する作品カタログによれば、これまでのところ、クエルナバカの壁画を除き、少なくとも2点発見されている[25]。1点目は1625年頃にイタリア人ジョヴァンニ・ピエトロ・ビアンキが制作した版画で、26人の殉教者の磔刑図が描かれたものである[26]。これは列福の翌年にあたる1628年にルイス・フロイス著『日本二十六聖人殉教録』(1598年初版)が再版された際に挿入された。フロイスは、事件当時長崎に滞在していたイエズス会士で、事件を詳細に伝えようと、筆をとった。そのため、修道会別に事件の内容を分けることはしなかった。そのフロイスの意思を尊重したものと推察される。越はこの作品の制作場所を明記していないが、フロイスの原稿がローマのイエズス会総長に届いたことがきっかけとなり、彫られたものと考えられる。

　2点目は、イエズス会士ペトロ・ビヴェリウス著(1634年)の銅板挿絵である[27]。これは、イエズス会士の著書に挿入されたもので、越の説明では、26人全員の磔刑となる。

　このように26人全員が揃って表現されたものもあるにはあるが、傾向として、修道院別に描写されていたと言えよう。

3　修復と壁画(1959年から1962年の壁画修復と題名の決定)
　　──直接関係者とのインタビューを基に

　次は、壁画の題名『長崎二十六聖人殉教の図』についてである。分かっていることは、題名は修復時に決められたということである。そこで、その決定がどのようになされたのかを明確にするために、壁画修復時の状況を検証する。ここでは、発見・修復の直接関係者4名とのインタビューの内容を基に整理していく[28]。

　20世紀中頃、メキシコでは、老朽化した教会堂の修復工事があちらこちらで行われており[29]、クエルナバカ市大聖堂もその対象であった[30]。しかしインタビューによれば[31]、この大聖堂の修復には別の意図があったようだ。そ

第6章　1959年発見のメキシコ・クエルナバカの壁画

図17　修復前の内部。新古典派様式の祭壇が正面及び正面向かって左右の壁面に置かれている。撮影1930年代。（出所：メキシコ市資料館 Fototeca Constantino Reyes Valerio 提供）

図18　修復後の教会堂内部。16世紀に建設時の教会堂の内部を復元させたものである。（出所：川田『メキシコにおける聖フェリーペ・デ・ヘスス崇拝の変遷史』、前掲）

れは、当時のクエルナバカ司教区の最高位に就いていた司教セルヒオ・メンデス・アルセーオ（1952年～1982年在職）[32]の意向で、18世紀後半に新古典様式に変えられた内装を初期修道院時代のものに復元するというものであった。実際、修復以前の内部写真を見ると、主祭壇及び両側の壁に置かれた祭壇は新古典様式であることが分かる（図17）。その壁面は、当時のメキシコの多くの教会堂がそうであったように、漆喰の白塗り壁であった[33]。修復後の内部は、偶然発見された巨大な壁画が浮かび上がっているが、内装は16世紀の教会堂のものとなっている（図18）。

これまでの筆者の調査では、この発見過程に関する記述資料は見つかっていない。しかし、発見直後に実施された調査で13層にも及ぶ漆喰の上塗りの痕跡がその壁に確認され、先に紹介したクエルナバカ司教セルヒオ・メンデスの指示で最も古い層まで辿ったこと[34]、また、題名の決定に関しても、同様に司教の判断によるものということであることが[35]、記憶という不確かさを加味しつつも、インタビューにより明らかになった。その決定については、壁画

表2　修復工事関連事象年表

年代 (1957〜1967)	修復工事期間の出来事
1957年	司教 Sergio Méndez Arceo が大聖堂修復決定⇨教会堂内装を初期の様式へ 7-15 *1 修復工事開始 （この間に壁画発見）⇨発見時に関して複数の説明がある*2。
1959年	教会堂内の壁画修復開始⇨上部から剥離作業開始 （直後に TAYCOSAMA MANDO MARTIRIZAR POR という文言が浮かび上がった） 12-24 教会堂開堂（予定は9-15日であった）⇨通常の典礼を行うため （時期不詳）修復に関する討議を行う：空白部分をどうすべきか。 ⇨参加者 Ob. Sergio Méndez, Fr. Gabriel Chávez, Ricardo de Robina, Art. Matías Gómez *3
1962年	壁画剥離修復作業がほぼ完了 9月 本間正義がクエルナバカ市を訪問（本間によれば、修復作業は終了間際で、この時点で壁画のテーマも長崎の殉教事件で26人の殉教者が描画されたものとなっていた。そのため、一緒に訪問していた建築家仲間から現地で質問攻めにあった）*4
1963年	海老沢有道著「メキシコの日本26殉教者壁画」が『キリシタン研究』第8号に掲載
1965年	3月 本間正義「メキシコの26聖人殉教壁画」が三彩*5 183号に掲載 9月 "A quorterly devotes to the arts of the catholic church Catedral or the Assumption Cuernavaca México", *Liturgical Arts*, Vol. 33, no.4 ago. 1965.
1967年	大聖堂修復工事完了

*1 López Bucio によれば、7月18日に始まった。インタビューから。
*2 この点については、Badillo と Fontana とのインタビューでも話題となった。
*3 Celia Fontana Calvo, *Las pinturas murales del antiguo convento franciscano de Cuernavaca*, 2010, p.27.
*4 本間正義、「メキシコの26聖人殉教壁画」『三彩』183号、1963、10ページ。
*5 日本では、その後1975年に、越宏一が国立西洋美術館年報に「美術における日本26殉教者——その作品カタログ」を投稿している。
出所：インタビューと調査結果をもとに筆者が作成

の北壁面上部に「TAYCOSAMA MANDO…」の文字が浮き上がったことが重要な判断材料となったという話であった。結果として、この司教の見解が尊重され、取り立てて議論されなかったようだ。

　思い起こせば、壁画発見の年、1959年は、長崎の殉教者列聖100周年記念の3年前にあたる。この記念行事はメキシコ・カトリックにとって意味深い

第 6 章　1959 年発見のメキシコ・クエルナバカの壁画

行事であり、また国民の 9 割がカトリックであった当時のメキシコにとっても、たいそう関心の高い出来事であった★36。例えば、長崎の殉教者の一人である聖フェリーペ・デ・ヘススにあやかって、「フェリーペ・デ・ヘスス」の名前をつけられた 1960 年前後生まれの男児が多いことからも推察できる★37。こうした状況も踏まえ、司教セルヒオ・メンデスが、その祝いを意識していたことは間違いないだろう。

おわりに

　最後に、これまでの論点から得られるポイントを三つ挙げたい。第一に、フランシスコ会殉教者とイエズス会殉教者は同時に描かれない傾向にあったこと。第二に、題名をつける際、十分な考察がされなかったこと。第三に、この壁画は、フランシスコ会修道院の教会堂に描き出されたものであり、さらには制作依頼者がフランシスコ会関係者とも考えられる。そこに、本稿でも触れてきた当時の状況、つまり、この事件が起きた時代に修道会の間では、アジアの管轄地域の境界線、宣教の方法などで摩擦が生じており、とりわけ、イエズス会とフランシスコ会にとって、それぞれの地域で問題を抱えていたことを考慮すると、この壁画が 26 人の殉教者に捧げられたものとすることには疑問が生じると、言わざるを得ない。無論、これらは、この壁画の磔刑場面に 26 人の殉教者全員が描写されたことを否定するものではない。仮に 26 人全員が描かれていたとしても、それが理由で、長崎の殉教者全員を題材とした作品であるということにもならない。何故なら、1628 年のヴォルフガング・キリアンの版画のように、『3 人のイエズス会殉教者』というのが題名であるが、その 3 人の背後に彼らとともに殉教した仲間の姿もある。あるいは、『23 人のフランシスコ会殉教者の絵』という題名でありながら、3 人のイエズス会殉教者を何らかの形で描こうとした作品もある。
　さらにクエルナバカの壁画は、殉教者の人数が曖昧である。第 1 節で指摘したように、壁画の船中に 28 人の光輪姿の人たちがいる。もし修復の際、なんら手を加えておらず、壁画がオリジナルであれば、壁画を描いた際に、殉教者の人数に固執していなかったことになる。修復時に手が加えられたものであれば、勘違いで二つ多く光輪が付加されたのかもしれない。20 世紀にもなれば、

115

メキシコでは、長崎の殉教事件に関しては、メキシコ市出身の殉教者聖フェリーペひとりに全ての関心が凝縮されており、殉教者と言えば、聖フェリーペとその仲間でしかなかったことから、起こり得る誤りである。その一方で、陸地の部分では確かに26人の殉教者の姿が描かれている。しかし磔刑場面は十分な修復がされておらず、13人しか確認できない状態である。

　以上、述べてきた点に留意すると、その題名が「長崎の二十六聖人殉教の図」であると必ずしも特定することはできず、反対に、フランシスコ会の殉教者を思い、事績を記録する、あるいはそれらを賞賛するために描くことが目的であったと考え得る。従って、仮説「クエルナバカの壁画は、長崎における26人の殉教者全員ではなく、そのうちの23人のフランシスコ会の殉教者を讃えるために描かれたものである」が成り立つ可能性は十分にある。ただし、現段階では筆者の仮説もまた、推測の域を出ないことは認めざるを得ない。

追記　2013年、マカオ市で行われた学会ICAS8★38に参加した際、一枚の絵を目にした。それが現在同市の天主教主教公署に保管されている『23人のフランシスコ会殉教者図』（図13）である。この絵は、「はじめに」で述べたように、筆者がクエルナバカの壁画に関して以前より持っていた疑問と取り組むきっかけとなった。しかし他の執筆作業に追われ、実際に調査を開始したのは2016年秋口のことであった。その結果が本稿である。

　調査に当たって、先行研究を探したが、その数が少なかった★39。この壁画があるクエルナバカ市大聖堂は、1994年に世界遺産となったポポカテペトル山腹の16世紀初頭の修道院群の一つであるにもかかわらず、研究者及び一般人の関心が薄いのである。

　今後、研究者らの注目を集め、本格的な研究が始まれば、例えば、制作年に関しては、塗料の分析を行うなど現代の科学技術により、調べるのは容易であろう。本稿が、新たな調査のきっかけとなり、この壁画への関心が高まり、殉教事件が起きた日本とその壁画があるメキシコ、双方の研究者の協力で、歴史的事実が明らかにされることを願うものである。

謝辞　尚、本研究は、第18回、第20回ラテンアメリカ社会文化研究会及び第38回、第39回日本ラテンアメリカ学会定期大会において、研究報告を行い、参加者諸氏から貴重なご意見をいただき、参考とさせていただいた。この場を借りてお礼申し上げる。また、メキシコでは多くの関係者らから、とりわけ、メキシコの国立文化遺産保存センター資料室担当のカルロス・オレヘール・デルガディージョ氏とシルビア・Y・ペレス・ラミーレス氏から多大な調査協力を得た。ここに深く感謝の意を表する。

注
★1　この5本の十字架に関しては、本間正義が、本数に関しては「うすれていてはっきり

しない」としつつも、処刑後のものであるとしている。本間正義「クエルナバカ寺院での新発見——海をわたった長崎殉教の図」『三彩』183号、11頁。

★2　先行研究については、表1及び参考文献参照。

★3　列福とは、キリスト教において、特にその徳と聖性を認めた信徒に対して死後に授ける称号の一つで、「福者」に列することを指す。

★4　1628年夏、列福の知らせがメキシコに届くとほぼ同時に、フェリーペはメキシコ市のクリオージョに高い関心を持たれ、その崇拝が始まることになる。その後随時、その姿が描かれてきた。この崇拝が始まるのは1628年夏以後なので、聖フェリーペ崇拝は17世紀初めにはまだ始まっていない。従って、海老沢の見解には、矛盾があると言わざるを得ない。海老沢有道「メキシコの日本26聖殉教者壁画」『キリシタン研究』第8号、1963、176-178頁。

★5　本間正義、前掲書、24頁。慶長遣欧使節団に関しては、大泉光一『支倉常長 慶長遣欧使節の悲劇』中央新書、五野井隆史『支倉常長』吉川弘文館、田中英道『武士ローマを行進す 支倉常長』ミネルヴァ書房、太田尚樹『ヨーロッパに消えたサムライたち』ちくま文庫などを参照。

★6　Luis Islas García, *Los murales de la Catedral de Cuernavaca Afronte de México y Oriente*, p.70.

★7　本来メキシコの植民地時代を扱うときは、「メキシコ」ではなく「ヌエバ・エスパーニャ」とすべきであるが、本稿では「メキシコ」とすることにした。

★8　María Elena Ota Mishima, "Un mural novohispano en la Catedral de Cuernavaca: Los veintiséis mártires de Nagasaki" en *Estudios de Ásia y África*, No.50, p.693.

★9　越宏一「美術における日本26殉教者——その作品カタログ」『国立西洋美術館年報』38頁。

★10　Celia Fontana Calvo, *Las pinturas murales del antiguo convento franciscano de Cuernavaca*, p.133.

★11　長崎殉教事件におけるフランシスコ会の殉教者数の多さもさることながら、日本に入ったイエズス会は当時ポルトガルに属し、フランシスコ会はスペインに属していた。宗主国がスペインであるメキシコで殉教者を祝福する祝いをするのであれば、フランシスコ会の教会堂で開かれるのは当然のことと思われる。殉教の知らせのメキシコ到着に関しては、Domingo Chimalpáhin, *Diario*, México, pal y trad. Rafael Tena, CONACULTA, 2001 (manuscrito), pp.69-70, 73参照。

★12　一般にメキシコでは、聖フェリーペに関心が集まり、その姿が描かれることになる。そのため、この聖人がどのように表現されているかによって、その関心の度合いや制作年代を把握することができる。言い方を変えると、例えば、この人物をいかに描写しているかが、制作年代を推測する指針となる。

★13　この点に関しては、復元の際の教会堂修復設計者Baltasar López Bucioも指摘している。López Bucioから筆者へ送付された新聞投稿原稿 Baltasar López bucio, "Los murales de la catedral de Cuernavaca 1, Felipe de Jesús, el protomártir mexicano", *El Periódico PAX.*, Diócesis de Cuernavaca, vol.37, Mayo de 2017, página 3. Baltasar López bucio, "Los murales de la catedral de Cuernavaca 2, Los mártires de Nagasaki, Japón", *El Periódico PAX.*, Diócesis de Cuernavaca, vol.38, Junio de 2017, página 4. Baltasar López bucio, "Los murales de la catedral de Cuernavaca 3, Descubrimiento de los murales de los mártires de Nagasaki, Japón. ¿Cómo se descubrieron? ¿Cuándo se pintaron?", *El Periódico PAX.*, Diócesis de Cuernavaca, vol.39, Julio de 2017 より。

★14　拙稿「メキシコの聖フェリーペ・デ・ヘスス崇拝に関する一考察」『ラテンアメリカ研究年報』16号の表1「殉教に関する初期文献の出版状況（1598～1604）」参照。

★15　各名称のスペイン語訳は次のとおりである。青空礼拝堂は "capilla abierta"、第三会礼拝堂は "capilla del Tercer Orden"、カルメン礼拝堂は "capilla del Carmen" となる。

★16　Luis Islas García, op. cit., p.57.

★17　関連美術作品は他にもあるが、原稿の頁数に制限があり、10点にとどめた。因みに、越宏一は、その論文で1862年の列聖以前の作品34点を紹介している。そこに紹介されていないものも含めるとこれまでに筆者が確認した作品は、40点ほどである。本稿では主に植民地時代の作品に関心が寄せられているため、18世紀までの作品に焦点を当て、10点を紹介した。これらの関連美術作品数に聖フェリーペのみが描かれた作品を含むと膨大な数になる。

★18　分類記号は、Sammlung (Einbl, VII, 24-1) Bayerische Staatsbibliothek である。

★19　この壁画に関しては、メキシコ副王時代史を専門とされる井上堯之氏の情報提供があった。

★20　越宏一「美術における日本26殉教者――その作品カタログ」『国立西洋美術館年報』、40頁。

★21　前掲書。メキシコにはこの作品とよく似た作品が Museo Nacional de Arte で所蔵されている。Elena Isabel Estrada de Gerlero, "Los protpmártires del Japón en la hagiografía novohispana" en *Los Pinceles de la Historia de la Patria Criolla a la Nación Mexicana*, p. 81.

★22　この作品の詳細については九州国立博物館編『大航海時代の日本美術』、89頁参照。

★23　越宏一、前掲書、41-42頁。本稿で紹介している図14は、ロムアルド・ガルドスが編集した Luis Frois, *Relación del Martirio de los 26 cristianos crucificados en Nangasaqui el 5 de febrero de 1597*, に挿入されたものを複写した。図15は、アビラ・ヒロン『日本王国記』(岩波書店、大航海時代叢書、1965年)、260頁の挿図の複写である。

★24　2008年9月8日に筆者がサカプを訪れ、インタビューを実施。ペレス・バルドビーノスはサカプ市のラサロ・カルデナス高校の校長で、郷土史研究家である。

★25　越宏一、前掲書、34-37頁。

★26　前掲書、36頁。

★27　前掲書、37 頁。著書の題名（越訳）は『十字架の聖所並びに十字架にかけられた人及び十字架を負った人の忍耐』である。
★28　2017 年の春と夏の二度に亘り、壁画発見当時の関係者とのインタビューを実施。インタビューの対象者 4 名については、本稿注 31 に記載。修復の詳細については、筆者作成の表 2「修復工事関連事象年表」参照。
★29　この点については、Gabriel Chávez de la Mora（司祭、建築家）が 2017 年夏に実施したインタビューで語っている。Gabriel によれば、クエルナバカ司教からクエルナバカの壁画修復依頼を受ける以前に、教会から同様に教会堂修復依頼を複数受けて手がけていた。
★30　修復過程に関する記述資料は見つかっていないが、クエルナバカ市大聖堂の名が書かれた教会堂修復対象物件に関する説明書を、INAH の資料室で確認した。
★31　インタビューを実施したのは、Gabriel Chávez de Mora（司祭・建築家）、Baltasar López Bucio（司祭・建築家）、Francisco Ramírez Badillo（建築家）、Heladio Rafael Gutiérrez（司祭、現在は還俗している）の 4 名である。Sergio Méndez Arceo（司教）、Ricardo de Robina（研究者）など、他に関係者もいたが、既に故人となっている。
★32　メンデス・アルセーオはローマで 11 年暮らし、歴史学博士号を取得した。帰国後は歴史学者として大学で教壇にも立った人物で、メキシコ歴史学界では最高峰の機関である Academia Mexicana de la Historia のメンバーでもあった。
★33　海老沼有道によれば、「往時伝染病が流行した時、すべての家の壁、特に公共の建物の壁を石灰で上塗りする習慣があった」。海老沼有道、前掲書、177 頁。
★34　発見時の様子については *Celia Fontana Calvo, Las pinturas murales del antiguo convento franciscano de Cuernavaca*, pp.25-27. 教会堂入口付近の内壁では、以前から魚の一部が見えていたとも言われる。司祭セルヒオ・メンデスの影響力については、Baltasar López Bucio 神父とのインタビューで話題となった。
★35　筆者がインタビューをした Baltasar López Bucio 神父によれば、司教セルヒオ・メンデスが、新古典派様式となっていた大聖堂の内装を、16 世紀に建てられた当時の内装にするよう命じた、ということである。新古典様式とは、18 世紀後半から 19 世紀初めにかけて好まれた様式で、それまでのバロックあるいは超バロック調に対し、シンプルかつ荘重感がある様式をいう。
★36　現在は減少傾向にあると思われるが、20 世紀末頃の統計上の数字は 90% 強となっている。乗浩子『宗教と政治変動――ラテンアメリカのカトリック教会を中心に』、5 頁。
★37　その一例が第 64 代メキシコ大統領フェリーペ・カルデロン・イノホサで、彼は 1961 年生まれで、正式名はフェリーペ・デ・ヘスス・カルデロン・イノホサという。このほか当時の新聞などの記事でもその関心の高さが推し量ることができる。
★38　ICAS とは International Convention of Asia Scholars のことである。
★39　クエルナバカの壁画に関心を持つ研究者が少ないことについては、2017 年にクエルナバカの州立モレロス大学の美術史学者セリア・フォンターナ・カルボとインタビューを

した際、話題となった。フォンターナは2010年にこの壁画に関する研究著書を出版した研究者で、このテーマでは彼女の著書が最も新しいと言える。そのインタビューで、同地の美術史専攻学者として、この研究を実施することに義務を感じ、出版に至ったと述べている。フォンターナは、この壁画に関して疑問を投げかける筆者の言葉を聴きながら、研究を大いに歓迎すると、好意的な見解を述べた。そのことは定説に疑問を投げかけようとしている筆者にとって、大いに励みとなった。

引用・参考文献

Chimalpáhin, Domingo, 2001, *Diario*, México, pal y trad. Rafael Tena, Mexico, CONACULTA, (manuscrito).

Estrada de Gerlero, Elena Isabel, 2000, "Los protomártires del Japón en la hagiografía novohispana", en Jaime Soler Frost (ed.), *Los pinceles de la historia de la patria criolla a la nación mexicana, 1750-1860*, México, Museo Nacional de Arte, pp.72-91.

Fontana Calvo, Celia, 2010, *Las pinturas murales del antiguo convento franciscano de Cuernavaca*, Cuernavaca, Catedral de la Asunción de María Cuernavaca, Gobierno de Estado de Morelos y Universidad Autónoma de Estado de Morelos.

Frois, Luis, S. J., 1935, *Relación del Martirio de los 26 cristianos crucificados en Nangasaqui el 5 de febrero de 1597*, Romualdo Galdos (coord.), Roma, Tipografía de la Pontificia Universidad, 1935 (manuscrito, 1597).

Islas García, Luis, 1967, *Los murales de la Catedral de Cuernavaca Afronte de México y Oriente*, México.

López bucio, Baltasar, 2017, "Los murales de la catedral de Cuernavaca 1, Felipe de Jesús, el protomártir mexicano", *El Periódico PAX.*, Cuernavaca, Diócesis de Cuernavaca, vol. 37, Mayo, página 3.

―――, 2017, "Los murales de la catedral de Cuernavaca 2, Los mártires de Nagasaki, Japón", *El Periódico PAX.*, Cuernavaca, Diócesis de Cuernavaca, vol. 38, Junio, página 4.

―――, 2017, "Los murales de la catedral de Cuernavaca 3, Descubrimiento de los murales de los mártires de Nagasaki, Japón. ¿Cómo se descubrieron? ¿Cuándo se pintaron?", *El Periódico PAX.*, Cuernavaca, Diócesis de Cuernavaca, vol. 39, Julio.

Medina, Balthasar, 1682, *Chronica de la Santa Provincia de San Diego de Mexico, de Religiosos Descalzos de N. S. P. Francisco en la Nueva-España. Vidas de ilustres, y venerables Varones, que la han edificado con excelentes virtudes*, Mexico, Juan de Ribera.

Ota Mishima, María Elena, 1981, "Un mural novohispano en la Catedral de

Cuernavaca: Los veintiséis mártires de Nagasaki" en *Estudios de Ásia y África*, No.50, México, Colegio de México, pp.675-698.

Sebastián, Santiago, 1990, *El Barroco Iberoamericano, Mensaje iconográfico*, Madrid, Ediciones Encuentro.

海老沢有道、1963 年、「メキシコの日本 26 聖殉教者壁画」『キリシタン研究』第 8 号、176-178 頁。

大泉光一、1999 年、『支倉常長 慶長遣欧使節の悲劇』中央新書。

太田尚樹、『ヨーロッパに消えたサムライたち』ちくま文庫。

九州国立博物館編、2017 年、『大航海時代の日本美術』九州国立博物館。

川田玲子、1996 年、「メキシコ「聖フェリーペ・デ・ヘスス」に関する一考察」『ラテンアメリカ研究年報』16 号、80-96 頁。

―――、2019 年（刊行予定）、『メキシコにおける聖フェリーペ・デ・ヘスス崇拝の変遷史』明石書店。

越宏一、「1975 年、美術における日本 26 殉教者――その作品カタログ」『国立西洋美術館年報』、1-83 頁。

五野井隆史、2003 年、『支倉常長』吉川弘文館。

ヒロン，アビラ、1965 年、『日本王国記』岩波書店（大航海時代叢書）。

本間正義、1965 年、「クエルナバカ寺院での新発見――海をわたった長崎殉教の図」『三彩』183 号、9-24 頁。

田中英道、2007 年、『武士ローマを行進す 支倉常長』ミネルヴァ書房。

乗浩子、1998 年、『宗教と政治変動――ラテンアメリカのカトリック教会を中心に』有信堂。

第 7 章

行政の関与が宗教的祝祭にもたらすもの
――ペルー・ピウラ県パイタのメルセデスの聖母祭をめぐって

河邉真次

はじめに

　本稿は、ペルー北部ピウラ県パイタ（Distrito de Paita）のメルセデスの聖母（la Virgen de las Mercedes）をめぐる行政の文化資源化の動きとその成果を分析するものである。当地は多くの巡礼者が集うペルー北部有数のカトリックの聖地であり、近年、メルセデスの聖母を観光施策の「主役」へと担ぎ出す行政の動きが加速している。これは、行政が主体的に地域の「聖なるもの」を観光という文脈へと接続しようとする試みであり、また、メルセデスの聖母とその祝祭を利用した文化資源の「情報化」戦略でもある。
　パイタはスペイン人が南米大陸に上陸後すぐに拓かれた港町で、副王領時代には南米とスペイン、および他のスペイン植民地との交通の要衝として栄えてきた。現在は良質なビーチが海岸線に点在するビーチリゾートの拠点としてペルー観光局（iPerú）の観光情報にも紹介されている。加えて、征服期最初期の教会建築、植民地期の港湾施設、独立期の記念建造物等、数多くの歴史的観光資源を擁するペルー北部屈指の町でもある。にもかかわらず、当地を訪れる観光客は必ずしも多くはなく、パイタ行政区のウェブページで公表された最新の発表によれば、2018 年上半期（1 〜 6 月）の観光客数は月平均で約 2500 人にすぎなかった[★1]。それゆえ、観光客の足を当地に向けるためのさらなる観光開発が課題とされてきており、近年、その中核に位置づけられてきたのがメ

ルセデスの聖母とその祝祭である。

　この聖母とその祝祭が行政にとって有望な観光資源と目される理由はいくつか挙げられる。第一に、聖母自体の聖なる「資質」である。メルセデスの聖母はペルーにもたらされた最古の聖母のひとつに数えられ、奇跡譚に彩られたペルー北部を代表するカトリックの崇敬対象であり、ペルー全土に信徒組織を有している。第二に、この聖母を記念する祝祭の「集客力」である。メルセデスの聖母の祝祭はおよそ160年もの歴史を誇り、祝祭日前後には5万人以上ともいわれる巡礼者がペルー全土から押し寄せる。これは前述の観光客数を大きく上回る人数であり、また、これを商機とみて多くの行商人も当地へと馳せ参じる。そして第三に、祭礼組織の交代に伴って、行政が祝祭に積極的に関与できる環境が整ったことが挙げられる。1983年、祭礼組織が個人負担で祭りの後援をする伝統的なマヨルドミア（mayordomía）に基づく組織から、より宗教的に純粋な「プロメサ（promesa、誓い・約束）」に基づく組織へと移行した★2。その結果、行政が祝祭を経済的に後援する状況が生まれ、その後、観光を取り巻く社会文化的状況の変化を受けて、行政は祝祭運営への関与を深めてきたのである。

　以上の歴史過程を踏まえ、本稿では二つの議論を試みる。ひとつは、パイタのメルセデスの聖母の祭礼組織の変更に伴う社会・宗教的動態を分析すること、もうひとつは、パイタ行政が観光事業推進のためにこの祝祭をどのように活用してきたかを評価することである。とりわけ、後者に関しては、近年、文化人類学で議論されるようになった「文化資源」とその「情報化」の視点を加味して分析を進めていくものである。

1　パイタのメルセデスの聖母

1・1　パイタの歴史と現在

　パイタはピウラ県西部にある太平洋岸の港町で、県都ピウラ市から西57キロメートルに位置するパイタ郡（Provincia Paita）の首邑である（図1）。先スペイン期には先住民族タリャン（los tallanes）が小規模な共同体社会を形成し、この地域に社会文化的影響力を有していたランバイェケ（Lambayeque）、チムー（Chimú）、インカ（Inca）などの諸勢力に従

属していた（Velezmoro, 2004a: 35-37; 2004b: 74-75, 81）。しかし、1532年、征服者フランシスコ・ピサロがパイタ港湾にスペイン人の居住地を創設し、この地を治めるタリャンの首長を追放して以来、パイタはスペイン人の町となった。その後、16世紀後半にはピウラのコレヒミエント（corregimiento）としてペルー副王領体制に組み込まれた★3。

植民地時代、パイタは首都リマ西端のカリャオ（Callao）と並んで副王領の海の玄関口として発展した。そして、他のスペイン植民地やスペイン本国との交易拠点となり、また、リマへと向かう渡航者たちが最初に足を踏み入れる港湾都市となった★4。それに伴い、英国女王の許可を得て武装した英国人海賊による度重なる襲撃と略奪に悩まされるようになる（Moya, 1994: 64）。これら英国人海賊による襲撃は19世紀まで断続的に続き、メルセデスの聖母への信仰とも深く関係することになるのである。

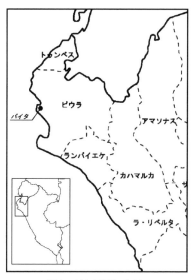

図1　ピウラ県とパイタ
（出所：白地図専門店、『ペルーの白地図』を一部改変）

パイタはペルー共和国の独立宣言（1821年7月28日）に先立って同年1月14日にスペインからの独立を宣言し、1861年のピウラ県（Departamento de Piura）制定に伴ってパイタ郡の首邑となった（Ibid.: 151-153, 188-189）。2007年の国勢調査（INEI 2007）によれば、郡内総人口は10万8535人で、住民の85%以上がカトリック信者である。住民の99.7%がスペイン語話者であり、先住民言語話者はわずか0.2%にすぎない。また、パイタは港湾の町ではあるが、漁業に従事する住民は多くはなく、域内の主要産業は商業（25.5%）、製造業（16.3%）、農業（14.3%）、漁業（13.7%）となっている。パイタの政治・行政的中心は港湾に面した旧市街地にあり、現在、メルセデスの聖母は旧市街地の中央広場（Plaza de Armas）に面するアシスの聖フランシスコ教会（la Iglesia San Francisco de Asis, 以下、聖フランシスコ教会）に置かれ、パイタの守護聖母として崇敬を集めている。

1・2　メルセデスの聖母とその奇跡譚

　メルセデスの聖母は、主に二つの奇跡譚とともに信仰されている。ひとつは、聖母像がパイタに届けられた際の奇跡である。高さ約 1.3m のメルセデスの聖母像（写真 1）はキト派植民地美術の彫像であり、1563 年に誤ってパイタに持ち込まれたとされている。もともとメルセデスの聖母はピウラの町の守護聖母として導入され、同時にパイタにはロサリオの聖母（Virgen de Rosario）が配置される予定だった。しかし、それぞれの聖母像を収めた二つの箱が取り違えられ、前者がパイタに運ばれてしまった。その

写真 1　メルセデスの聖母
（2015 年 9 月 5 日 筆者撮影）

後、両聖像を入れ替える試みが繰り返されたが、実現には至らなかった。このことから、住民はこの聖母がパイタで信仰と崇敬を受けるべく神に選ばれたのだと信じて疑わなかったのだという（Lequernaque, 2004: 257; Yen, s/f.: 15）★5。

　もうひとつの奇跡は、聖母が英国人海賊からパイタの町を守ったという伝承の中で語られる。16 世紀後半から植民地期を通じて、多くの英国人海賊がパイタを襲い、私掠行為をはたらいていた。中でもパイタに最大級の「傷跡」を残したのが、イギリス人男爵ジョージ・アンソン（Sir. George Anson）である。伝承によれば、1741 年 11 月 24 日のパイタ襲撃時、アンソンは教会に侵入し、他の多くの戦利品とともに聖母像を船に持ち帰った★6。すると、常に穏やかなパイタ湾が突如として荒れ狂い、私掠船を沈没の危機に追いやった。海賊たちは海を鎮めるために慌てて聖母像を海に投げ捨て、逃走した。翌朝、地元の漁師たちが海岸に打ち上げられた聖母像を発見し、荘厳な行列をもって聖母像を教会へと運んだ。住民は聖母がパイタを守ったのだと伝えあい、それ以降、聖母への信仰を強くしたのである（Moya, 1994: 111-112）。

　ところで、メルセデスの聖母はアドボカシオン（advocación）を冠する聖母としてはペルーでもっとも古い信仰をもつと言われている★7。また、海賊撃

退に功があったという伝承も加わり、この聖母は数々の称号と栄誉を授けられてきた★8。こうした称号や栄誉が聖母の名声と威光をさらに高め、パイタのカトリック信者の宗教的・地域的アイデンティティを強化してきたことは言うまでもない。それゆえ、メルセデスの聖母は住民から縮小辞による「メチェ（Meche）」あるいは「メチータ（Mechita）」の愛称で親しまれている。また、全国に信徒組織をもち、祝祭日には多くの巡礼者が馳せ参じることから、メルセデスの聖母はパイタの守護聖母としてのみならず、ペルー全土でも一定の信仰を勝ち得ていると言えよう。

2　メルセデスの聖母の祝祭

　カトリック典礼暦上、メルセデスの聖母の記念日は例年9月24日である。パイタでは、この日を本祭日として祝祭期間が前後1カ月以上にわたり、例年、本祭日の3週間前の日曜日に開幕する。そして、祝祭期間は本祭日の後に続くアシスの聖フランシスコの日（10月4日）の翌日に閉幕する。それゆえ、この祝祭は公式には「至聖なるメルセデスの聖母とアシスの聖フランシスコの祝祭（Festividad de la Santísima Virgen de las Mercedes y San Francisco de Asis）」と呼ばれる。本稿では以下、この祝祭を「聖母祭」と表記する。

　聖母祭期間中、パイタ市内ではさまざまな催事が挙行される。それらは聖母祭のノベナリオ（novenario、前夜祭前の9日間）の始まりに当たる9月14日から加速度的に増え、同23日の前夜祭と24日の本祭において、祝祭の熱狂的な雰囲気は絶頂を迎える。翌日の25日は、次に控える聖フランシスコの祝祭のノベナリオの初日に当たり、10月5日の閉幕まで聖母祭の熱狂は徐々に終息していく。

　この長期間に及ぶ聖母祭は三つの組織によって運営されている。それらは、教区主任司祭と祭礼組織「メルセデスの聖母とアシスの聖フランシスコ兄弟会」（Hermandad de Caballeros de la Virgen de las Mercedes y San Francisco de Asis, 以下、「エルマンダー」と略称）の役職者によって構成される「中央委員会（Comité central）」、主にエルマンダー会員とカトリック教会の下部組織からなる「祝祭実行委員会（Comisiones de festividad

表1　2015年祝祭プログラムの概要（★印は観光課主催の行事）

日付	宗教的催事	市民・世俗的催事
8月30日【開幕】	祝祭開幕の記念ミサ 開幕パレード（エルマンダー役員の行進、聖母像のフロート車） 司祭による祝祭の開幕宣言	―
8月31日〜9月11日【教育機関対象の記念式典】	教育機関参加の特別ミサ（毎日2回） 聖書の聖行列（9月6日）	各種カルチャー教室の開催★ （アクセサリー、魚皮工芸品など） 市内ツアー（City Tour、随時）★ 各種スポーツ大会 （バスケットボール、サッカー）
9月12日〜22日【青年巡礼〜ノベナリオ】	大司教区からの青年巡礼（12日） トーチの行進（13日） メルセデスの聖母のノベナリオのミサ（14日〜22日） 社会的弱者のための特別ミサ（18日） 巡礼者の到着（21日〜） 大聖堂への聖行列（聖母像の移動、22日）	各種カルチャー教室の開催★ （折り紙、編み物、工芸品など） 各種スポーツ大会 コンクール（文学作品、ミスコンテスト） パイタの伝統工芸祭（展示即売会）★ 文化祭典（ヒップホップ音楽、野外演奏） 引退漁師組合の記念式典（14日） 政治参加に関する青年会議（16日） 巨大料理のフードイベント（20日） 自然文化ツーリズム・セミナー（22日）★ パイタ観光促進映像のパブリック・ビューイング（22日）★
9月23日【前夜祭】	招聘楽団によるセレナート 大聖堂での特別ミサ 巡礼者による聖母への謁見	パイタ周遊観光★ 地元アーティスト参加によるセレナート★ 打ち上げ花火大会
9月24日【本祭】	大聖堂での野外ミサ 大聖堂での荘厳ミサ 巡礼者による聖母への謁見 メルセデスの聖母の聖行列（第1回）	大聖堂での祝祭記念式典（宗教・世俗両権威が参加）
9月25日〜10月2日【ノベナリオ】	メルセデスの聖母の聖行列 （第2〜5回、25日〜28日） 聖フランシスコ教会への聖母像帰還（28日） 教育機関及び特定職業団体参加の特別ミサ（毎日1回）	グルメの祭典（25日）★ 各種スポーツ大会（25日） 伝統舞踊の公演（26日）★ 学生ダンスコンクール
10月3日【前夜祭】	聖フランシスコ教会での荘厳ミサ セレナートの演奏	―
10月4日【本祭】	聖フランシスコ教会での荘厳ミサ 聖フランシスコの聖行列（第1回）	市役所での聖フランシスコ記念式典
10月5日【閉幕】	聖フランシスコの聖行列（第2回） 祝祭閉幕の記念ミサ	―

出所：Parroquia San Francisco de Asis, 2015（公式パンフレット）

religiosa)」、そして、行政区役所の関連部局役職者をメンバーとする世俗組織「行政区委員会（Comisión municipal）」である。これら三つの組織の連携のもとに祝祭期間中の諸催事が統括され、祝祭実行委員会が宗教的催事を、行政区委員会が市民・世俗的催事をそれぞれ企画・運営する（表1参照）。その中で、近年積極的な活動を展開しているのが、行政区委員会に名を連ね、市民・世俗的催事の陣頭指揮を任される「事業振興開発および観光課（Subgerencia de Promoción, Desarrollo Empresarial y Turismo, 以下、「観光課」と略称）」である。後述するように、観光課が設立された2006年以降、祝祭の風景は大きく様変わりすることになるのである。

3　祭礼組織の交代と聖母祭への影響

3・1　祭礼組織交代の歴史過程──ソシエダーからエルマンダーへ

　聖母祭を運営する祭礼組織は時代とともに変化してきた。カトリック教会が公認した最初の祭礼組織は、1810年創設の「メルセデスの聖母のコフラディア（Cofradía de la Virgen de las Mercedes, 以下、「コフラディア」と略称）」である[9]。この組織は1850年8月5日、「メルセデス信徒会（Sociedad de Mercedes, 以下、「ソシエダー」と略称)」に発展解消した。コフラディアはパイタ在住の限られた家族集団によって構成されていたが、ソシエダーはパイタのみならずピウラ県内の信者の加入も認め、より開かれた祭礼組織として拡大した。ソシエダーへの入会は、入会申請書の提出、後見人（padrino）の選定、一定期間の「静修」に加え[10]、入会金と年会費の支払いを要件としていた（Yen, s/f: 42）。ソシエダーの主な責務は、毎年の聖母祭の社会文化面の運営、聖母像の維持・管理、そしてそれらに必要な財務管理であった。

　他方、エルマンダーは1916年6月13日、聖母祭における聖行列の輿の担ぎ手の組織として発足した（Ibid.: 29）。エルマンダーは個人的な動機に基づいてメルセデスの聖母へのプロメサを立て、聖行列の輿を担ぐことでそれを果たすことを主目的とする男性信者の組織であった。それゆえ、エルマンダーは創設当初から入会・脱会が容易な流動的組織であり、加入の際には、入会希望者が後見人を立てるか、もしくは会員の紹介状を添えて指定の申請書を提出するのみだったという。しかし、1983年6月24日、メルセデスの聖母への宗

教的奉仕と聖母像の維持管理に関する全責務をソシエダーからエルマンダーに移管することを当時の教区主任司祭が宣言した。これ以降、エルマンダーは単なる聖母像の担ぎ手集団ではなく、ソシエダーと同等の役職者を備え、聖母像と聖母大聖堂の維持・管理・清掃、そして聖母祭の運営を責務とする唯一の祭祀組織として大司教区から公認された。他方、ソシエダーはメルセデスの聖母をめぐる責務と諸権利の一切をカトリック教会から剥奪され、公式には消滅することとなった（Ibid.: 41）。

3・2　ソシエダーの解体と抵抗

　ソシエダーによるメルセデスの聖母祭は 1856 年から始まった。聖母祭におけるソシエダーの最大の責務は、祝祭費用の負担と運用であった。当時、祝祭運営の資金源は、①教会への献金やお布施（limosna）、②ロウソクや奉納画（exvoto）などの売上金、③聖母に奉献される「ミラグロ（milagro）」★11、④大司教区からの祝祭準備金の貸付、⑤マヨルドモ（mayordomo, 祝祭の後援者）の個人的負担の五つであった。とりわけ⑤に関しては、ソシエダーの役職者で構成される役員会（Junta Directiva）が複数のマヨルドモを会員の中から指名するのが慣例であった。パイタ出身の新聞記者イェン・チュンガが提示した 1921 年の聖母祭プログラムには、3 人のマヨルドモが連続 2 年の任期で選ばれていたことが示されている（Ibid.: 48）。

　私が聞き取りを行った際の証言者（以下、「インフォーマント」とする）によれば、ソシエダーはマヨルドミアを通じて聖母祭の社会文化的催事を盛大に挙行する一方で、独占管理する運用資金とミラグロの扱いをめぐって、他の世俗団体（警察組合、公証人組合、銀行の支配人組合など）との衝突が相次いだ。さらに、増大した富を着服するソシエダーの会員も現れた。こうした状況に鑑み、教区司祭たちは会員の悪徳を理由に、徐々にソシエダーの権利の剥奪、弱体化を進め、聖母祭の主導権を掌握しようとした。無論、ソシエダーがこれに激しく抵抗したため、司祭たちはエルマンダーへの権限移管を強行するとともに、祭礼組織としてソシエダーの公認を取り消し、教区内での一切の宗教的活動の禁止を教会規約に盛り込んだのである。

　メルセデスの聖母にまつわる責務を剥奪された後も、一部住民の後押しを受ける形でソシエダーは自らの権利の回復、とりわけ祝祭費用の運用面での復権

をかけて、カトリック教会と衝突を繰り返した。というのも、エルマンダーが聖母祭の運営主体となって以来、財務管理は教会が掌握しており、かつ、ソシエダー時代には公表されていた聖母祭の財政収支が非公開となったためであり、これが教会への住民の不満になってもいる★[12]。そのため、一部のパイタ住民は、ソシエダーを祭礼組織として復活させ、聖母祭の財政面に参画できるよう大司教へ嘆願を試みた。しかし、過去のソシエダーの悪行を知り、かつ、富をカトリック教会側に留め置きたいと考える大司教がこれを認めることはなかった。その結果、住民はリマのメルセス修道会を頼り、現在、ソシエダーは表向きには市民団体として再組織されている。そして、同修道会の支援を受けながら、ソシエダーは歴史建造物の修復・保存活動等に従事する一方で、祭礼組織としての再公認と教会規約の見直しをパイタ教区司祭に要求し続けている。

3・3　エルマンダーによる祝祭運営と問題点

　ソシエダーに代わってエルマンダーが運営主体となったことで、カトリック教会は聖母祭の主導権を宗教側に取り戻したかに見えた。しかしながら、エルマンダーは祭礼組織としてさまざまな問題を孕んでもいる。

　まず、エルマンダーの会員および成員権に関する問題である。エルマンダーは創設以来、本質的には聖母の輿の担ぎ手の集まりであり、会員はあくまで個人主義的かつ自主的なプロメサに基づいて加入し、聖母祭で担ぎ手となることを最大の目的としている。それゆえ、プロメサの達成はすなわちエルマンダーへの帰属意識や組織活動への参加意識の低下につながる。エルマンダーの会員のひとりは次のように語る。「エルマンダーの会員は 90% が若者だ。彼らには問題があり、多くの者は会員としての活動を根気よく続けることなく、ただ祭りに行くだけだ。聖母祭の公式の活動に志願し、課せられる仕事を引き受けるアクティブな会員は、せいぜい 40 人くらいだ」。つまり、エルマンダーは組織への加入条件が緩やかである反面、会員の帰属が流動的かつ非永続的であることを意味している。

　反対に、ソシエダーでは、入会金および年会費を徴収することで成員権の獲得・維持が保証されていた。それが組織への帰属意識を高める一方で、会員に対してはマヨルドモの個人負担や役職を引き受ける義務ないし社会的圧力も伴

っていたと思われる[★13]。それは、聖母祭のマヨルドモが役員会により指名されていたことからも推察されよう。また、ソシエダーが発行する祝祭プログラムには、出資したマヨルドモの個人名が謝辞とともに明記されるのが通例であった（Ibid.: 48）。それが住民の目に留まることを踏まえれば、聖母祭のマヨルドミアが社会的威信の獲得手段として一定の役割を果たしていたと言えよう。

次に、祭礼組織としてのエルマンダーの問題である。エルマンダーにもソシエダーに匹敵する役職の体系は存在するが、個人的負担で祝祭を後援するマヨルドミアの形式をとらない。役職者は一部の役職を除き役員会の選挙で選ばれるが、会員の間に威信獲得や階梯上昇の意識が強くはなく、また、会員の帰属意識が弱く若年層が多いという事情も手伝って、役職者のなり手が明らかに不足している。役職者の任期は基本的に1年間である。にもかかわらず、役職希望者の不足から役職者が再任されることも珍しくなく、現在の会長が2013年から現職にとどまっていることはその典型と言えよう[★14]。

さらに財務上の問題もある。1983年以降、聖母祭の財務管理は教区教会が行っている。そのため、マヨルドモが指名されない状況では、個人による祝祭への経済的後援（前述⑤）が期待できず、また、教会側の財源（同①～④）だけで肥大化した聖母祭の費用を賄うことは難しい。とりわけ、祝祭の社会文化面を担っていたソシエダーを排除したことで、市民・世俗的催事の運営・管理が困難になった。その結果、マヨルドモが提供していた個人的負担をパイタ行政が肩代わりするとともに、かつてのソシエダーの役割を担う立場へと徐々に変貌してきたのである。

4　祝祭への行政の関与の深化と戦略

4・1　消極的参与から積極的参与へ──法整備に伴う観光課の開設

第2節で述べたように、パイタ行政は現在、行政区委員会を組織して、聖母祭中にさまざまな活動を行っている。しかし、このような行政の積極的関与は比較的最近のことである。インフォーマントによれば、かつて行政が関与したのは聖母祭期間中の清掃業務のみであったが、1983年以降、マヨルドモの個人的負担分を行政が予算化、拠出するようになったという経緯がある。つま

り、行政が聖母祭運営に参与し始めたのは、運営資金の穴埋めという、ある意味消極的な理由からであり、当初は参画の方法も限定的であったと言える。なお、収支報告が公表されていないため正確な金額は確認できないが、2015年の聖母祭での行政の負担割合は運営費用全体の約40%に達すると言われている★15。

写真2　行商人と露店
（2015年9月20日　筆者撮影）

　ところで、パイタ市行政がメルセデスの聖母祭への関与を深める転機になったのは、2003年発布の行政区基本法（Ley Orgánica de Municipalidades, No.27972）の施行である。この法令には、観光開発に係る条項として「持続可能な観光の振興を図り、適切な諸機関と協力し、その目的に適う事業を管理すること」（Artículo 82, Inciso 15）が明記され、同時に、法令施行以前は県に委ねられていた観光行政が各行政区の所掌となった。これを受けて、パイタでは2006年に観光課を設立、2012年には事務所兼観光案内所を市役所外に開設し、パイタ郡全域の観光施策と観光情報提供を独自に推進する部署になった。現在、観光課では地域内の観光開発の重点施策として8項目を設定し、各々について地域の観光資源情報を集約、予算化を進めている★16。その筆頭に挙げられるのが宗教ツーリズムであり、その中核をなす観光資源がメルセデスの聖母とその祝祭である。

4・2　文化資源とその情報化

　とはいえ、パイタ行政がメルセデスの聖母の運用および聖母祭の信仰面に直接手を出せるわけではない。聖母自体はカトリック教会に帰属する「資産」であり、聖母祭もまた、本来的には祭礼組織が管理・運営する宗教的催事である。過去には実際に、行政が聖母祭の世俗面を教会から切り離し、市民主導の独立した祝祭として確立しようと試みたこともあった。2004年、パイタ市民の間で聖母祭をクレオール音楽（la canción criolla）の祭典として売り出そうと

する動きが起こった★17。パイタ行政は、ピウラ県行政とともにこの運動を支援したものの、大司教や教区司祭らの反対により実現には至らなかった経緯がある。

その後も、行政はカトリック教会への資金拠出や治安維持活動などを通じて間接的に祝祭へ関与したが、2006年の観光課創設を機に状況は一変する。行政は観光開発を御旗に掲げ、教会側とタイアップする形をとりながら、祝祭プログラムに世俗的催事を編入しつつ、聖母祭を域内の観光資源のアピールの場として積極的に活用するようになった。さらに、観光課が主催するツーリズム・セミナーが聖母祭期間中に開催され、郡内の町村役場の観光担当者を一堂に集めてパイタの観光PRビデオの上映や講習会が行われるようにもなった。こうした一連の施策には、聖母祭を利用して、パイタの伝統文化を「情報化」し、観光資源として地域内外へとアピールする行政の「文化資源化」戦略の一端が垣間見える。

近年、文化人類学では文化の資源化に関わる議論が高まってきており、「文化資源」という語も一般的に使われるようになってきた。例えば、文化人類学者の山下晋司は、文化は「埋もれた膨大な文化資料体のなかから、発掘され、価値づけられ、活用されてはじめて資源になる」ものであるとし、文化資源それ自体よりもむしろ「文化が資源になる」、あるいは「文化を資源にする」という文化資源化のプロセスの検討が重要であると説いている（山下、2007：48-49）。また、中牧弘允は文化資源を「精錬し、あるいは意味あるものとして配置（展示）することで、住民や訪問者にとっての有用な情報となる。そのように文化資源を活用することが、都市政策や創造産業の課題となる」と述べ、文化資源の情報化の意義を主張する（中牧、2009：130-132）。つまり、文化が特定の主体による意思や意図のもとに資源化されるとき、誰が、何のために、誰のために文化を資源化し、情報化するのかを問うことが鍵となると言えよう（加藤、2013：183-184；山下、2007：60）。

4・3　観光施策に取り込まれる聖母祭

ここまでの議論から、メルセデスの聖母とその祝祭をめぐる観光課の文化資源化の戦略を次のように読み解くことができよう。第一に、域内最大級の宗教的資産であり、かつ、地域住民のアイデンティティの源泉でもあるメルセデス

の聖母とその祝祭を積極的に文化資源として利用することである。これには、聖母祭を財政的に後援し、祝祭運営への関与が深まったことにより、聖母とその祝祭の社会文化面をソシエダーに代わって行政が担うようになったことが大きな意味をもつ。そして、祝祭プログラムに観光課主催の市民・世俗的催事を数多く配置することで、メルセデスの聖母が「宗教的ないし信仰上の」資源であるのみならず、パイタのあらゆる「文化的な」資源の中核に位置することを明示しているのである。ただし、メルセデスの聖母とその祝祭の帰属はカトリック教会側にあるため、行政は直接的に運用できる立場にない。それゆえ、観光課はその「情報化」に特化することを戦略の柱としていると言える。

　第二に、メルセデスの聖母以外のさまざまな文化資源を聖母祭に配置し、展示する形で情報化を促進することである。観光課は市内観光やパブリック・ビューイング、伝統工芸・伝統舞踊の祭典の企画などを通じて、祝祭期間中にパイタを訪れる巡礼者や観光客に対して当地の文化資源のアピールに余念がない。また、前夜祭から本祭にかけて、聖母像が安置される聖母大聖堂の脇には仮設ステージが設置され、観光課主催のセレナータ（serenata, 楽団による夜曲の合奏）が夜通し催される。そこでは、地元のアーティストや舞踊団が参加するショーが繰り広げられ、大聖堂の前庭で夜を過ごす巡礼者に娯楽を提供する。つまり、行政は域内の文化資源情報を発信する恰好の機会に聖母祭を位置づけていると言えよう。

　無論、こうした一連の文化資源の情報化の目的は、主に聖母祭の期間にパイタを訪れる5万人以上の巡礼者にパイタの魅力を伝え、観光客として再訪してもらうことにあると推察される。というのも、巡礼者がこの時期にパイタを訪れるのは、プロメサ達成のために聖母を参詣するという純粋な宗教的動機に基づく行動であり、彼らが聖母祭で観光行動をとることはほとんどない。しかし、ひとたび巡礼から帰還し、日常生活の中で観光を計画する際にパイタがその候補地として挙げられるならば、彼らは潜在的な観光客でもある。そうであれば、聖母祭における観光課主催の催事は、パイタの独自性とその魅力をアピールし、将来の観光行動の企図を促す機会でもある。

　なお、パイタ行政には文化資源の情報化を積極的に推進しなければならない事情もある。前述のように、2003年の法令施行後、観光行政はパイタに一任され、ピウラ県行政はペルー観光局を通じてもっぱら県内の観光地情報を提供

する立場となった。しかし、県政府は治安の悪さを理由に意図的にパイタを避け、県内の他のビーチリゾートへと観光客を誘導する傾向にあるとインフォーマントは語る。それゆえ、観光課としてはペルー観光局や県に依存せず、独自に文化資源を情報化し、観光施策を展開せざるを得ない状況に置かれている。そして、聖母祭への関与が深まる中で、行政は観光課を旗頭に聖母祭を情報発信の場として最大限に活用しているのである。

おわりに

　以上述べてきたように、パイタ行政はメルセデスの聖母祭の祭礼組織の一新の後、祝祭運営に不可欠な「後援者」となった。また、観光行政の所掌移管にともなって、聖母祭を地域の文化資源の情報発信の機会と定め、関与を深めてきている。こうした聖母祭をめぐる一連の動態の中で、行政の文化戦略はどのような成果を上げてきたのであろうか。そして、行政が期待するように、巡礼者は観光客になりうるのか。最後に、聖母祭を訪れた巡礼者や地域住民への聞き取り調査に基づいて、以下、若干の分析と展望を述べてみたい。

　近年、「巡礼ツーリズム」（山中、2012；門田、2013）なる語が一般的に使われるようになってきた。宗教的聖地は「信仰の有無にかかわらず、一般の人々の好奇心を刺激する開かれた消費空間へと移行し始め」（山中、2012：9）、巡礼自体も経験消費される観光商品へと変容する事例が世界中で見られるようになった（門田、2013：19-20）。その典型的な事例として、スペインのサンティアゴ巡礼が挙げられよう（土井、2015）。しかし、メルセデスの聖母を訪問する巡礼者の大半は、依然として聖母へのプロメサを果たすという純粋な宗教的動機に突き動かされており、そのほとんどが巡礼者自身もしくはその家族や親族の健康祈願にある。彼らはプロメサを果たすため、あるいは祈願成就の感謝を示すために聖母への巡礼を続けている。それゆえ、彼らにとっての最大の関心事は聖母への「謁見」であり、実際、パイタへの訪問は聖母祭の巡礼のみという人が半数以上を占める。

　また、聖母祭中のパイタでの観光行動も最低限にとどまる傾向にある。このことは、リマからの巡礼者（24歳男性、職業不定）の次の言葉が象徴的に表している。「観光はしない。プロメサを立てているのだから、それを破棄しな

い限り観光などできるわけがない」と。すなわち、巡礼者は純粋な信仰心や聖母との間のプロメサに基づいて巡礼という苦行を行っているのであり、聖母祭期間中は決して娯楽を享受する心性をもち合せていないことを意味している。

さらに、巡礼者の中でパイタを再訪するリピーターの少なさも特徴のひとつである。25人の巡礼者への聞き取り調査の結果、純粋な観光目的でパイタへの訪問経験があるのはわずか1名であった。この結果から、パイタには毎年、巡礼者が数万人規模で訪れているにもかかわらず、彼らが巡礼以外の目的でパイタを訪れることはほとんどない現実が見て取れる。すなわち、行政の思惑に反して、パイタが観光の候補地としていまだ意識づけされていないことを意味している。

ただし、巡礼者が観光活動を志向しないのは、単に無関心に起因するという訳でもない。インタビューに応じた巡礼者の多くは、経済的な理由により観光が身近な行為ではないことを示唆している。彼らはパイタへの巡礼のために一時的に職場を離れたり、家族や友人に仕事の代理を依頼したりしているため、巡礼とは無関係な観光を楽しむ心理的余裕はない。加えて、巡礼に必要な費用を捻出するために1年間かけて貯金し、ときには借金をしてパイタに馳せ参じる。中には、路銀を稼ぎながら巡礼を続ける者さえあり、巡礼者の多くは経済的に余裕をもたない人々である。しかし、経済状況の好転や余暇の創出といった条件が整えば、「人間のレクリエーションに対する欲求」（Graburn, 1977: 31）を満たすべく、別の機会にパイタを訪れる可能性があるという意味では、彼らは潜在的な観光客でもある★18。また、巡礼者が出身地へと帰還し、パイタの魅力や自身の経験を周囲の人々に語り伝えることで、間接的に新たな観光需要を生み出すことも考えられる。それゆえ、行政は聖母祭に押し寄せる巡礼者を将来の観光客へと変えるために、当地の文化資源を情報化し、パイタが観光地候補として挙がることに期待して、聖母祭において巡礼者に向けたアピールを続けていると言えよう。

謝辞 本研究は、平成26、27年度文部科学省科学研究費補助金「巡礼地の観光化とホスト社会の文化変容に関する文化人類学的研究」（課題番号：26884038、代表者：河邉真次）による助成を受けて行われた。また、本研究に関し、日本ラテンアメリカ学会（2014年度中部日本部会、2015年度第36回定期大会）およびイベリア・ラテンアメリカ文化研究会第64回例会において研究報告を行い、参加者諸氏から貴重なコメントとアドバイスをいただい

た。ここに記して御礼申し上げたい。

注

★1　ペルー政府観光庁（PROMOPERÚ）の公式発表によれば、2016年の国内旅行者総数は約478万人であり、その内、ピウラ県への旅行者は約33.46万人（7%）であった。また、同年のペルーへの外国人観光客総数が約355万人に対し、同県への観光客が約7%（24.85万人）であることから、ピウラ県への旅行者及び観光客は合計58万人に及んでいる。

★2　プロメサとは、信者個人が聖人や聖母に対して個人的に行う誓いや約束である。その誓いの内容は個人によって様々であり、病気の治癒、収穫の感謝等具体的な目的であることもあれば、ただ漠然と聖人への信仰の証としてプロメサを行うものもいる（鈴木、1992：251-252）。また、プロメサは基本的に「聖人と信者との間の二者関係において成立する内面的な祈り」（吉田、1994：137）であり、周囲に公言される性質のものではなく、自発的な行為として了解されている（鈴木、1992：252）。なお、プロメサが行動原理の基盤にある祭礼組織の事例としては、吉田栄人が報告したメキシコ・ユカタン州のグレミオが挙げられよう（吉田、1994、1995）。

★3　コレヒミエントとはスペイン国王任命の官吏コレヒドール（corregidor）が置かれた地方管轄区のことであり、地政学的重要性からパイタには当初よりテニエンテ（teniente, コレヒドールの補佐官）が配置されている（Moya, 1994: 73）。

★4　太平洋岸を北上するフンボルト海流が原因で、パイタからカリャオまでの航海は非常に時間がかかったため、多くの渡航者はパイタから陸路でリマに移動するルートを利用した。その場合、パイタからリマまでの所要期間は1週間程度であったと推定されている（Lequernaque, 2004: 219）。

★5　パイタの歴史・民俗を編纂する郷土史家リバス・カスティリョは、聖母像の交換のために教会から持ち出そうとしたとき、聖母像が重くなって持ち上がらなくなったため、そのままパイタにとどまったという伝承を蒐集している（Rivas, s/f: 3）。

★6　アンソンら海賊たちは、聖母像が中空になっており、中に財宝が隠されていると考えてサーベルで聖母像の首を切りつけたとされる。後の聖母像の修復作業で、海賊たちの冒瀆的行為をパイタ住民が忘れないように「傷跡」が意図的に残され、現在に至ると伝えられる（Moya, 1994: 111）。

★7　アドボカシオンとは「ある聖像を他の聖像から区別するためにつけられた名前」であり、これによって「聖像を個性化し、ある個人と聖人または聖女（聖母は最大の聖女である）の間の個別的な関係をつくりあげる」（三原、1997：105）。

★8　ピウラ大司教区（Arzobispado de Piura）の公式ウェブページによれば、メルセデスの聖母が受けた主な称号は次の通りである。「スペイン領ペルーの守護聖女（Patrona de los Campos del Perú, 1730年9月20日、授与者不明）」、「ペルー軍の守護聖女（Patrona de las Armas del Perú, 1823年9月22日、ペルー国会による法令〔Ley 1823090〕で承認）」、「ペルー大陸軍元帥（Gran Mariscala del Perú, 1969年9月

25 日、大統領令〔Decreto Legislativo 17822〕にて公認)」、「信仰と福音伝道の星（Estrella de la fe y de la Evangelización, 1985 年 2 月 4 日、法王ヨハネ・パウロⅡ世からの授与)」。

★9　コフラディアはスペインから導入されたカトリックの信者組織ないし制度である。その起源は 12 世紀にさかのぼり、特定の聖人を崇敬する動機によって集まった信者による自発的な組織で、その始まりの時代からメンバー間の相互扶助が見られたという。その意味で、コフラディアは「宗教・相互扶助組織（religious-mutual aid sodality）」（Foster, 1953: 11）であったと考えられる。

★10　カトリック教会における静修とは、「日常生活を離れて、宗教的修行（黙想や祈り等）を通して神との対話を深めるため、静かな場所にこもること」（南山大学附属小学校）を意味する。

★11　ミラグロとは、身体部位をかたどった貴金属の小片で、聖人の祭りの際に教会の入り口近くで販売される奉納品である。信者は、病で苦しむ部位のミラグロを購入し、聖人に奉献することで病気治癒の奇跡（milagro）を祈願する。ミラグロの素材には金、銀、銅が使用され、信者は祈願の強さや経済状況に応じて購入する。奉献されたミラグロは教会が回収し、教会財産として保管・運用するが、かつてはソシエダーがその責務を負っていた。

★12　ソシエダー時代には、聖母祭の本祭日に大司教が司式する祝祭感謝のミサにおいて、ソシエダーの会長が聖母祭の収支報告を読み上げ、その翌日に地方紙各紙で公表されることが通例となっていた。

★13　吉田が言及しているように、通常のカルゴ・システム（cargo system, 主に中南米の先住民共同体における、自治的な行政・宗教組織の役職をめぐる社会上昇と威信獲得の体系）では共同体の成員であることを理由に役職の引き受け、および会費や祭礼費用の負担を強制することができると考えられてきた。役職を拒否すれば、社会的制裁を受けるか村外に逃亡しなければならなかった（吉田、1995：216）。もちろん、ソシエダーは共同体という訳ではないが、組織としての内部圧力の存在は類推できよう。

★14　とは言え、エルマンダーの役職、とりわけ会長職を全うした人物が尊敬の対象になることに疑いの余地はない。エルマンダーの初代会長の次の発言がこれを示唆している。「歴代会長の大部分は若者ではなく、年配者だったよ。大きな責任がかかるし、より尊敬されていなければならないからね」（強調は筆者）。

★15　あるエルマンダー会員によれば、2015 年の聖母祭に要した教会の出費は総額約 1 万 9千ヌエボソル（1 ヌエボソル＝約 32.4 円）で、そのうち、行政から教会への拠出額は約 7 千～1 万ヌエボソルであったという。なお、この行政の拠出額は教会に対して支払われたものであり、聖母祭に係る行政予算の一部にすぎないことには注意が必要である。

★16　これら 8 項目は、①宗教ツーリズム、②歴史遺産ツーリズム、③エコツーリズム（ビーチ・ツーリズム）、④冒険体験ツーリズム、⑤パイタ郡内観光、⑥天体観察ツーリズム、⑦民俗、⑧グルメ、となっている。また、宗教ツーリズムを構成する観光資源として、パイタのメルセデスの聖母祭、ヤシラ（Yacila）の聖ペドロと聖パブロの祝祭（6 月 29

日)、そしてコラン (Colán) の聖ヤコブ祭 (7月25日) を挙げている。なお、コランの聖ヤコブ祭については、Millones y Mayer (2017) に詳しい。
- ★17　クレオール音楽とは、ヨーロッパやアフリカを起源としてペルーで土着化した、主として海岸地方の音楽であり、リマを中心に醸成され、19世紀から20世紀にかけて現在の形となった。1950年代にはクレオール音楽のブームが起こり、多くのミュージシャンを輩出し、クレオール音楽はペルーの国民的音楽の地位を確立した (細谷、2004：262-272)。
- ★18　観光人類学の古典的研究において、ナッシュは観光活動の発生要因が、余暇を創出する生産性の増大、視野の拡大と結びついた心理的な機動性、そして交通と情報伝達手段の改善の相関関係にあり、いわゆる観光活動のニーズはこれらの要素から導き出せるはずだと述べている (Nash, 1977: 36-37)。

引用・参考文献

Arzobispado de Piura, "Nuestra Señora de las Mercedes de Paita, Patrona de la Arquidiócesis de Piura", Arzobispado de Piura, http://arzobispadodepiura.org/nuestra-senora-de-las-mercedes-de-paita-patrona-de-la-arquidiocesis-de-piura/, Fecha de consulta: 10 febrero 2018.

Foster, George M., 1953, "Cofradía and Compadrazgo in Spain and Spanish America", in *Southwestern Journal of Anthropology*, 9 (1), Chicago: University of Chicago Press, pp.1-28.

Graburn, Nelson H. H., 1977, "Tourism: The Sacred Journey", in Smith, Valene L., ed., *Hosts and Guests: The Anthropology of Tourism*, U.S.: University of Pennsylvania Press, pp.17-31.

Información y Asistencia al Turismo (iPerú), "Piura", iPerú, https://www.peru.travel/es-lat/donde-ir/piura.aspx, 15 Mar. 2018.

Instituto Nacional de Estadística e Informática (INEI), "Censos Nacionales 2007: XI de Población y VI de Vivienda", INEI, http://censos.inei.gob.pe/cpv2007/tabulados, Fecha de consulta: 30 noviembre 2014.

La Comisión de Promoción del Perú para la Exportación y el Turismo (Promperú), "Turismo en cifras", Promperú, https://www.promperu.gob.pe/TurismoIn/Sitio/TurismoCifras, Fecha de consulta: 12 junio 2018.

Lequernaque, Pável Elías, 2004, "El corregimiento de Piura en tiempos de la casa de Austria", en Duthurburu, José Antonio del Busto, director, *Historia de Piura*, Perú: Universidad de Piura, pp.211-269.

Millones, Luis y Renata Mayer, 2017, *Santiago Apóstol: combate a los moros en el Perú*, Perú: taurus.

Moya Espinoza, Reynaldo, 1994, *Historia de Payta*, Perú: Municipalidad Paita.

Municipalidad Provincial de Paita, "Lugares Turísticos", Municipalidad

Provincial de Paita, http://munipaita.gob.pe/portal/lugares-turisticos, Fecha de consulta: 20 junio 2018.

Nash, Dennison, 1977, "Tourism as a Form of Imperialism", in Smith, Valene L., ed., *Hosts and Guests: The Anthropology of Tourism*, U.S.: University of Pennsylvania Press, pp.33-47.

Parroquia San Francisco de Asis, 2015, *Festividad de la Santísima Virgen de las Mercedes y San Francisco de Asis*, Paita.

Rivas Castillo, Vidal, s/f., *Historia de la Virgen de las Mercedes*, Paita, Perú: mimeografía.

Velezmoro Montes, Victor, 2004a, "Orígenes y primeros tiempos", en Duthurburu, José Antonio del Busto, director, *Historia de Piura*, Perú: Universidad de Piura, pp.1-61.

―――, 2004b, "La Conquista Inca", en Duthurburu, José Antonio del Busto, director, Historia de Piura, Perú: Universidad de Piura, pp.64-94.

Yen Chunga, Enrique, s/f., *Paita, Mar de Fe*, Paita.

土井清美、2015 年、『途上と目的地――スペイン・サンティアゴ徒歩巡礼路 旅の民族誌』春風社.

学校法人 南山学園 南山大学附属小学校、『静修』南山大学附属小学校 https://www.nanzan-p.ed.jp/news/20110630.html（2018 年 8 月 29 日閲覧）.

細谷広美編著、2004 年、『ペルーを知るための 62 章』明石書店.

門田岳久、2013 年、『巡礼ツーリズムの民族誌――消費される宗教経験』森林社.

加藤隆浩、2013 年、「文化の資源化と活用――アンデス民族学画像コレクションの取り組み」明治大学博物館・南山大学人類学博物館編『博物館資料の再生――自明性への問いとコレクションの文化資源化』岩田書院、182-203 ページ.

三原幸久、1997 年、「スペインにおける聖母マリア像発見譚」『説話・伝承学』第 5 号、説話・伝承学会、104-117 ページ.

中牧弘允、2009 年、「情報としての遺産と資源――世界遺産と文化資源の比較考察」『国際理解教育』vol.15、日本国際理解教育学会、122-136 ページ.

白地図専門店、『ペルーの白地図』http://www.freemap.jp/itemFreeDlPage.php?b=south_america&s=peru（2018 年 4 月 15 日閲覧）

鈴木紀、1992 年、「誓いに集う人々」中牧弘允編『陶酔する文化――中南米の宗教と社会』平凡社、250-253 ページ.

山中弘、2012 年、「概説 作られる聖地・蘇る聖地――現代聖地の理解を目指して」星野英紀他著『聖地巡礼ツーリズム』弘文堂、1-11 ページ.

山下晋司、2007 年、「文化という資源」内堀基光編『資源と人間 資源人類学 01』弘文堂、47-74 ページ.

吉田栄人、1994 年、「祭りと聖人信仰――ユカタンの事例から」G・アンドラーデ／中牧弘允編『ラテンアメリカ 宗教と社会』新評論、135-154 ページ.

―――、1995年、「先住民社会の祭礼と政治」小林致広編『メソアメリカ世界』世界思想社、183-232ページ。

第 8 章

ホセ・ガオスの「イスパノアメリカ哲学」とラテンアメリカ思想家たちの人的ネットワーク

──ラテンアメリカの視点から構築するラテンアメリカ史

佐藤貴大

はじめに

　ホセ・ガオス（José Gaos, 1900-1969）は 20 世紀を生きたスペインの思想家である★1。しかしながら、思想形成期にホセ・オルテガ・イ・ガセット（José Ortega y Gasset, 1883-1955）の弟子としてマドリード学派の薫陶を受けたこと、そして、その後スペイン内戦によってメキシコへ亡命した★2 ことから、彼の関心は「イスパノアメリカ哲学（filosofía hispano-americana）」へ向けられる。これは、ガオス自身が提唱した哲学であり、スペイン語による思想活動を普遍的な知に貢献する活動として認めるための概念である。ラテンアメリカを一括りの共同体として見る考え方は、独立直後から既に存在していたが、実際にラテンアメリカを一つにまとめるためにどのような方法をとればよいのかという問いは、そこから何世代にもわたり問い続けられ、様々な形で試みられる。本論考は、ガオスの生涯と、彼の思想に見られる初期オルテガ哲学の特徴を背景に、「イスパノアメリカ哲学」がどのようにラテンアメリカ内外の人的ネットワーク構築へと貢献していったのかを考察するものである。また、ネットワーク構築の主体となったラテンアメリカ各国の交流の全体像を明らかにすることも本論考の目的とする。

1　ガオスの生涯

　1900 年、スペインのアストゥリアスはヒホンにて生を享けたガオスは、21 歳の時マドリード大学の哲学科へと入学する。当時のマドリードには、オルテガをはじめとする数々の優秀な研究者が集い、また学生会館や歴史研究所などにおいて、彼らに続く世代の優れた知識人が続々と育っていた。まさにスペインの人文科学分野における中心地であったといっても過言ではない。特にその中でも、オルテガと彼の弟子をはじめとする知識人たちは、マドリード学派として名を馳せている。ガオスはその代表的な存在であった。彼の思想は初期オルテガ哲学の影響を強く受けているが、そのことはガオスの次の言葉からも明らかである。

> 　毎日のように彼と一緒にいた。私はいつも、オルテガの話に耳を傾け、ときにそれは会話に発展した。その中で、オルテガ自身から生まれ出る思想は、正確さを増していった。彼の書いた手稿を読むこともあった。自分の考えること、論証、表現や例え等が、彼から受け取ったものなのか、それとも彼の思想を耳や目から通すうちに、自分の中に浮かんだ思想なのか、はたまた彼の影響とは別に私の中から生まれたものなのか。私には、今では分からない。（中略）私は、その原点を忘れるほどまでに、彼の思想に自分自身を同化させていたのだ★3。

　しかしながら、1931 年頃からその師弟関係は次第に変化していった。その年、ガオスは社会党に入党するが、これはオルテガの結成した政治結社、「共和国奉仕集団（Agrupación al Servicio de la República）」への参加を、事実上拒否したことになる。その後二人の関係の変化は、政治思想においてだけでなく、哲学に対する考えにおいてもみられるようになる。1935 年、ガオスはオルテガを、哲学をめぐる意見の違いから批判する。その時のオルテガの様子を、ガオスはこう回想している。

> 　当然のことながら、オルテガは自分の弟子の説明を理解した。彼はその時

顔をしかめた。彼にとっては面白いことではなかったのだ。しかし、師に対する礼節をわきまえながらも、確信を持って主張を通そうとする弟子を前にして、彼はひとしきり考え込んだ。そして、表情を和らげ、話をまとめた。弟子が、自分自身の環境を救おうと試みている、と感じたのだろう。この環境とはつまり、師という巨大な環境であるが、それを乗り越えるための唯一の方法は、師の本質を前面に押し出していくことであった。誰かを救うためには、たとえ本人が望もうとも、その人の非本質的なものを取り上げてはいけない。本人が望もうが望むまいが、その人の本質的なものを評価しない限り、誰も救うことはできないのだ★4。

このような変化は、1933年、マドリード大学哲文学科の教授となったガオスの思想的自立の表われだと考えられる。ただ前述したように、ガオス哲学における初期オルテガ哲学の影響は大きく、ガオスのオルテガに対する尊敬の念は、生涯にわたってみられる。その後も様々な哲学を貪欲に吸収し、自身の哲学活動の発展を続けたガオスは、1936年、36歳という若さで同大学長に任命された。しかし、同年勃発したスペイン内戦は、日々スペイン国内の状況を悪化させるばかりであった。フランコ派優勢を前に、共和派であるガオスの立場は、徐々に苦しくなった。そして1938年、彼はマドリード大学、そしてスペインを去る。以降、ガオスとオルテガが再会をすることは一度も無かった。

ガオスは母国スペインを「生まれの祖国（patria de origen）」、そしてメキシコを「運命の祖国（patria de destino）」と呼び、メキシコへの愛国心を示した。また、自らを「祖国を追われた者（desterrado）」ではなく、「祖国を移された者（転地者）（transterrado）」と称し、次のように、スペイン知識人たちがメキシコで味わう不思議な感覚を表現した。

> （メキシコに着いた）初めのころから、私は自分が祖国を離れ、見知らぬ異国の地へきたという感覚が持てなかった。それはむしろ、祖国の中を移動してきただけのような気持ちであった。例えば、私が、生まれ故郷のアストゥリアスから、青年時代の初めを過ごしたバレンシアへ、また、教師としてレオン、サラゴサ、マドリードへと活動の場を変えていった時と同じような気持ちである。私は、それらの場所からバルセロナへ行く方が、

異国の地へ行くように感じられるのではないかとすら思った★5。

　ガオスはスペインから亡命し、メキシコに到着するとまもなく、スペイン会館（La Casa de España）に迎え入れられた。ちなみにこのスペイン会館は、後にコレヒオ・デ・メヒコ（Colegio de México）と名を改め、現在もメキシコ最高の研究機関として、多くの有望な人材を輩出し続けている。1939年、ガオスはスペイン会館に加え、メキシコ国立自治大学（Universidad Nacional Autónoma de México, 以下UNAMと略）でも教鞭をとり始める。
　ラテンアメリカで得た体験をもとにして、ガオスはスペイン語による哲学の総合的な評価を目指す。それが彼の提唱した、「イスパノアメリカ哲学」である。ガオスは、「イスパノアメリカ哲学」を確立させるために、生涯をかけた。その典型的な例が、「スペイン語圏の国々における思想を研究するためのセミナー（Seminario para el estudio del pensamiento en los países de lengua española）」である。このセミナーは、1941年から1969年にわたって続けられた。ここから、レオポルド・セア（Leopoldo Zea）やルイス・ビジョーロ（Luis Villoro）をはじめとする、多くの才能溢れる若者が研究者としての第一歩を踏み出した。これはまさしく、ガオスのメキシコにおける教育活動の集大成と言える。1948年には、メキシコの思想研究を目的として結成された知識人グループ、イペリオン（Grupo Hiperión）が数多くの作品を生み出したが、これはガオスとセアの指導のもと行われた活動であった。
　1969年、ガオスは心臓発作を起こした。教授資格試験において、自身の弟子、ホセ・マリア・ムリア（José María Muriá）の論文を採点し終わった時のことであった。ガオスは、死を迎えるその直前まで、哲学と共に生き、それに全てを捧げた人間であった。

2　オルテガ哲学の継承

　前述の通り、ガオスは、師オルテガの思想に、「その原点を忘れるほどまで」に自分自身を同化させていた。オルテガから継承した思想は、内戦によってメキシコへ亡命してからもガオスの哲学の中に生きた思想として残り続け、「イスパノアメリカ哲学」の正当性を担保するための重要な一端を担っている。

オルテガの哲学の中心をなす命題は、「私は私と私の環境」である。優れたオルテガ入門書を著した渡辺修の言葉を借りていえば、この命題は、「生としての私は、自我である私とそれを取り巻く世界及び自然とが合体した総合的概念」★6であると解釈できる。オルテガは、この「世界及び自然」、すなわち「環境（circunstancia）」を救うことが、「私」を救うことにつながると考えた。この「環境」の概念を認めることは、同時に、各々の主体が持つ異なった視点を容認すること、つまり「遠近法（perspectivismo）」の概念を認めることでもある。「環境」と「遠近法」の概念によって保障された各々の個別性によって、すべての哲学に正当性を与えることができる。しかし、各々の哲学が正当性を持つならば、「真理」が乱立してしまい、相対主義と変わらないのではないだろうか？

　オルテガによれば、「遠近法」は相対主義ではない。なぜなら、多様に存在する「真理」のパースペクティブの向こうに、それらすべてを統合してできる総体を見ているからである。一つ一つの「真理」はグラデーションのように連なり、総体の一部分を形成する重要な構成要素となっている。

　ガオス哲学には、主に三つの概念が、オルテガ哲学から受け継がれている。

　まず一つ目が、はじめに説明した「環境」の概念。二つ目が、「信念としての観念（ideas-creencias）」の概念。そして三つ目が、「世代（generación）」の概念である。

　私たちの「生」を取り巻く「環境」には二つの「観念」が存在する。それは、「知」によって取捨選択し所有することのできる「思いつきとしての観念（ideas-ocurrencias）」と、「知」に対して超越性を持ち、所有することのできない「信念としての観念」である。「信念としての観念」と関わるためには、自らの「生」を持って体験をしなければならない。「思想」とは私たちを取り巻く「環境」として存在する。私たちの「生」が常に身を置いている「環境」とは本質的に「歴史性」を持つが、それは止まることのない変化を生む。私たちがそれに対応していくためには、「思いつきとしての観念」を活用し、「信念としての観念」に変化を与えなければならない。このようにして、「思想」は「生」と関わることでのみ「意味」を持つ。

　ここまでに見てきた、「環境」と「思想」の概念をもとに、「思想の歴史」すなわち「哲学の歴史」の流れを理解することができる。ここで、「哲学の歴史」

分析の精度をさらに上げるため、「環境」と「思想」の間をつなぐ主体を明確にする必要がある。「環境」に根差し、「思想」を操ることで、「哲学の歴史」を構成する主体。それが、三つ目の概念、「世代」である。オルテガによれば、「生」の最も基本的な事実は、生と死であり、それはつまり、「生」の交代である。したがって歴史的変化は必然的に人間存在と結びついている。人間は年齢を持ち、それによって常に限られた一定の時点に立っている。一つの時代を切り取ってみても、その中にいる「同時代人」たちは必ずしも同じ「世代」には属さない。「同時代人」の中に複数の「世代」が重なり合い、連続として存在しているからである。

　ここで言及した「環境」、「思想」、「世代」は、オルテガ哲学の歴史的パースペクティブを確立するための三本柱である。歴史的パースペクティブは、マクロな哲学史の中に息づく、ミクロな哲学史の分析を可能にした。ここに、歴史とは「生」であり、「生」とは歴史であるという相互関係が確立される。ガオスはこれらの概念をオルテガから継承し、哲学が文化的アイデンティティおよび地域性を持つことを認めた。

3　「イスパノアメリカ哲学」の構築へ向けて

　ガオスは、上に挙げた三つの概念を中心に、今もなお進行中である「哲学の歴史」を「生きた思想の歴史」として捉えた。そして、そのような思想史の中で、ガオス自身が身を置く「環境」について思想を巡らしていく。その「環境」こそが「イスパノアメリカ」★7である。まず、「イスパノアメリカ哲学」の現状を、ガオスはこう語る。

> 現在のところ、「スペイン哲学」は存在しない。より包括的なものとしていうならば「スペイン語による哲学」が存在しないといえる。しかし、それはあくまで、いわゆる「フランス哲学」や「イギリス哲学」のような意味では存在しない、ということである。「ヨーロッパ哲学」に比肩するような、「アメリカ哲学」がない。しかしその存在は、強く望まれている★8。

　しかし、ガオスは、「イスパノアメリカ哲学」の存在の可能性が十分可能な

第 8 章　ホセ・ガオスの「イスパノアメリカ哲学」とラテンアメリカ思想家たちの…

ものであると考えている。そして、そのために求められているのは、「スペイン哲学およびアメリカ哲学を作ることではなく、スペインやアメリカ大陸の人々が哲学を作り出すことである」★9。

　マドリード時代のガオスは、オルテガの思想が哲学として認められることと、スペイン語哲学が認められることを同等に捉えていた。しかし、メキシコでの亡命生活を通じて、スペイン語哲学が認められることを、イスパノアメリカ哲学が認められることとして考えるようになった。そのような「環境」の変化の中で常に共通するもの、それは「スペイン語」、すなわち「言語」であった。

　　言語の形成とは、表現に独自性を与えるために有効な方法の最たるもので、これは、一国家の形成を進める場合においても、一般的に最も効果的な方法である。国家固有の言語を採用することと、その国家固有の哲学を生み出すことは同時進行的な動きとして現れる。(後略) ★10

　ガオスは、哲学を育むのは思想の言語表現であると考えた。スペイン語によって育まれた思想を有する共同体。それが、ガオスの考える「イスパノアメリカ」という「環境」である。従来、哲学とは普遍的であり、よって哲学が地域性を持つという考え方は到底認められなかった。しかし、哲学が主観的であると考えるガオスにとって、むしろ哲学の地域性を認めることは自然なことであった。そして、「イスパノアメリカ哲学」という一つの地域性を持った哲学が認められることこそが、ガオスの考える、自らを取り巻く「環境」の救済であった★11。ガオスは、「スペイン語哲学」の存在の可能性についてこう述べている。

　　(前略)過去に存在したいくつかの哲学体系によって、「哲学」の可能性を閉ざしてしまうか。または未来への可能性を開くために、新しい哲学のあり方を認めるか。そうでなければ、「哲学」の歴史に終止符を打つか否か。もしくは、歴史または歴史性を、「哲学」の本質として考えるか否か。
　　しかし、「環境」の救済をせずに、「私」を救済することはできない。これは非常に個人的な問題である。しかし、スペイン語による哲学が哲学ではないとしたら、スペイン人である私が、哲学を持つことに対してどのよ

うな希望を持てるだろうか？

　この希望は、「哲学」の歴史性に依拠していると考えられる。つまり、スペイン語哲学（hispanismo）★12 と個人哲学（personalismo）のための歴史主義なのである★13！

　このような歴史性にもとづき、「イスパノアメリカ哲学」の存在に確信を持ったガオスは、おおよそ次のようにそれを定義した。「イスパノアメリカ哲学」は、18世紀に、自由主義的および反帝国主義的な精神のもとで、その胎動が始まった。以降、「イスパノアメリカ哲学」が伝統的に養ってきた特徴は三つある。それは、美的側面、政治的側面、教育的側面からの特徴である。美的側面についてみれば、それは、イスパノアメリカの思想家たちのあらゆる言語活動において顕著であり、それは公的な場における活動においてもみられる。更に、政治的側面については、多くの哲学者たちが政治活動の参加に積極的な態度をとってきたこと、そして、教育的側面については、これもまた多くの哲学者が教育者であるという事実および、彼らが教育によって人々の思考をどのように変えていくかという問題に熱心であったことからも明らかである。ガオスは、イスパノアメリカにおいては形而上学の文化が発展してこなかったとしながらも、上に挙げた三つの要素が、イスパノアメリカ独自の特徴になると考えた。

　ガオスが自らに課した使命は、「イスパノアメリカ思想史」を作り出すことであった。その試みは、様々な形で行われた。また、ガオスの弟子たちによっても、多くの有意義な研究がなされた。その中でもレオポルド・セアの存在は大きく、ガオスからセアへと引き継がれた「イスパノアメリカニスモ（hispano-americanismo）」は、ラテンアメリカ全体へと広がりを見せた★14。

4　「イスパノアメリカ哲学」から「ラテンアメリカ哲学」へ

　ガオスは、あくまでスペイン及びラテンアメリカのスペイン語圏を一つの枠組みとして考えており、それを「イスパノアメリカ哲学」と呼んだ。しかし、彼が亡命先のメキシコにおいてこの研究を発展させたこと、そして彼の志を受

け継いでいった研究者たちの大半がラテンアメリカ出身であったことなどを踏まえると、これは今日でいうところの「ラテンアメリカ哲学」とほぼ同意義で捉えることができる。ところで、ラテンアメリカの哲学とは一体どのような哲学なのだろうか？

　ラテンアメリカ諸国の思想史は、西洋思想の流れの一つとして語ることができるが、その道のりはヨーロッパ哲学とは異なる。ラテンアメリカの哲学とはそこにいる人々の「生」と強く結びついたものである。ガオスの弟子であり、ラテンアメリカ思想研究の先駆的人物でもあるセアは、19・20世紀のラテンアメリカの状況についてこう述べている。

　　イベリアの宗主国との政治上の絆を断ったと思う間もなく、ラテンアメリカは二重の圧力と二重の意図に縛られて身動きできなくなってしまった。すなわち、片やスペインとポルトガルから独立した後も古色蒼然とした植民地体制をなおも護持しようとする人々がいれば、その一方では自国を米国・イギリス・フランスなどに類する国に変革していこうとする者がいた。人々のこうした思いと圧力が原因となって、ラテンアメリカのほとんどの国は長い内戦状態に陥った★15。

　このような状況の中で、ラテンアメリカにおいて「思想は行動と化してほとんどの民が血を流したという」★16が、その後、進歩派の勝利によってひとまずの決着はついた。彼らは、国民の知的開放を目指し、そのために教育方針を模索し始めたが、その根底には常に哲学があった。無論それは、ヨーロッパから持ち込まれたものであった。やがて、ラテンアメリカ諸国の思想家たちは、ヨーロッパから輸入された哲学を自国の発展に活用することの限界に気づくようになる。なぜならそれらは、彼らを取り巻く現状とはあまりにも乖離したものであったからである。それを解決するためには、ラテンアメリカという「環境」に身を置く人々自らが、哲学を構築する必要があった。その結果、現在においてはラテンアメリカ独自の思想と呼べるものが現れてきている。それは社会思想、経済思想、神学など、様々な分野で見ることができる。日本でも知られる「解放の神学」や「従属論」は、その典型的な例といってよいだろう。

　ラテンアメリカは独立以来、常に自らを取り巻く状況と闘いながら独自の思

想を形成し、自己を追求してきた。しかし、その「アイデンティティの確立とこれに基づく統合という未解決の問題」[17]は依然として難問である。しかし、ガオスの果たした役割は大きかった。オルテガの意思を継ぎ、哲学するという行為そのものを教え、国や地域に根差した哲学の存在を認める活動は、当時のラテンアメリカ思想全体の流れをまとめ、強化した。

ここからは、19・20世紀のラテンアメリカ思想の流れを追い、ラテンアメリカ諸国の知識人たちによる国を超えたダイナミックな関わり合いを見ていきたい。

ところで、「ラテンアメリカ」という言葉はいつから使用されるようになったのか[18]。「ラテンアメリカ」という名称は1856年、コロンビアのホセマリア・トーレス＝カイセド（José María Torres Caicedo）の詩「二つのアメリカ（Las dos Américas）」[19]において、初めて用いられた。また同年にアルゼンチンのフランシスコ・ビルバオ（Francisco Bilbao）も *Iniciativa de la América* のなかで「ラテンアメリカ」を用いている。これらは米国の発展と膨張を前にして危機感を強く持っていたイスパノアメリカの知識人たちが、その脅威、つまりは「アングロサクソンの脅威」に対抗するために求めたイメージと呼応した。彼らにとって、ラテンアメリカとは、抒情的で文明の香りを感じさせて、なおかつフランスと一体であることを示すものであり（当時のラテンアメリカ知識人たちにとって、フランスは文化の中心地であった）、「アングロアメリカ」に対抗するには最適の名称であった（「普遍性」の獲得）。

やがて1860年代になると「ラテンアメリカ」はイスパノアメリカ諸国の公文書においても使用され始める。1861年には『ルヴュ・デ・ラス・ラティーヌ（*Revue des Races latines*）』において、フランス語で初めて「ラテンアメリカ」という名称が用いられている。

さらにパンアメリカ会議が行われた1881年には、アルゼンチンで雑誌『ラテンアメリカ評論（*Revista Latinoamericana*）』の刊行が始まるなど、ラテンアメリカという言葉が少しずつ普及していることがうかがえる。

1891年、キューバのホセ・マルティ（José Martí）は「我々のアメリカ（Nuestra América）」を発表。米国の脅威を訴えると、1898年、米西戦争における米国の勝利というニュースが世界を駆け巡り、翌年の1900年にはウルグアイのホセ・エンリケ・ロド（José Enrique Rodó）が「アリエル（Ariel）」

において、物質的に満たされたアングロアメリカに対峙する、精神性において勝る「ラテンアメリカ」という構図を描いた。

1900年以降、ラテンアメリカの呼称は英語圏を含め世界で広く受け入れられていき、第二次世界大戦後には、国連などの国際機関も全てこの名称を使用するに到った。現在においては、従来ラテンアメリカの中にまとめて扱われてきたカリブ海地域の新興独立国の立場も考慮して、「ラテンアメリカとカリブ海」と分けて表現する傾向にある。

5 思想家たちのネットワークと「ラテンアメリカ」

さて、ここまでは「ラテンアメリカ」という言葉の起源とその後の普及について見てきたが、このテーマに関わる研究はすでに様々な研究者によって網羅されてきた。ここからは「ラテンアメリカ」という言葉はあくまでも一つのキーワードとして、その裏にあるラテンアメリカ知識人たちの関わり合いを見ていきたい。

19世紀の終わりから徐々に、ラテンアメリカ各地で自分たちの土地に根差した思想を模索する動きがみられた。例えば前述にもあるキューバのマルティやウルグアイのロド、プエルトリコのエウヘニオ・マリア・オストス（Eugenio María Hostos）、メキシコのフスト・シエラ（Justo Sierra）、ペルーのマヌエル・ゴンサレス・プラダ（Manuel González Prada）、ブラジルのエウクリデス・ダ・クーニャ（Euclydes da Cunha）、ボリビアのフランツ・タマヨ（Franz Tamayo）、アルゼンチンのホセ・インヘニエロス（José Ingenieros）などによる活動がそうである★20。彼らをはじめとするラテンアメリカ知識人たちの活動は後に国を超えた大きな流れとなるが、その基礎となるものは20世紀前半に形づくられていった。まず1910年、ホセ・バスコンセロス（José Vasconcelos）とドミニカ共和国のペドロ・エンリケス・ウレーニャ（Pedro Henríquez Ureña）らが中心となってメキシコ国立大学（メキシコ国立自治大学 UNAM の前身）を設立。1918年にはアルゼンチンの大学改革によってコルドバ大学、続いてブエノスアイレス大学、ラ・プラタ大学が大きな転換期を迎えた。同じような現象はペルーやチリにおいてもみられた。やがて1920年代に入ると、アルゼンチンとメキシコにおける大学間の交流が

始まる。1924 年には、ペルーのアヤ・デ・ラ・トーレ（Víctor Raúl Haya de la Torre）が亡命先のメキシコにおいてアメリカ革命人民同盟（APRA）を結成するなど教育機関だけでなくラテンアメリカ内における知識人の政治亡命も多くみられた。1920 年代の大学間での交流で生まれたラテンアメリカの知識人たちを繋ぐ動きは、1930 年代になると組織的な出版活動を通してより活発になっていく。1934 年にはメキシコでフォンド・デ・クルトゥーラ・エコノミカ（Fondo de Cultura Económica, 以下 FCE と略）、1938 年にはアルゼンチンでエディトリアル・ロサーダ（Editorial Losada）が設立され、ラテンアメリカ思想に関する作品を多く出版していった。

　20 世紀中頃になると、ラテンアメリカで徐々に発展する知識人ネットワークはさらなる転換期を迎える。スペイン内戦（1936-1939 年）が起きると、多くのスペイン知識人がラテンアメリカ諸国へ亡命しラテンアメリカ各地の大学や出版社の活性化に寄与した。1938 年にメキシコにおけるスペイン共和派の亡命知識人受け入れにあたり設立されたスペイン会館とこの研究機関の出版活動を支えた FCE はその好例である。ガオスもまたこのようなタイミングでメキシコへ根を下ろし、「イスパノアメリカ哲学」を深めていったのである。しかし、彼がラテンアメリカ思想に大きな影響を及ぼしたのは、彼自身の思想よりもその哲学を礎に展開した活動であると考えられる。前述のように、ガオスはメキシコの若く才能ある弟子たちにメキシコ及びラテンアメリカについての研究を行うよう常に求めていた。その結果ラテンアメリカに関わる研究に取り組んだ研究者を多く輩出してきたが、中でもセアは思想だけではなくその活動においても、ガオスの意思を受け継ぎ、発展させた最大の弟子であった。

　1944 年、セアは「二つのアメリカ」Las dos Américas を雑誌『クアデルノス・アメリカノス（*Cuadernos Americanos*）』に寄稿。ラテンアメリカの人々が米国に対して抱く憧れと敵対心の考察を通してアメリカ大陸文化の融合を希望した。すると 1945 年、セアはハーバード大学のウィリアム・バーリン（William Berrien）の推薦によってロックフェラー財団の奨学金を受け、6 カ月間のアメリカ滞在後、1 年間かけてラテンアメリカの各地を回った★21。この頃はすでに、ラテンアメリカ知識人の間に「アングロアメリカ」に対抗する「ラテンアメリカ」といった考え方はなく、ラテンアメリカ人自らの視点に立って自らの地域の歴史を振り返り、それによって欧米中心主義から脱却した

いという考え方へと成熟してきていた。そのような思想環境のなかでセアはラテンアメリカ全土を渡り歩き、アルゼンチンのフランシスコ・ロメロ（Francisco Romero）、ウルグアイのアルトゥーロ・アルダオ（Arturo Ardao）、ブラジルのジョアン・クルス・コスタ（Joao Cruz Costa）、チリのエンリケ・モリーナ（Enrique Molina）、ボリビアのギジェルモ・フランコビッチ（Guillermo Francovich）、ペルーのフランシスコ・ミロ・ケサーダ（Francisco Miró Quesada）、エクアドルのベンハミン・カリオン（Benjamin Carrión）、コロンビアのヘルマン・アルシニエガス（Germán Arciniegas）、ベネズエラのマリアーノ・ピコン＝サラス（Mariano Picón-Salas）、キューバのラウール・ロア（Raúl Roa）らと友好関係を結んだのである★22。

　セアはメキシコへ帰国すると、早速ラテンアメリカ思想研究の普及に力を注ぐ。まず 1947 年に UNAM の哲文学科にて「アメリカ思想史研究セミナー」を始め、また同年、パンアメリカ地理歴史研究所（Instituto Panamericano de Geografía e Historia）を設立、さらにアメリカ思想史委員会（El Comité de Historia de las ideas en América）をロックフェラー財団と FCE の支援によって設置した。1956 年には FCE が 20 世紀におけるラテンアメリカ各地の思想に関する作品の出版を始めた。このプロジェクトでは、各地域の知識人が各々の思想史を担当し、ウルグアイのアルダオ、ボリビアのフランコビッチ、ブラジルのクルス・コスタ、アルゼンチンのホセ・ルイス・ロメロ（José Luis Romero）などが作品を発表した。これは、セアが中心となって構築したラテンアメリカ諸国のネットワークと FCE の精力的な出版活動が実を結んだ結果である。

　ラテンアメリカにおける知識人たちのネットワーク形成には、彼らのみの関わり合いだけでなく、アメリカ合衆国の知識人による働きかけや援助なども重要な要素であった。ラテンアメリカの内外で頻繁に研究者たちが交流を重ね、積極的に議論を交わしたのである。例えばセアのロックフェラー財団奨学金獲得は、バーリンがメキシコのアルフォンソ・レジェス（Alfonso Reyes）と会話をした際に、レックス・クロフォード（William Rex Crawford）著の『ラテンアメリカ思想の世紀（*A Century of Latinamerican Thought*）』においてラテンアメリカからの視点が欠如していると指摘を受け、それでは、とバーリ

ンがセアにラテンアメリカ思想に関する研究書の執筆を提案したことがきっかけである。

　1944年にインターアメリカ哲学会議が発足すると、1945年、ハイチで第1回大会が行なわれた。この会議はアメリカ合衆国の主導で始まったものであるが、1950年にメキシコで開かれた第3回インターアメリカ哲学会議では、会議史上初めてラテンアメリカの研究者が多数派となり、アルゼンチン亡命知識人をはじめ、ボリビア、コロンビア、キューバ、エクアドル、ペルー、ドミニカ共和国、ベネズエラからの参加者が多くみられた。このような会議の全体を通して見られたのがセアの優れたリーダーシップであった★23。

　1965年、米国のジョン・レディ・フェラン（John Leddy Phelan）が論文「ラテンアメリカ概念の起源（El origen de la idea de Latinamérica）」を発表し、「ラテンアメリカ」がフランスの人種主義や汎ラテン主義によって誕生し、ナポレオン三世の政策によって世界に流布されたという説を展開した。彼の研究によれば「ラテンアメリカ」とはヨーロッパによって与えられたイメージであるという解釈になる。しかし同年、フェランの説に対する反論として、アルダオが「ラテンアメリカについての思想（La idea de Latinamérica）」を発表し、「ラテンアメリカ」がラテンアメリカ自身の内側から自発的に生まれたイメージであると反論した★24。前述の通り「ラテンアメリカ」という言葉を用いた初めての人物は現在のところラテンアメリカの思想家であるという記録があるものの、その起源と普及に関する説において最も説得力があるのは、フェランとアルダオの分析をまとめたものである★25。

　1968年には「ラテンアメリカ哲学」の存在をめぐり、セアとペルーのサラサール・ボンディ（Augusto Salazar Bondy）の間で議論が交わされる★26。

　まず1968年にボンディが「我々のアメリカに哲学は存在するのか？（¿Existe una filosofía de nuestra América?）」を発表すると、翌年セアが「純粋な哲学としてのアメリカ哲学（La filosofía americana como filosofía sin más）」を発表し、意見を対立させた。この議論は「ラテンアメリカ哲学は存在しえるのか？」という根本的な問いをテーマとしたものであったが、両者とも共通して、ラテンアメリカが独自の環境に置かれているという見解から理論を展開している。

　このように活発な知的交流を積み重ねていった結果、それが形となり始めた

のが 20 世紀の後半である。1970 年代には、スペインのヘルマン・マルキネス（Germán Marquínez）★27、スペインのイグナシオ・エリャクリーア（Ignacio Ellacuría）、アルゼンチンのエンリケ・ドゥッセル（Enrique D. Dussel）らによって解放の哲学が唱えられ、ラテンアメリカ哲学の独自性がより明確に打ち出される。彼らは神学者として、もしくは哲学者、亡命者としてラテンアメリカ各地でその活動を展開した。

1977 年にカラカスで開かれたインターアメリカ哲学学会第 9 回大会のテーマは、①ラテンアメリカにおける哲学教育、②ラテンアメリカにおける哲学的思想の発展と歴史、③ラテンアメリカ哲学の可能性と限界、であった。

1978 年には、UNAM で開かれた会議のもと「ラテンアメリカ・カリブ研究協会」（SOLAR）、「国際ラテンアメリカ・カリブ研究協会」（FIEALC）が設立。これら二つの協会を運営するにあたって、ラテンアメリカ研究普及センター（CCyDEL）の本部が設置されるなど、ラテンアメリカ思想研究者たちのネットワークはより組織化された。

おわりに

このように知識人のダイナミックな移動を通して、現在にいたるまで「ラテンアメリカ」の概念は思想・哲学の分野において浸透していった★28。ラテンアメリカの知識人たちは、20 世紀後半に芽生えた独自性への欲求を出発点に、今日ラテンアメリカと呼ばれる地域の歴史を組織的かつ実証的研究によって再構築してきた。「ラテンアメリカ」概念の形成とはつまり、共通の歴史観を構築していくことで一つの共同体意識を形成することであったと言えよう。それはアングロアメリカ対ラテンアメリカという構図を描いた政治的な統一の試みや、よりラテンアメリカの現実に目を向けながらも形而上学などのヨーロッパ哲学をそのままベースにして構想された統一の試みなどによって何度も挫折を味わってきたが、ガオスはそれらを乗り越えるためにさらに根源的なところから問題提起をしていた。それは、ヨーロッパの作り上げた枠組みを使って自分たちの現実をとらえるのではなく、その現実を見るための枠組み自体から作り上げていくことであった。彼がその目標まで十分に到達したとは言い難いが、自らを取り巻く環境を自分自身の視点で見直していくという考え方はドゥッセ

ルと共通するものがある。そのようなガオスの信念を受け継いだセアが中心となって生み出した活発な知的交流は、国を超えた人の移動と相まって大きな潮流を作り出した。そして、その流れはラテンアメリカ各地の知識人とスペイン知識人をはじめとするラテンアメリカ外部の知識人たちとの交流も通しながら大きなネットワークを形成しその成果は 1960 年代にはよりはっきりと形をとり始めていた。ラテンアメリカの「脱植民地化への転回（Giro Descolonizador）」が始まったのが 1969 年頃からであるとドゥッセルは主張しているが、これは奇しくもガオスがこの世を去った年である。ドゥッセルはその後の世代を代表する哲学者であるが、彼が「ラテンアメリカ」に対して持つイメージは、その事実を明確に象徴していると言えよう★29。以下はドゥッセルの考える「ラテンアメリカ」の要約である。

　「ラテンアメリカ」とは北アメリカ（アングロおよびフランス系カナダ）とは別の「世界」である。15 世紀のスペインによる征服から 18 世紀途中まではイスパノアメリカまたはイベロアメリカの時代であり、アメリカ大陸においてキリスト教世界が形成されていた。その後、18 世紀は世俗化と普遍化を求める動きが起こり独立への道を歩んでいく時代である。この時点においてすでに「スペイン」世界は「ラテンアメリカ世界」を構成する様々な要素の一部分にすぎないものであると見なされる。ラテンアメリカというのは先スペイン期、その後の植民地時代そして独立後の道のり全てを内包する世界として存在する★30。

　このように、ドゥッセルは「ラテンアメリカ」が彼らの土地に存在する要素全てを内包するものだとしており、それはヨーロッパの思想によって考えられた「ラテンアメリカ」や、カイセドが生み出した「ラテンアメリカ」とはもはや別物である。なお、ドゥッセルとラテンアメリカ哲学のその後の動向については、本書第 9 章の長谷川ニナの論考において詳しい記述がある。

　ところでドゥッセルは、「ラテンアメリカ世界」の内包する要素が、必ずしも一つ一つ平等に扱われていないこと、場合によっては「ラテンアメリカ」概念自体から抜け落ちていることを指摘している。それは、現在にも続く大きな課題であり、それらの問題にどのように対処していくかというのが、「ラテンアメリカ」概念の未来を左右することになるだろう★31。しかし、ラテンアメリカ諸国の知識人が移動と交流を通して先人たちが作り上げた大きなネットワ

ークの原動力となり続ける限り、新たな展開を迎えまた一つ先の段階へと進むことができるのではないだろうか。

追記 本稿は 2015 年に南山大学国際地域文化研究科国際文化研究専攻博士前期課程学位論文として提出した拙稿をもとに、その後の研究を織り込んで再構成したものである。

注

★1 ガオスの生涯とメキシコ亡命による思想の変化に関しては加藤の「イスパノアメリカをめぐるホセ=ガオス（José Gaos）の言説──西洋中心主義への反逆とその問題点」において詳しく記述されている。また思想の概要については Abellan や Pio、Quijano、Santamaría の著作、また哲学雑誌 *Anthropos* の 130、131 巻に詳しい。

★2 スペイン亡命知識人に関しては Llorens や Abellán、田辺の著作を参照。

★3 Gaos, *Obras Completas*（以下 *O.C.* と略す。）*XVII*, pp.124-125（以下拙訳）.

★4 Gaos, *O.C. IX*, p.126.

★5 Gaos, *O.C. XIII*, p.546.

★6 渡辺修『オルテガ』清水書院、102 ページ。

★7 ガオスは、スペインおよびスペインの植民地であった南北アメリカ地域を総称して「イスパノアメリカ」の語を用いている。

★8 Gaos, *O.C. VI*, p.292.

★9 *Ibid*., p.295.

★10 Gaos, *O.C. XV*, p.45.

★11 本論考では「救済」という言葉をたびたび使用しているが、これはオルテガ・イ・ガセットが当時のスペイン社会における生の危機的状況をみて、その状況をいかに抜け出せるかという考察を行ったときによく使用した言葉である。つまりここでの「救済」とは生の危機的状況からの脱出という意味である。

★12 ここでガオスは、スペイン語による哲学、つまり「イスパノアメリカ哲学」について論じている。そのため、hispanismo をスペイン語・文化研究ではなく、スペイン語哲学と訳した。

★13 Gaos, *O.C. XVII*, p.106.

★14 ウルグアイのアルダオ（Arturo Ardao）、ボリビアのギジェルモ・フランコビッチ（Guillermo Francovich）、キューバのウンベルト・ピニェラ（Umberto Piñera）、コロンビアのハイメ・ハラメージョ・ウリベ（Jaime Jaramillo Uribe）、ベネズエラのマリアーノ・ピコン・サラス（Mariano Picón-Salas）など、様々な地域の研究者によって「イスパノアメリカ思想」の研究が進められ、大きな成果を生んだ。これら個々のラテンアメリカ哲学研究者とその成果については、近い将来、研究を進め別稿を起こしたい。

★15 セア, レオポルド編（小林一宏・三橋利光訳）『現代ラテンアメリカ思想の先駆者たち』、

4ページ。
- ★16　木下登「ハビエル・スビリとラテンアメリカ——スビリ思想のラテンアメリカにおける受容についての一考察」、37ページ。
- ★17　セア，レオポルド編『現代ラテンアメリカ思想の先駆者たち』、227ページ。
- ★18　ラテンアメリカという言葉の使用に関する研究においては柳原孝敦の『ラテンアメリカ主義のレトリック』に詳しい。
- ★19　この詩は、イスパノアメリカ哲学に関する資料を紹介するWebサイト、El Proyecto Filosofía en español で読むことができる（以下リンク先）。http://www.filosofia.org/hem/185/18570215.htm
- ★20　これらの知識人はラテンアメリカに目を向けた先駆者たちともいえるが、それでもまだラテンアメリカを分析するために西洋哲学をそのまま応用するという呪縛から抜け出すことができなかった世代である。
- ★21　この時の研究成果として発表されたのが「イスパノアメリカ思想における二つの段階（Dos etapas del pensamiento en Hispanoamérica）」(1949) である。この作品は、後に加筆および修正が行なわれ、『ラテンアメリカ思想（*El pensamiento latinoamericano*)』(1976) として出版されている。
- ★22　ここに挙げた知識人たちはいずれもハイデガーなどのヨーロッパ哲学に精通しながら、ラテンアメリカの哲学思想史の研究に尽力した人物たちである。
- ★23　Krusé: "The Third Inter-American Congress of Philosophy", en *The Journal of Philosophy*, Vol.47, Núm. 12, NY, 8 de junio de 1950, pp.364-366 参照。
- ★24　Ardao: *Génesis de la idea y el nombre de América Latina*, Centro de Estudios latinoamericanos Rómulo Gallegos/Consejo Nacional de la Cultura, Caracas, 1980 を参照。
- ★25　この分析に関してはQuijadaの "Sobre el origen y difusión del nombre "América Latina" (o una variación heterodoxa en torno al tema de la construcción social de la verdad)" を参照。
- ★26　ボンディもまたメキシコでガオスのセミナーに参加した思想家の一人である。
- ★27　マルキネスは1975年にコロンビアのサント・トマス大学哲学科で結成された「ボゴタグループ（Grupo de Bogotá）」の中心人物であった。彼らはコロンビアの実情に合わないヨーロッパ思想に対する批判的立場を出発点として、ラテンアメリカ研究を深めていった。これは、メキシコ、ペルー、アルゼンチンに次ぐラテンアメリカ思想研究中心地の誕生であった。
- ★28　例えばピコン＝サラスは『ラテンアメリカ文化史——二つの世界の融合』のはじめに、ラテンアメリカは歴史的一体感を持っていると述べているが、彼もまたベネズエラから亡命し、ラテンアメリカ地域や米国を渡り歩いた経歴を持つ。
- ★29　アルゼンチン出身のドゥッセルもまた、メキシコやスペイン、ドイツなど様々な国を移動していきながらラテンアメリカ哲学を深めた思想家の一人である。
- ★30　Dussel: *América latina: dependencia y liberación*, Fernando García Gambeiro,

Buenos Aires, 1973, pp.24-27 参照。

★31　例えばセルジュ・グルジンスキ（Serge Gruzinski）は「ラテン性の政治的誤用（Usos políiticamente incorrectos de la latinidad）」（Conferencia en la Caixa de Barcelona, Madrid, marzo de 1997）の中で、ラテンアメリカにおいて意味する「ラテン」というのが、ただ単にヨーロッパの歴史を受け継いだ要素としてではなく、アメリカ大陸土着の世界とグレコローマン世界の融合の象徴としてイメージされるものであると論じ、現在の「ラテンアメリカ」概念がいわゆる「ラテン民族」のラテンを意味するわけではないと主張した。

引用・参考文献

Dussel, Enrique, 1973, *América latina: dependencia y liberación*, Fernando García Gambeiro, Buenos Aires.

Gaos, José, 1982, "Confesiones profesionales", "Aforística", en Fernando Salmerón (coord.), *O.C. Tomo XVII*, Universidad Nacional Autónoma de México（以下 UNAM 略記）, Nueva Biblioteca Mexicana, México.

―――, 1987, "Filosofía de la filosofía e historia de la filosofía" en Fernando Salmerón (coord.), *O.C. Tomo VII*, UNAM, México.

―――, 1990, "Pensamiento de lengua española", "Pensamiento español", en Fernando Salmerón (coord.), *O.C. Tomo VI*, UNAM, Nueva Biblioteca Mexicana, México.

―――, 1992, "Sobre Ortega y Gasset y otros trabajos de las ideas en España y la America Española" en Fernando Salmerón (coord.), *O.C. Tomo IX*, UNAM, Nueva Biblioteca Mexicana, México.

―――, 2009, "Discurso de filosofía", "De la antropología e historiografía", "El siglo esplendor en México", en *O.C.Tomo XV*, Universidad Nacional Autónoma de México, Nueva Biblioteca Mexicana, México.

木下登、2013 年、「ハビエル・スビリとラテンアメリカ――スビリ思想のラテンアメリカにおける受容についての一考察」『アカデミア 人文・自然科学編』南山大学、第 6 号、33-47 ページ。

佐藤貴大、2015 年、「ホセ・ガオスの思想展開――「イスパノアメリカ哲学」の構築へ向けて」国際地域文化研究科国際地域文化研究専攻博士前期課程提出学位論文、南山大学。

渡辺修、1996 年『オルテガ』清水書院。

セア，レオポルド編（小林一宏・三橋利光訳）、2002 年、『現代ラテンアメリカ思想の先駆者たち』刀水書房。

第 9 章

現代ラテンアメリカにおける文化・文学研究の新潮流

――エンリケ・ドゥッセルの論考を中心に

長谷川ニナ

はじめに

　本章はメキシコ在住のアルゼンチン人哲学者エンリケ・ドゥッセル（Enrique Dussel）が提唱し、いまラテンアメリカで広く論じられている「トランスモダン論」とこれまでのポストモダン論との相違に触れつつ、このトランスモダン論が、現在のラテンアメリカ文化研究に多大な影響をもたらしていることを示す。そしてドゥッセルの属する「近代性／植民地性を考えるネットワーク（Grupo Modernidad/Colonialidad―以下、Grupo M/C と略す）」と呼ばれる新しい思想傾向を持つ研究者グループについて、これがどのような人々によっていかにして形成されたものであるかを簡単に解説する。

　また、この Grupo M/C の研究者たちがひんぱんに用いる「権力が内包する植民地性からの覚醒（desprenderse de la matriz colonial del poder）」および「脱植民地化への転回（Giro Descolonizador）」といった概念を紹介するとともに、これらの概念が従来のポストモダン論といかなる点で異なり、かつこれまでの「解放の神学・解放の社会学・解放の哲学（la Teología de la Liberación/Sociología de la Liberación/Filosofía de la Liberación）」と、どのような点で共通点を見いだせるかを検証する。さらにこれまで「西欧

の優越性」とされてきたものが、非西欧世界においていかなる形で表現されてきたかの例を挙げつつ、ラテンアメリカ文化研究における「脱植民地化への転回」概念の具体例を示す。

1　トランスモダン対ポストモダン

　今日、ラテンアメリカの文化・文学研究について論じる際に無視できない言葉として「トランスモダン」という概念がある。この概念はドゥッセルが亡命先のメキシコにおいて初めて提唱し、学術分野では十年ほど前から定着したもので、研究分野のみならず日常生活においてもラテンアメリカ世界に（全世界的にも）まつわりついてきた、西欧的「近代性」を乗り越えようとすることを指し示す概念である。

　ここで言う「近代性」とは、ドゥッセルや彼と同じ傾向を持つ Grupo M/C の研究者たちにとっては「植民地性」を構成する要素として否定的に捉えられているものである。狭義の「植民地」と「植民地性」とのあいだには明確な差異が存在する。すなわちここで言う「植民地性」とは、ラテンアメリカの旧植民地においては政治的な独立を達成した後も、依然として西欧文化モデルが普遍的、優越的なものとして地域本来の文化を圧迫しつづけるため、人々は自国固有の文化を劣ったものとみなし、植民地的価値観のもとで生き続けることを意味する。

　19世紀・20世紀におけるラテンアメリカ各国の支配層は、宗主国からの独立後も、自国の文化的伝統を卑下し、国民の「西欧化」を渇望、欧米モデルを適用しようとしてきた。20世紀の60年代・70年代に、「解放の神学・解放の社会学・解放の哲学」や「従属理論（La Teoría de la Dependencia）」が登場してきたこと自体、この時期になっても真の意味での独立、植民地性からの脱却が達成されていなかったことを意味しよう。

　しかしながら、現在では旧植民地の多くの人々は、もはや欧米の生活様式をかつてのようにアプリオリに理想的なものとは見なさなくなりつつある。それどころか例えばポルトガルのボアベンチュラ・ジ・ソウザ＝サントス（Boaventura de Sousa Santos）らが提唱するような新思想の潮流が生まれ、旧植民地の人々が地域本来の文化を取り戻し、「正しい道を進む」べく、

その文化的伝統を再生、強化しようとする試みが生まれてきている。言うまでもなく「正しい道を進む」とは、無条件の「欧米化」ではないということである。

この自己解放プロセスを、ラテンアメリカでは「脱植民地化への転回」と呼ぶ。この概念は1998年、ラテンアメリカの一群の研究者たち、エンリケ・ドゥッセル、ウォルター・ミニョロ（Walter Mignolo）、アニバル・キハーノ（Anibal Quijano）、アルトゥーロ・エスコバル（Arturo Escobar）、サンティアゴ・カストロ＝ゴメス（Santiago Castro-Gomez）、ラモン・グロスフォーゲル（Ramón Grosfoguel）などが、アメリカ合衆国においてラテンアメリカ・サバルタン（従属的諸階級民衆）研究グループ（Latin American Subaltern Studies Group）や南アジア・サバルタン学派（South Asia Subaltern Studies Group）の研究者たちとポストモダンについての論争をかわしたときに、ポストモダン派の視点に少なからぬ違和感を覚え、これと袂を分かったことを発端として新潮流を形成したことから誕生した（Grosfoguel, 2013: 65-66）。

Grupo M/C の研究者たちにとって、「トランスモダン」という概念は「ポストモダン」という概念よりはるかに重要なものとなっている。ここで「脱植民地化への転回」を支持する研究者たちを「トランスモダン派」と呼ぶとするなら、このトランスモダン派は、これまでポストモダン派の研究者たちがいわゆる「近代」の起点を18世紀としてきたのにたいして、それを15世紀末に新大陸で始まったイベリア的植民地の展開からと見做す。トランスモダン派は、近代の起点を15世紀末に置かないかぎり、近代の理解は不可能との確信を強めており、18世紀以後の研究に専念するポストモダン派は的を外していると考える。

トランスモダン派は、非西欧世界に属する人々は近代主義と植民地主義の因果関係のロジックに気づくべきであると主張する。なぜなら彼らトランスモダン派はその一連の研究によって、欧米の経済的・政治的・文化的モデルはラテンアメリカに真の繁栄を生み出すどころか貧困を生み、自由を生み出す代わりに隷属を生み出していると認識するからである。そしてこの西欧モデルのネガティブな影響を中和する唯一の方法は「権力が内包する植民地性からの覚醒」であると考える。

トランスモダン派は、こうした脱植民地思想は 20 世紀末に彼らがはじめて始めたわけではなく、すでに 15 世紀末に西欧が世界の分割を始めた時点で、その萌芽が誕生していたものと考える。それ故に彼らはラテンアメリカの過去に遡って、そのような思想に関する調査・研究をおこなう。たとえばドゥッセルは彼の論文「反デカルト的省察——近代性の哲学的論争の起源 (Meditaciones anti-cartesianas: sobre el origen del anti-discurso filosófico de la Modernidad)」において、バルトロメ・デ・ラス・カサス (Bartolomé de las Casas, 1474/1484?-1566) やグアマン・ポマ・デ・アヤラ (Guamán Poma de Ayala, 1534-1615) などを、植民地時代初期のトランスモダン思想家であったと述べている (Dussel, 2014: 25)。

　ドゥッセルや Grupo M/C のメンバーたちトランスモダン派にとって重要なのは、脱植民地的志向の歴史を明らかにするだけではなく、ラテンアメリカ文化史において固定化している既存の概念を徹底的に見直すことであり、西欧の「人種的優越性」という根拠のない自我肥大が、新大陸を征服する過程においてどのように拡大されたかを研究することである。

　ドゥッセルは、西欧至上主義は新大陸の発見とその富の収奪なくして起こりえなかったと考える (Dussel, 2014: 2)。イベロアメリカ地域研究者にとって、このドゥッセルの指摘は重要である。なぜなら彼の指摘に従えば、近代史の起点は 1492 年まで遡ることになり、それまで辺境的なものと捉えられていたイベリア半島史および新大陸史が近代初期の中心的な位置を占めることになるからである。

2　解放の哲学からトランスモダン思想もしくは脱植民地思想へ

　ドゥッセルは現代ラテンアメリカにおいてもっとも重要な思想家の一人である。この 60 年間、碩学の彼は多大なエネルギーを投じて、ラテンアメリカ人のアイデンティティやその定義を追求してきた。世界史の中でラテンアメリカ史をどこに位置づけ、ラテンアメリカの文化的なアイデンティティをどう定義し、なぜそれまでラテンアメリカ史が世界史の枠外にあるとされてきたのかを解明することに強いこだわりを持ってきた。

　同様に、なぜラテンアメリカにおける大きな悲劇が世界的にはさほど反響を

呼ばないのか、ラテンアメリカの民衆はなぜ貧困の中で生きる運命にあるのかを理解することが彼の目標であったが、これについては後述する。

　この命題に取り組むため、若きドゥッセルは西欧的教養から見て必要不可欠と思われる多くの古典および近代の書籍を読破した（彼が教育を受けた時代のアルゼンチンの教育は西欧至上主義でもあった）。彼はアルゼンチンの国立コルドバ大学で哲学、パリのカトリック大学で神学の二つの学位を得、さらにマドリッドのコンプルテンセ大学で哲学、ソルボンヌ大学で歴史学の二つの博士号を得ている。

　30歳で他のアルゼンチン哲学者たちと「解放の哲学」の運動を始め、50代初めから8年にわたってカール・マルクス研究に没頭した。それは彼自身なかば自慢まじりに、自分はベルリンで仕事をしているマルクス手稿の編集者以上にマルクスを熟知しているかもしれないと、語りうるほどのものであった（https://youtu.be/aqSHYoMwsrw, 1:15:00）。

　1979年、ジャン・フランソワ・リオタール（Jean-François Lyotard）が『ポストモダンの条件（La Condition postmoderne）』を著し、80年代はポストモダン論が一躍注目を浴びるようになるが、この時期のドゥッセルはマルクス研究に没頭しており、さらに1989年から2002年にかけて、ドイツの哲学者カール・オットー・アーペル（Karl Otto Apel）との濃密な論争に身を投じていた。ドゥッセルはこの時期のアーペルとの論争はきわめて有益で、1492年に始まる近代以後、辺境の地の哲学者と宗主国の哲学者がはじめて対等な立場で論を交わしたという点で重要であったと語っている（https://youtu.be/7JC5K6lckxl, 00:41:15）。

　このような状況の下、ドゥッセルは1998年にGrupo M/Cの研究者たちとの本格的な議論に初めて加わったのだが、「脱植民地化」の概念を推し進めることは、彼にとっては比較的平易な問題であった。アーペルとの議論と並行して、彼は世界各地の歴史学、政治学、哲学各分野の専門家との対話を継続していたからである。例を挙げると1993年にイタリアのジャンニ・ヴァッティモ（Gianni Vattimo）と「ポストモダンおよびトランスモダン論」について、1999年にスペインのアデラ・コルティナ（Adela Cortina）と「内面性と人類の未来の危機」について、2004年にアイルランドのジョン・ホロウェイ（John Holloway）と「政治的合理主義の危機」について、2009年に米国のイマニ

ュエル・ウォーラーステイン（Immanuel Wallerstein）と「世界システム論と21世紀の挑戦」について、2013年にはソウザ＝サントスと「「南」の認識論的脱植民地化」について論じている。ドゥッセルは今日、現代の西欧知識人と対等の立場で近代性及びポストモダンを論じうる、卓越した地位を確立している。

　2015年に80歳を迎えてもドゥッセルは衰えを見せることなく、精力的に講演等をこなしている。彼の近代とトランスモダンに関するダイナミックな研究を契機として、60〜70年代に活発におこなわれた「解放」をモチーフにした社会学的・神学的・哲学的論争はふたたび活性化された。膨大な読書量と執筆量にもかかわらず、ドゥッセルは書斎に籠もるだけの研究者ではなく、たゆみない旅人であり、中南米やヨーロッパだけではなくアジアやアフリカにも足を伸ばし、彼のような立ち位置の「南」の哲学者とも意見を交換し、世界認識を深めている。

　ドゥッセルの提唱した「脱植民地化」論は、その支持者のみならず反対派をも巻き込み、ポストモダン論・トランスモダン論もしくは同概念の周囲で様々な反響を呼び、ラテンアメリカのアイデンティティ分析のメソッドを豊かにし、「南」から見た新しい世界史を構築するための新たな独自の道を拓くことに貢献してきた。以下にこの「脱植民地化」概念が、ラテンアメリカ文化研究にどのような影響を及ぼしているか具体例を述べることにする。

　文学分野においてはラテンアメリカの現実からラテンアメリカのアイデンティティを考察するという点で、ドゥッセルに匹敵する人物としてペルーのアントニオ・コルネホ＝ポラール（Antonio Cornejo Polar）の名を忘れてはならないが、彼については後で取り上げるとして、ここではとりあえずドゥッセルとGrupo M/Cの思想について短くまとめる。

3　脱植民地化と多元的世界観（mundo pluri-versal）

　1980年代および90年代のポストモダン論争を発端として、1998年からドゥッセルは前述のミニョロ、キハーノ、グロスフォーゲル他のGrupo M/Cのメンバーらと共に新たな世界史像の構築を促した。文化研究の舞台におけるGrupo M/Cの登場は必然的にラテンアメリカ研究に新たな光を当て、同時に

そのことが多元的世界観への扉を開くことになったのである。

　先に述べたようにドゥッセルは、1492年のコロンブスの「新大陸発見」こそ、現代の「植民地主義」「西欧中心主義」「資本主義」および「近代」の起源であったと喝破し、「近代」の起源をルネッサンスやグーテンベルグによる印刷機の発明などのイノベーションに置く見解を根拠薄弱と見なす（Dussel, https://youtu.be/ml9F73wlMQE, 09:25-10:10）。

　ドゥッセルは1492年まで、この世界には西欧中心主義は存在せず、従って世界を単独支配するものはなかったとする。コロンブスがアメリカ大陸に到着した段階でも、まだ「一元的・普遍的なもの」は存在しなかった。であるからこそ、彼にとって「脱植民地化」とは多様性が奪われる以前の世界に戻るということなのである。ドゥッセルの研究は単にポストモダン論に対する反論というだけでなく、我々が生きる世界をよりよく認識させる概念を構築する上で重要である。

　ドゥッセルによれば、こうした「脱植民地化への転回」は1960〜70年代以後、ラテンアメリカのアイデンティティをめぐって展開したラテンアメリカ文学の「ブーム」、「解放の神学」、「解放の社会学」、「解放の哲学」、経済における「従属理論」さらには「被抑圧者の教育学（Pedagogía del Oprimido）」などをめぐる論議の結果としての認識論であるとする（Dussel, https://youtu.be/ml9F73wlMQE, 01:30-02:35）。

　エドワード・サイード（Edward Said）の『オリエンタリズム（*Orientalism*）』（1978）、ラナジット・グハ（Ranajit Guha）とガヤトリ・チャクラヴォーティ・スピヴァック（Gayatri Chakravorty Spivak）らによる一連のサバルタン研究、リオタールによる『ポストモダンの条件』などが出現する以前の1969年から1970年の時点で、すでにラテンアメリカ人がグローバリゼーションの地平について様々な考察をおこなっていたことはドゥッセルにとってきわめて興味深いことであった（Dussel, https://youtu.be/ml9F73wlMQE, 05:24-05:48）。

　ドゥッセルは1976年の著作『解放の哲学（*Filosofía de la Liberación*）』のなかで、彼はいわゆるポストモダン論議が盛んになる以前から、独自に「ポストモダン」という用語を使っていたのだが、後にリオタールの用法と区別するために「トランスモダン」という用語に切り替えたと述べている（Dussel, https://youtu.be/ml9F73wlMQE, 03:50-04-18)。

　彼の「解放の哲学」はフランスの哲学者エマニュエル・レヴィナス（Emmanuel Lévinas）の論じた「他者」の概念を元に、ラテンアメリカ人自らが自分たちはヨーロッパ人にとっての「野蛮な他者」と見なされてきた存在であると認識することから誕生したとドゥッセルは語る。すなわちラテンアメリカ人とは歴史から疎外、黙殺されてきた「他者」であったということである（Dussel, https://youtu.be/ml9F73wlMQE, 06:00-07:24）。

　ドゥッセルおよび Grupo M/C の主要メンバーにとって明らかなのは、

1. 西欧文化の優越性は現実的とは言えない。なぜなら 1492 年までは他のいかなる文化と比較しても優越的ではなかったからである。
2. 「近代（modernidad）」はコロンブスのアメリカ大陸到達によって始まった。なぜなら西欧は新大陸の富なくして航海術のさらなる発展もなく、アラブ世界に取って代わることはできなかったからである。
3. デカルトの「我思う、ゆえに我あり」という命題が「近代」哲学の始まりとはいえない。なぜなら「近代」は、すでにその約 150 年前のエルナン・コルテスの「我、征服す（ego conquiro）」より始まっているからである（Dussel, 2014: 15, 51-52）。
4. ヘーゲルがその著作『歴史哲学講義』において南欧を除外した際に、ラテンアメリカの存在もまた「歴史の外」に置かれてしまった。
5. 西欧個人主義は不自然なものである。なぜなら人間の共同体的側面を軽視しているからだ。
6. ラテンアメリカ社会においては一見、現在でも封建主義的要素が残っているように見なされることがあるが、実際のところそれは本来の封建制の残滓ではない。なぜなら資本主義は 1492 年の「発見」とともに誕生したからである。
7. 近代西欧文明の本質は人権を語りつつ奴隷制度を維持するなどのダブルスタンダードの容認である。
8. 近代哲学最初とされるデカルトの「我思う、ゆえに我あり」の命題は微妙な問題を孕んでいる。なぜなら当時劣等と見なされていた女性や

有色人種は、西欧人男性から「同等の人間」とは見なされておらず、「我」から除外されていたからである。
9.「野蛮人」「未開人」の概念は突き詰めて研究しなければならない。なぜならこの二つの概念は、非西欧世界の「他者」を対等に見ていないからである。

　20世紀の60年代から90年代は、ラテンアメリカ地域においてきわめて濃密な研究がなされた時期であった。60年代の終わりには「ラテンアメリカにおける思想の独自性の欠如」に関しての論争が起こった。その始まりはメキシコ大学院大学で、スペインの哲学者ホセ・ガオス（José Gaos）に学び、さらにメキシコ国立自治大学でレオポルド・セア（Leopoldo Zea）、ソルボンヌ大学でガストン・バシュラールに教えを受けたペルー人哲学者アウグスト・サラサール＝ボンディ（Augusto Salazar Bondy）によるものであったが、この論争が1968年から69年に「解放の哲学」へと結実していく（Dussel, https://youtu.be/aqSHYoMwsrw, 56:00-58:11)。それは後にポストコロニアル理論の先駆と呼ばれ、論争を呼ぶことになったサイードの『オリエンタリズム』の出版の10年も前のことであった。

　60年代から80年代におけるラテンアメリカの軍事政権の時代、ラテンアメリカでは夥しい数の知識人が政治亡命者として国外に逃れたが、その亡命の間も研究が停滞することはなく、むしろ亡命によって地理的境界を超えたことが相互に影響を与え合う結果をもたらした。ドゥッセル自身も1976年、アルゼンチン軍事政権を逃れてメキシコに亡命しており、メキシコ国籍を取得し、メキシコの大学で教鞭を執っている。

　1980年から1990年にかけて、彼はメキシコ国立自治大学の学生たちと共にレヴィナスの概念に照らしてマルクス理論の再解釈に挑み、その成果として現代のマルクス主義思想に新しい解釈をもたらしている（Dussel, 2003: 9）。一例を挙げると、従来の教条的マルクス主義解釈においては、アメリカ大陸における植民地経済システムは封建主義であり、商業資本主義ではないと見なされていたが、ドゥッセルはアルゼンチンのマルクス主義者セルヒオ・バグ（Sergio Bagú）が、すでに1949年の段階でこの解釈に疑問を投げかけていたことに着目し、ラテンアメリカ世界でのマルクス思想の教条的適用を批判し

ている（Dussel, https://youtu.be/ml9F73wlMQE, 12:00-13:15）。

　こうしたマルクス思想の再検討もふくめ、「トランスモダン」論はこの30年間にラテンアメリカにおいて経済・哲学・文学・文化に関する論議が活発におこなわれた成果として誕生した。その結果、多くのラテンアメリカ研究者の関心は、西欧世界にのみ眼差しを向けている感のあるポストモダン論よりも、植民地主義と近代主義との関連性をより明確にする方向に向けられている。

　今日、トランスモダン派の間では「西欧の優越性」からの脱却のみならず、「西洋の優越性」そのものに対する根本的な見直しが論議されるまでに至っている。西欧思想のダブルスタンダード性（ソウザ＝サントスの言ういわゆる「底知れない欺瞞（pensamiento abismal）」）およびあらゆる文化に西欧的価値が普遍的に適用できるとする傲慢さ、デカルトの「我思う、ゆえに我あり」のような過剰な個人主義、あるいはニュートンの提唱した「直線的な時間」や「進歩」という概念なども分析の対象となりはじめている（Sousa Santos, 2010: 70）。

　ここでは紙数の関係上「知の脱植民地の再構築」を提唱するソウザ＝サントスの著作『「南」の認識論（*Epistemologías del Sur*）』を論じることまではおこなわないが、同書においてソウザ＝サントスは西欧のダブルスタンダード性にたいする徹底的な再検討と、西欧の唱える「普遍性」幻想の解体を進めることと並行して、非西欧的な価値観の再評価を提唱していることを明記しておく。

4　19世紀メキシコ人作家クエジャールの中の「不存在の社会学」

　トランスモダン派と近い関係にあるソウザ＝サントスにとっては、非西欧圏における搾取を正当化する「底知れない欺瞞」の構造を暴くことこそ重要な課題である。彼は今日「第三世界」と呼ばれる地域からの富の収奪のために生まれた「略奪と暴力」が、いまや「先進国」の領域に逆流し、その結果、西欧の強欲に端を発した負の遺産の広がりを堰き止めうるはずの「人権」にも限界がきていることを示唆している。

　ソウザ＝サントスが提唱した言葉に「不存在の社会学（sociología de las ausencias）」がある。「存在しないものは意図的に「存在しないもの」として

つくり上げられる」とする概念である。ソウザ＝サントスは「資本主義は極めて巧妙に非ヨーロッパ人種や女性を劣等なものとして扱うことで利用してきた。とりわけ人種差別はより根深くつくり上げられた」とし、「この（人種差別的、性差別的）論理によれば、決定的に劣っているものは存在していないに等しい。であるからそういった劣った存在は劣っているがゆえに、優越している側にとっては選択肢にはなりえない」（Sousa Santos, 2010: 23）と述べる。

　トランスモダン派によれば、スペインとポルトガルは1837年に出版されたヘーゲルの『歴史哲学講義』以来、ヨーロッパ史の中心から「姿を消した」とされる。優越する西欧にとってスペイン、ポルトガルは存在しないに等しいものとする、この人為的「不在」の論理的帰結により、これらの「消された」地域の文化的特徴を分かちあうスペインとポルトガルの旧植民地の人々は、西欧「近代」からの疎外感を覚えることとなった。それは彼らの抱く先住民に対する優越感とあいまって、彼らの内部に複雑な感情を形成する。

　ラテンアメリカで生まれ育った者にとって、目の前にいる他者の存在をあからさまに否定するこの種の手法は日常茶飯事であった。19世紀のメキシコ人作家ホセ・トマス・デ・クエジャール（José Tomás de Cuellar）にその例を見てみよう。

　クエジャールはそのエッセイ「Después de Muertos（死者の日が明けて）」（クエジャール全集第IX巻：1890）の中で、メキシコ人が「死者の日」の行事に熱狂することを嘆いている。彼は「無教養なインディオやメスティーソが、死者の日に一年でもっともまずい焼き菓子やら、この世で最悪に醜く臭いマリーゴールドの花や蝋燭を供え、香を燻すことはまだ理解できる」としても「上流階級がもっとも卑しい階層の者たちと一緒になって、先祖の慰霊をこういった祭り騒ぎで祝うこと」に強い違和感を覚える（105-106）。

　クエジャールがメキシコ人のアイデンティティにとって欠かせない――日本で言えばお盆に相当する――地域の文化的伝統に根ざすこの行事を侮蔑するとき、ソウザ＝サントスの「劣っているものは存在していないに等しいゆえに選択肢にはなりえない」とする定義が鮮やかに当てはまる。クエジャールの時代には彼のような開明派であってさえ、インディオやメスティーソの土着的文化は、優越している西欧的価値の前では「選択肢にはなり得ない」存在だったわけだが、さらに事態を複雑にさせているのは、クエジャールにとってヘーゲル

により西欧の中心から除外されたスペインから伝わるカトリック文化もまた拭い去りたいものであったことだ。

クエジャールは小説『ナルシストのチュチョ（*Chucho El Ninfo*）』（クエジャール全集 V-VI 巻：1890）の中で、19世紀半ばのメキシコ市におけるメルセーの守護聖母の祭りについて、その宗教的情熱を詳細に描写しつつ、それにたいする批判を逆説的に繰り広げる。

クエジャールは「この行事は当時、祖国の他のいかなる栄光よりも民衆を熱狂させるものであった」（V巻：23-24）と述べ、下層の人々は「宗教的な熱狂に引き摺られ」「花火を成功させるために6カ月分の給料を前借りし」（V巻：23-24）、普段は怠け者の酔っ払いで貯蓄などしようとしない職人たちが昼夜を分かたず働き、「何が何でも優先的に」教会に寄進し（32）、「教会の入り口で集められる寄付は7倍ともなった」（38）と記す。

そしてこの祝祭に向ける教会の施策を以下のように厳しく批判する。すなわち教会の管理人は花火の費用をまかなうため「15世帯以上の貧しい借家人を差し押さえ」、その一方「物乞いに献金箱と献金皿を持たせ、地区を回って寄付を集めさせる」などして「レフォルマ戦争の後でさえ共和国政府や税務署がなしえないほどの」金額を集めた（32-33）と指弾するのである。

クエジャールは、スペイン系植民地世界は独立の獲得や共和制改革にもかかわらず、依然として何も変わっていないと嘆く。教会は強固な権力を保ち続け、人々の生活様式も昔と変わらない。物売りや貧しい職人たちに代表される大多数の民衆は、収入と支出を理性的に管理することができず、生涯を通じて借金を繰り返し、教会あるいはその他の祭りのために自殺的な行為に及ぶと指摘する。

クエジャールはこうした大衆の分別のなさこそメキシコの後進性の理由であるとし、この後進性を解決するには、民衆の生活や思考を近代化すなわち欧米化する以外にないとするのだが、ここで注目すべきなのは当時、メキシコの代表的な知識人であった彼を支配していた、いつまでたっても「西欧近代」に追いつけないとする、未来への展望が見通せない無力感、絶望感である。生まれながらの地域文化は「劣等」ゆえに価値を見いだせず、さりとて宗主国のもたらす宗教にも否定的感情を抱く宙吊り状態。この複雑な感情はラテンアメリカの当時の知識人に広く浸透していたものであった。

5　アントニオ・コルネホ＝ポラールと
　　ラテンアメリカ文化の「不均質性」

　ラテンアメリカで西欧中心主義的思考の見直しが始まり、「脱植民地化への転回」が意識されるようになった大きな契機のひとつにペルーの文芸批評家コルネホ＝ポラールの仕事がある。

　1994 年に上梓された『空に刻まれた文学——アンデス文学における社会文化的不均質性に関する試論（*Escribir en el aire: Ensayo sobre la heterogeneidad socio-cultural en las literaturas andinas*）』（以下『空に刻まれた文学』）は従来のラテンアメリカ文学の捉え方を一新させるものであった。

　コルネホ＝ポラールは『空に刻まれた文学』のなかで、広義の「ラテンアメリカ文学」とはスペイン語で記述されたものだけに限らず、先住民言語による口承も含むものであるとし、ラテンアメリカの本源的アイデンティティはそれまで思われてきたよりもはるかに複雑で、幅広く、深みのあるものであると指摘した。それはラテンアメリカ文学批評のパラダイム転換であった。

　コルネホ＝ポラールの指摘はさまざまな反響を巻き起こした。スペインの研究者ホセ・カルロス・ロビーラ（José Carlos Rovira）はコルネホ＝ポラールがもたらしたこのパラダイム転換を「不均質性と葛藤の言説（Heterogeneidad y discursos conflictivos）」のなかで論じている。

　ロビーラは、コルネホ＝ポラールがペルーのインディヘニズモ文学の代表的作家ホセ・マリア・アルゲダスの作品には「文化面での対立的な様々な要素をひとつに包摂しようとする語り手の姿がある」と分析したことを取り上げて、コルネホ＝ポラールは根本的な矛盾、すなわち「スペイン語による記述」と「先住民の口承」という異質な要素をはらむ、不均質なペルー文学を分析する方法を見いだしたと指摘する（Rovira, 1999: 107）。そして、それは「混血（mestizaje）や文化喪失（transculturación）」の論理に対抗する「不均質性の概念」であり、「文化の明白な多様性が奥深く豊穣であると同時に、対立的な混迷を生み出してきたような国の文学をより良く理解するための、十分に洗練された堅固な理論的・方法論的媒体」の確立であったと述べる（Rovira, 1999: 108）。

さらにロビーラは、コルネホ=ポラールがラテンアメリカ文化の形成過程に深い懸念を抱いていることを指摘する。それは 1940 年にフェルナンド・オルティスによって提唱され、1982 年にアンヘル・ラマによって再評価された文化受容の論理が、「文化の融合が重要な問題を取りこぼしたまま、強者の水準で構築され、被征服者側の文化が外縁に追いやられる形で収斂してしまう」ことであった（Rovira, 1999: 109）。それは、文化対立の問題はラテンアメリカにおいてすでに解決され、現在は異文化が共存し、すべてがうまく行っているという錯覚を作り上げてしまう危険性である。コルネホ=ポラールの言葉を借りれば、「（欧米文学、大衆文学、インディヘナ文学間の）対立的な混迷を軽視しようとするあらゆる意図は理論的欺瞞の一種」（Rovira, 1999: 109）に他ならないということである。

　ウルグアイの研究者マベル・モラーニャ（Mabel Moraña）は彼女の論文「空に刻まれた文学――不均質性とカルチュラル・スタディズ（*Escribir en el aire*, 'Heterogeneidad' y Estudios Culturales）」の中で、ポラールは「歴史の中で押しつけられてきた強者側のビジョンから別の解釈を見出し、調和や安定や均質性の議論を解体し、ラテンアメリカの文化対立を構成してきた緊張を把握し、19 世紀末の実証主義思想が押しつけた美しき融合や網羅主義や分類を破壊し、オルタナティブな歴史性を作り上げていくことができるような歴史的、文化的、文学的に些末な物語の意味を取り戻した」と述べている（Moraña, 1995: 282）。

　アメリカ大陸においては征服以後、平和であった時期はない。文化の衝突が消滅したかのように見えるときも、それは問題が解決されたのではなく隠されているのである。また一枚岩のように見える「偉大な物語」はしばしば無数の小さな真実を覆い隠してしまう。こうした「近代」主義者が目をふさいできた真実をえぐりだしたこと、それがコルネホ=ポラールの著作の真髄であるとモラーニャは述べる。

　コルネホ=ポラールの提唱した理論はラテンアメリカの現実から生まれたラテンアメリカにとって等身大のものである。衣服に例えるならば、それまでラテンアメリカはレディメイドの貸衣装をまとっていたが、この時はじめて自分自身のために縫製された服を意識するようになったといえよう。

　コルネホ=ポラールは文学理論のみならず、教育分野でも大きな仕事を実践

してきた。コルネホ＝ポラールは1985年にペルーの国立サン・マルコス大学に学長として就任し、彼の思想に基づいたラテンアメリカの新しい高等教育の形を模索している。

　ペルーの研究者ラウル・ブエノ＝チャベス（Raúl Bueno Chávez）はその論文「アントニオ・コルネホ＝ポラールとラテンアメリカ社会に開かれた大学――サン・マルコス大学学長としての経験（Antonio Cornejo Polar y la universidad popular latinoamericana, su experiencia como rector de San Marcos)」のなかで、いかにしてコルネホ＝ポラールが大学の新しいモデルを構想し、実現させたかを記している。

　コルネホ＝ポラールの理念は、従来のエリート層が望む一元的な西欧的価値観のもとで「優秀」とされるような学生ではなく、人種的、階級的に多様な、すなわち不均質な学生たちを積極的に受け入れることが「彼ら自身の備えているオルタナティブな情報」によって大学をより豊かにし、真に民主的なものとするというものであった（Bueno, 1999: 41-42）。

　1960年代のペルーでは、地方の下層階級の人々にも公立大学進学への門戸が開かれたが、その結果、上流階級の人々が私立大学へ逃避する現象が起こっていた。そのような状況の中でコルネホ＝ポラールは「新しい」ラテンアメリカの公立大学のあるべき姿を構想した。それは「既成の知識を型通りに流布する」（Bueno, 1999: 45）ことではなく、「教える側と教わる側の間の認識の相互作用」（Bueno, 1999: 45）の中で知識を生み出していくことである。コルネホ＝ポラールのモットーは「教えながら学び、学びながら教える」（Bueno, 1999: 45）であった。

　ブエノ＝チャベスによれば、コルネホ＝ポラールの理想は学生たち自身が「オルタナティブな知識を提案し、自信をもって推し進める」（Bueno, 1999: 45）ことであり、それによって「学びや知識の未知の領域を開拓し、さらに自ら発信し、理論にまで高める革新的な方法を啓蒙する」（Bueno, 1999: 45）ことであった。端的に言えば「世界の脱植民地化のための高等教育のモデル」（Bueno, 1999: 46）を教育実践のなかで創造しようとしたのである。

　しかし、このモデルは政府の協力を得られず、財政的な問題もあって実を結ぶことはなかった。コルネホ＝ポラールは学長就任からわずか1年数カ月後の1986年に、療養と研究継続のためにペルーを離れざるを得なくなる。彼は

活動を続けるために必要な支援を申し出てくれた理解者が存在する米国に向かい、ピッツバーグ大学とカリフォルニア大学バークリー校に籍を置く。彼の仕事は今日ラテンアメリカの文学・文化研究に重要な位置を占める研究誌『ラテンアメリカ文学評論（*Revista de Crítica Literaria Latinoamericana*）』のなかで継続した。彼は米国で10年を過ごし、ペルーに帰国した年の1997年に逝去した。

6　先スペイン期史の再構築

　ここにメキシコでの脱植民地化に則ったメソアメリカ文化見直しの一例を紹介しよう。2013年にメキシコ国立自治大学から刊行された、イッツァ・エウダベ（Itza Eudave）の『愛と穢れの間のトラソテオトル──古代メキシコの言葉とシンボルの植民地化（*Tlazohteotl entre el amor y la inmundicia: la colonización de la palabra y los símbolos del México antiguo*）』もそのひとつ。著者のエウダベはメキシコ国立自治大学のメソアメリカ研究者であり、「メキシコの脱植民地化のための研究会（Seminario de estudios para la descolonización de México）」の一員である、

　エウダベは同著において、16世紀のスペイン人宣教師たちがアステカ族の女神トラソテオトル（Tlazohteotl）を「医者や産婆の治療、土地を耕す農民、機織りの仕事などを司る」聖なる存在から「汚物や肉欲や恥ずべき男女関係を象徴する穢れた神」に変貌させてしまったプロセスを解き明かしている（Eudave, 2013: 61）。

　スペイン人が到来するまで、古代メキシコには「原罪」という概念も言葉もなかった。キリスト教的な「肉欲の罪」や「女性は男性を堕落させる存在」であるとする女性に対する蔑視、性を否定的に捉えるような概念はなかったとエウダベは指摘する。しかし、それでは宣教師たちはキリスト教の布教ができない。そこで「原罪」の概念を広めるため、ナワートル語で「傷つける」という意味の言葉「トラトラコリ（tlahtlacolli）」を強引に「原罪」としてしまい、愛と性を司る女神であるトラソテオトルをこの「原罪」に結びつけた。

　本来トラソテオトルは「肉欲の罪」などとはほど遠い存在だった。むしろ地上でもっとも聖なる神であり、月の神であり、大地の神でもある。さまざまな

名前を持っており、時には「あらゆるものの偉大な母、または祖母」たるトシ（Toci）であり、「聖なるものの神、神の中の神」テテオ・イナン（Teteo Innan）であり、「出産の神」シワコアトル（Cihuacoatl）であり、「多産と愛の神」ショチケツァル（Xochiquetzal）であり、「竈の火の守護神」チャンティコ（Chantico）であり、「若きトウモロコシ神の母である大地の女神」トラソルテオトル（Tlazolteotl）でもある。（Eudave, 2013: 50-53）。

多くの場合、先スペイン期の聖性は二重性どころか三重性、四重性を持ち、しばしば西欧人の目には矛盾して映る価値観を備えている。そこで、スペイン人たちは本来、地上でもっとも聖なる神であり、多産と愛の神であるはずの女神を、同時に排泄と汚物の神であり、恥ずべき男女関係を象徴する神としてしまうことにさしたる矛盾を覚えなかった。それはけっして、たんなる無邪気や誤解だけではなかったのだが。

エウダベはフランシスコ会宣教師のトリビオ・デ・ベナベンテ・モトリニア師（Fray Toribio de Benavente Motolinía, 1492-1569）こそが、最初にトラソテオトルにこのような誤った定義を当てはめた人物であるとする（Eudave, 2013: 41）。トラソテオトルに関しては、植民地時代の300年間を通じてこの歪曲された解釈がまかり通り、近代に至り、より適切な考古学的解釈が出てきても、なおその誤解は20世紀末まで続いていた。1989年の段階でも研究者の間でさえ、たとえばノエミ・ケサダの著作『アステカ人の恋愛観と愛の呪術（Amor y magia amorosa entre los aztecas）』などにそれが見られる（Eudave, 2013: 53）。

エウダベは様々な年代記作家の残した記録や古文書、考古学的な研究を再読・分析し、さらには先スペイン期から伝わる宗教儀式の歌詞を読み込み、先住民の口承を受け継いでいる人々に取材することによって、女神トラソテオトルに本来の輝きを取り戻した。すなわち女神トラソテオトルとは「穢れや肉欲とは何の関係もなく」（Eudave, 2013: 119）、それどころか「快楽の罪などを戒めることなく、愛や性を司るものであり、（中略）精神的なものも肉体的なものも含めてあらゆる形においての愛のシンボルであった」と断じたのであった。

この結論はメキシコ人にとって衝撃的なものであった。なぜならそれは現代のメキシコ社会に色濃く染みついている女性蔑視、男性優先のマチスモが先住民の時代から続いてきた呪縛ではないことを明らかにし、人々をマチスモの宿

命という強迫観念から解放する可能性を示したからだ。脱植民地化とはまさにそういうことである。自らの文化の現実のうちにそれまで気づかなかった別のものを発見することなのだ。

おわりに

　植民地主義のロジックは、西欧世界に属さないものをシステマチックに黙殺するがゆえに、ラテンアメリカで生まれた哲学が、世界の哲学界の中で亜流の扱いを受けることになったことは意外なことではない。ドゥッセルはこの植民地的現実を乗り越え、ラテンアメリカ哲学を世界の哲学の中心的課題のひとつとして位置づけることを実現するべく、より一層努力することを表明している。
　なぜ、ドゥッセルはラテンアメリカ哲学が世界の哲学界の主流に入ることが不可欠であると考えるのか。
　第一に「ラテンアメリカというもの」の世界史における位置づけを改めて自覚的に考えるべきだからである。
　第二に自らの現実（ポジティブな面と同時に貧困に追いやられ虐げられた者としてのネガティブな面をも）を哲学的に思索するべきだからである。
　第三に「世界の主流の哲学界」の議論の中に入ることによってこそ、西欧に対しての問いかけをおこなっていくことが可能であるからだ。
　もはや「ラテンアメリカ思想史」というだけでは十分ではない。西欧とは別の現実として、いまだに徹底して疎外されているラテンアメリカ哲学の想いを世界にぶつけるためには、あえて西欧の土俵に入り、西欧主流の哲学界の用語や問題提起の手法や方法論を駆使することが必要なのだ。ラテンアメリカが西欧哲学に突きつけているこの命題こそは、いまだかつて「他者」の立場から、自らを考えたことのない西欧哲学の側が、新しい方法論的な視点を開拓する、革新的・普遍的な哲学的範疇を繰り返し創造していくことを余儀なくさせるのである。
　このドゥッセルの挑戦と「脱植民地化への転回」による新たな世界史の解釈は、ラテンアメリカがいかに大きな変貌を遂げてきたかを示している。それはこの地域の思想家たちがいままでに成し遂げてきたことの集大成であり、後戻りすることはない。これからの世界史は、敗者の視点・歴史から疎外されてき

た人々の視点を抜きにして語られることはないであろう。

　ここまで述べてきたような、ドゥッセルやGrupo M/Cの研究者たちの先駆的な活動によって、ラテンアメリカ人の自らの文化に対する姿勢は大きく変わり始めている。ごく最近まで多くの知識層を蝕んでいたペシミズム(『空に刻まれた文学』の中でコルネホ＝ポラール自身が論じたインディヘニスモ文学を参照) はしだいに影を潜め、現在、我々が目にするのは前向きかつ創造的な姿勢である。

　ラテンアメリカ人にとって「後進的」と見られることはすでに悪夢ではない。すなわち「野蛮」を排除し、より「文明的」な世界に近づこうとしている人類の長い列のしんがりに自分たちがいるという積年の劣等感から脱しつつあるといえよう。

　もはやラテンアメリカ人は「人類の進歩」という普遍性を装った神話には束縛されない。いま、この地域で人々が、よりよい条件のもと生存し、生活を継続できる社会を築くには、西欧というお手本を無批判的に敷衍するのではなく、西欧的価値観とのあいだに冷静な距離を置きつつ、なにはともあれ自らの現実の上に立脚すること、すなわち脱植民地化こそ有効であると理解し始めている。

　世界的にあらゆる思想、価値観が変化している時代状況の中で、ラテンアメリカが育んできた思想、哲学は、いま重要な役割を果たそうとしている。これからのイベロアメリカ研究者の取り組むべき課題は多い。

謝辞　本稿は、河邉真次先生、真鍋周三先生、川田玲子先生、浅香幸枝先生から有益なコメントを頂き、感謝いたします。
さらに、八木啓代氏と長谷川裕氏には文章の推敲に際して大いに助けて頂きました。ここに深く感謝の気持ちを表します。

引用・参考文献

Bueno Chávez, Raúl, 1999, "Antonio Cornejo Polar y la universidad popular latinoamericana, su experiencia como rector de San Marcos", *Revista de crítica literaria latinoamericana*, No.50, pp.41-49.

Cuellar, José T. de, 1890a, *La linterna Mágica: Historia de Chucho el ninfo*, Tomos V-VI, Barcelona: Tipo-Litografía de Hermenegildo Miralles.

―――, 1890b,"Después de muertos" en *La linterna Mágica: Artículos ligeros sobre asuntos transcendentales*, T.IX, Santander: Imprenta y litografía de "El Atlántico", pp.100-115.

Dussel, Enrique, 2014, "Anti-Cartesian Meditations: On the Origin of the Philosophical Anti-discourse of Modernity", *Journal for Cultural and Religious Theory*, 13.1, pp.11-53.

Eudave, Itzá, 2013, *Tlazohteotl entre el amor y la inmundicia: la colonización de la palabra y los símbolos del México antiguo*, México: Universidad Nacional Autónoma de México.

Grosfoguel, Ramón, 2013, "The Epistemic Decolonial Turn. Beyond Political-economy Paradigms" in Mignolo, Walter D. and Arturo Escobar, eds., *Globalization and the Decolonial Option*, New York: Routledge, pp.65-77.

Moraña, Mabel, 1995, "*Escribir en el aire*, 'hetereogeneidad' y estudios culturales", *Revista Iberoamericana*, LXI/170-171, pp.279-286.

Rovira, José Carlos, 1999, "Heterogeneidad y discursos conflictivos", *Revista de crítica literaria latinoamericana*, No.50, pp.107-111.

Sousa Santos, Boaventura de, 2010, *Descolonizar el saber, reinventar el poder*, Montevideo: Ediciones Trilce.

VIDEO

"Entrevista a Enrique Dussel. Imágenes de la Filosofía Iberoamericana" https://youtu.be/7JC5K6lckxl（最終閲覧日 2018 年 3 月 31 日）

"E. Dussel explica la teoría: El Giro Descolonizador (The Decolonaizing Turn)" https://youtu.be/ml9F73wlMQE（最終閲覧日 2018 年 3 月 31 日）

"Enrique Dussel. Biografía intelectual (documental)" https://youtu.be/aqSHYoMwsrw（最終閲覧日 2018 年 3 月 31 日）

第3部
課題に挑戦する世界

第 10 章

辺境地の実態から見直すべきコロンビアの和平プロセス

幡谷則子

はじめに

　コロンビアはラテンアメリカ域内でも「豊かな国」の一つである。南米 2 位の市場規模をもち、資源・エネルギー、インフラ部門の開発投資のポテンシャルが高いことが現代の日本にとっては魅力となっている。しかしながら、対日関係、経済に限らず、文化、教育などの側面においても、コロンビアが抱える治安問題が長年の課題であった。ところが、2016 年に国内最大規模の左翼ゲリラ組織、コロンビア革命軍（Fuerzas Armadas Revolucionarias de Colombia：以下 FARC）と政府との和平プロセスが進展したことによって、同国のイメージにおける最大の弱点であった、治安問題と暴力の克服への可能性が国際的に報じられ、国際社会の注目を集めた。コロンビアの対外的イメージの改善への期待がにわかに高まったのである。
　本章では、まず、コロンビアがもつ経済的な可能性への期待を整理したのち、今日、和平プロセスが進展しているという一般的な国際社会の認識について、コロンビア国内の実態に照らして考察し、中央政府の展望と国内の辺境地域における現実との乖離があることを明らかにする。そして、外から想像され、創造されてゆくイメージは、その時々での受け取る側の利害関心に影響されたフレームによって切り取られているにすぎないこと、そして、現実社会は、長期

的視座に立ち、総合的なアプローチによって理解されなければならないことを結論づけたい。

1　コロンビア経済の魅力と期待

「ゲリラ、麻薬、治安問題」が過去半世紀のコロンビアに対するステレオタイプとして定着してきた負のイメージである。コロンビアは資源、国土面積、人口規模でも南米第2位の市場規模とみなされ、南米市場における経済的ポテンシャルは常に高かった。1960年代から70年代にかけて日本企業の対コロンビア進出は拡大していったが、「麻薬戦争」の時代から「治安問題」が悪化し、日本企業の投資活動も人的交流も冷え込んでいった[1]。

しかしグローバル化が進んできた1990年代以降は、日本の財界も政界も、コロンビアを、資源保有国、貿易市場として日本と連携し得る国として再び考えるようになった。米国との同盟関係を重要視する日本政府にとっては、親米、自由主義経済政策を維持するコロンビアは、2000年代、南米諸国に反米左傾化の政治動向が強まったときも、経済連携国としてむしろ比較優位をもつ国とみなされた。左翼ゲリラ勢力との和平交渉には過去何度も揺れ戻しがあったが、2012年以降のサントス政権のFARCとの和平プロセスの進展に伴い、政府の「ポスト紛争」宣伝戦略が奏功し、日本政府も企業も、コロンビアに熱いまなざしを注ぐようになってきたのである。

1・1　消費市場としての期待

第一に、コロンビアは、ラテンアメリカおよびカリブ海諸国（Latin America and the Caribbean：以下LAC）においてはブラジル、メキシコに次いで域内で第3位の人口規模をもつ（2018年の推計でおよそ4950万人）。都市化率は79%で、首都ボゴタ（約800万人）のほか、100万人を超える中核都市が複数あることも多様な消費市場の存在を裏付ける[2]。

第二に、2018年5月にOECD（経済協力開発機構）に加盟したことによって、対外的にコロンビアの経済発展水準が認知された点が重要である。コロンビアはLAC域内平均と比較してGDP成長率が高く、2008-09年のリーマンショック時の世界的経済危機の影響からも相対的に早く回復した（図1）。

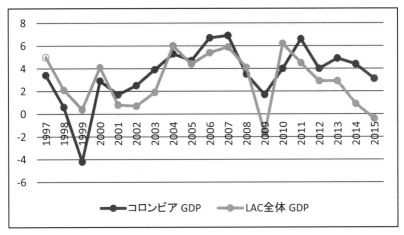

図1　GDP 成長率（%）の推移 1997-2015 年（コロンビアと LAC 全体の比較）
出所：CEPALSTAT（http://estadisticas.cepal.org/cepalstat）より筆者作成

　OECD（2017）の分析によれば、一人当たり GDP 成長率においても 2000年から 2015 年までの平均成長率は約 3.0% で、貧困率も 2002 年から 2015 年の間に 50% から 28% に低下している（OECD, 2017: 10）。他方で、コロンビアは極めて格差の著しい社会である。Gini 係数によって測った所得分配不平等度では、LAC 域内のワースト 3 位以内に位置することが多い（2017 年の世銀データによれば、0.53）。

1・2　資源開発における期待と課題

　コロンビアは、20 世紀半ばから堅調な工業化を進めてきた。コーヒーを中心とするモノカルチャー構造からの脱却をめざし、経済多角化を推進してきた。だが 1990 年代のグローバル化の進展と、2000 年代の中国を中心とするエネルギー資源の需要増から鉱物資源ブームが起こると、石油・鉱物産業部門を中心とする採掘経済重視の経済開発戦略にシフトした。

　コロンビアは南米随一の石炭生産国であるほか、金の生産でも域内第 5 位を誇る。さらに、南米で稀少なプラチナと関連鉱物資源にも恵まれ、ニッケルとニッケル鉄の世界最大の産出国である（British Geological Survey, 2016）。石油メジャー誘致による新油田の開発や、金・プラチナ、コルタン、モリブデンなどの採掘にも高い可能性があることから、グローバル市場の需要

において極めて魅力的な国となった。

　ウリベ政権第2期に政府は鉱山エネルギー部門を重点部門に定め、法整備や技術支援などのてこ入れを行っている。

　コロンビアでは、2001年に改正に関する様々な論争を経て、新鉱山法（法律第685）が制定された。鉱山法改正は、民間資本、特に多国籍資本の招致を促すためのものであった。新鉱山法では、鉱物資源埋蔵が見込まれる土地へのアクセスに関する国家の統制を緩和し、民間資本にコンセッション（採掘権）を譲渡する手続きの簡素化を明示している。規制緩和措置により、過去20年で多国籍鉱山開発企業の存在は拡大した。鉱物資源の埋蔵が推計される土地の大半に対して、現在コンセッションが与えられている。

　だが課題もある。国内で操業する多くの鉱山が小規模開発業者の手によるが、これらの技術は前近代的な手工業的なものが多く、生産性も低く、法的にも弱い立場にある。現在操業中の小規模鉱山が、例えばコンセッションを獲得した多国籍企業による大型露天掘り開発予定地にある場合、土地の権利を持たない小規模開発業者とそれを生業にするコミュニティは、大規模開発の稼働によって、移住せざるを得ない。鉱山開発は土地権利をもたない農民にも影響を及ぼす。コンセッションの譲渡は当該地の収用につながり、その地で耕作をしてきた農民の土地に対する権利の承認を阻むことになる。

　ウリベ政権期の政策方針は、サントス大統領にも踏襲された。石油以外の鉱物輸出を牽引するのは変わらず石炭であるが、金、レアメタル系も堅調である。さらに鉱物資源部門の管轄機関が改編され、2012年に国家鉱業庁（ANM：Agencia Nacional de Minería）が創設され、鉱山エネルギー省の強化をはかった。2000年代の鉱物資源ブームが去ったのち、一時期生産は落ち込んだが、2016年には回復傾向に向かった。鉱山エネルギー省によれば、2016年は石炭が9050万トンという至上最高の記録的生産高をあげた。2016年現在、鉱物輸出は、総輸出額のおよそ3分の1に及び、2017年の第3四半期の対GDP比率では、石炭が1.25％、その他の鉱物生産が1.90％である★3。

　さらなる課題がある。多くの地域で違法鉱業があとを絶たず、政府の取り締まりも追いつかない状況にある。浚渫機を用いた河川での川床破砕による違法掘削や、水銀の違法使用など、環境汚染も深刻化している。違法鉱業には様々な武装した違法採掘・密輸業者の組織犯罪グループが関与してきた。チョコ県

の一部、プトゥマヨ県、マグダレーナ川中流域、カタトゥンボ地域やメタ県、カサナレ県、アラウカ県などは、2017年現在もその存在が顕著であるが、これらは同時にFARCが今回の和平プロセスに入る直前までその勢力下に置かれていた地域であった。これらの地域には豊富な金鉱脈の存在が知られているが、これまで治安の問題から、企業はコンセッションを譲渡されても、探査に進めないケースがあった。その間、多様な違法採掘業者が侵略し、地域住民が日雇い労働者として関与する一方で、違法行為摘発の地元リーダーが暴力を被ることもあった。FARCとの和平合意後も状況は解決されず、一部ではさらに緊張が高まっている。

　新大統領ドゥーケ（2018年8月就任）は、ウリベ、サントス両政権と同じく、民間資本による鉱業エネルギー部門の開発推進派であり、さらなる石油探査と採掘への投資の増大をめざすであろう。現在違法鉱業が集中する（元）紛争地では、ANMが正規化プログラムに着手しているが、政権交代後も、この問題は大きな課題となるだろう。

1・3　アジア太平洋時代の貿易相手国としての期待

　コロンビアは、アンデス共同体（Comunidad Andina：CAN）やラテンアメリカ統合連合（Asociación Latinoamericana de Integración：ALADI）の加盟国で、これまでLAC域内での経済関係強化を図ってきた。

　同国は工業政策と貿易政策において保護主義を貫いてきたが、グローバル化の進展とともに、自由化路線に転換した。1995年にメキシコとの間で初めて自由貿易協定（FTA）を発効させ、2000年代はFTAを軸とした開放経済路線に傾倒してゆく。2009年にチリ、2009-2010年に中米北部3カ国、2005年に南米南部共同市場（メルコスール）4カ国とのFTAを発効させた。難航していたカナダ、米国とのFTAもそれぞれ2011年、2012年に発効させ、欧州諸国とのFTAネットワークも構築した。2017年11月末時点で49カ国と13のFTAを発効させている。近年は、輸出先や投資誘致対象国の多角化をめざし、アジア太平洋地域を重視してきた。コロンビアは、環太平洋地域圏に対する地域統合をめざした太平洋同盟（Alianza del Pacífico）に活路を求めた。

　太平洋同盟においてコロンビアが当初めざしたのは、第一に、米州におけるメルコスールをしのぐ最大の貿易ブロックの形成、第二に対アジア貿易戦略へ

の優位性の確保、第三に貿易と投資の拡大にあった。しかし、太平洋同盟諸国間の貿易と投資の拡大幅は相対的に期待薄であった★4。なぜなら、コロンビアと太平洋諸国間の輸出は、2012年時点で同国の総輸出額の8％、輸入でも14％にすぎなかった。投資への期待は相対的に高いとみられたものの、ペルーやチリの大手企業と手を結ぶことができるのは、コロンビア国内の大手企業に限られ、企業間格差是正や非伝統的製造業部門におけるイノベーションには直結しなかった。

　アジア諸国にとり、貿易上の魅力という点では太平洋同盟諸国のなかでコロンビアは劣位にある。チリとペルーは供給できる輸出品目の種類・量ともにコロンビアを引き離している。メキシコにいたっては、すでにアジア諸国とは製造業ネットワークにおいて競争相手としての存在である。コロンビアは石炭と石油を有するが、目下の主要搬出口は大西洋側である。太平洋岸からの輸送ルートとインフラ、物流管理の面での諸条件が改善されず、すでに限界に近い大西洋岸からの港湾輸送力が改善されないかぎり、輸出コストの面で不利な状況は続く（幡谷、2014）。

　太平洋同盟を基盤にアジア太平洋諸国との連携強化・貿易拡大をめざすという路線は、今後も引き継がれるだろう。実際、2017年に議長国となってからは（2017年6月から1年間）、コロンビアはリーダーシップの発現によって、太平洋同盟の準加盟国★5（オーストラリアなど）との連携強化に努めてきた。アジア諸国としては、韓国とのFTAに2013年に署名し、2016年7月に発効させている。日本との経済連携協定（EPA）交渉も2012年12月から開始しているが、両国のセンシティブ品目についての市場アクセスなどについて、未だ協議調整中である。しかし2018年12月に日・コロンビア租税条約が締結されたことは、EPA最終合意にむけて建設的な一歩であることに相違ない。

2　FARCとの和平合意と 「紛争後コロンビア」への期待と現実

2・1　歴代政権の和平政策

　20世紀を通じて、和平交渉の取り組みはことごとく頓挫した。ウリベ政権は、FARCに対しタカ派路線を掲げ、徹底的な軍事抗戦で臨み、FARCの軍事力

表1 歴代政権の和平政策

年	政権名	主な政策と成果
1982～1986	ベタンクール（保守党）	FARCとの和平交渉に着手、1987年に決裂
1986～1990	バルコ（自由党）	麻薬密売組織のテロに対する「麻薬戦争」宣言。
1990～1994	ガビリア（自由党）	制憲議会召集、M-19ほか主要ゲリラ組織の武装解除、パラミリタリーの拡大、トラスカラ（メキシコ）会議頓挫
1994～1998	サンペール（自由党）	大統領選挙の収賄問題が発覚、和平政策は進展なし。
1998～2002	パストラーナ（保守党）	サン・ビセンテ・デ・カグアンでの対話交渉の失敗
2002～2010	ウリベ（コロンビア第一党）	軍備増強、徹底抗戦路線を展開。パラミリタリーの集団的武装解除、2005年「公平・和平法」、CNRR（全国紛争被害者補償・和解委員会）設立。
2010～2018	サントス（国民統一党）	2011年「紛争被害者および土地返還法」、対話路線再開。キューバ、ハバナで和平交渉によるFARCとの合意文書作成（2016年8月）。国民投票否決。新合意文書が国会で承認（同年11月）。

出所：筆者作成

を弱体化させた（表1）。

2・2 サントス政権のFARCとの和平合意

サントス大統領は就任後、コロンビアのゲリラに対するタカ派路線から再び対話路線に舵を切った。ゲリラに対する軍事的徹底抗戦を掲げていた前ウリベ大統領（現上院議員）は、与党とたもとを分かち、2013年に独自の民主中道党（Partido Centro Democrático：CD）を結党した。以後、国政ではウリベ派と与党サントス派との分裂が続いている。

2012年10月にオスロにて、ノルウェー政府の仲介のもと、FARC幹部と政府代表との間で事前和平交渉がもたれ、ハバナで和平交渉が継続される方針が決まった。サントス政権は4年の歳月をかけ、2016年9月末、和平合意文書を作成した。その内容は、終戦後のFARC兵の社会復帰、紛争被害者への補償、国民和解という紛争後社会の構築をめざすだけでなく、武力紛争の原因である社会格差、特に土地問題をはじめとする農村の発展や、政治体制の多元化など、コロンビアの構造的諸問題に対する政策アジェンダを掲げたものであ

った。しかし、サントス政権への支持率の低迷や、和平プロセスそのものへの国民の不信感または無関心が都市部を中心に広まっていたことも事実であった。和平合意文書は、10月2日の国民投票において僅差で否決され、国際メディアには大きな衝撃であった。その後、同合意文書には多くの修正が施され、2016年11月末にようやく国会で承認された。和平プロセスは2016年末にFARCの武装解除の開始までこぎつけた★6。

2・3　合意後の国政二極化と選挙にみる世論の分断

　FARCと政府の和平合意内容に対する反対派の政治キャンペーンは、FARCに嫌悪感をもつ人々や、サントス政権に不満をもつ市民の間に広く浸透していった。同時に、半世紀以上辺境地で展開された紛争そのものへの都市住民のアパシーもあった。サントス政権の支持率は、和平プロセスの進展中も低迷し続け、和平合意後には、政府の汚職が発覚したこともあり、20%台にまで落ち込んだ。

　2018年3月の国会議員選挙では、ウリベ派が率いるCD党が保守党とタッグを組んで圧勝した。自由党から分離し、ウリベとともに全国統一社会党（Partido Social de Unidad Nacional、通称U党）を立ち上げたサントス政権の勢力は連立諸党と合わせても過半数には至らなかった。一方、伝統的二大政党（自由党、保守党）には与しない市民運動を基盤とした緑の党（Alianza Verde）が躍進した。左派も一枚岩ではなかった。「もうひとつの民主の極」党（Polo Democrático Alternativo：PDA）が分裂し、ペトロ候補は独自の政治運動を立ち上げて大統領選に立候補したのである。

　5月の大統領選挙では、ウリベ派のドゥーケ、緑の党とPDAの連立を組み、市民運動を基盤に戦ったファハルド、左派のペトロが得票数で上位3位までにつけたが、いずれも過半数に至らず（ドゥーケ39.14%、ペトロ25.09%、ファハルド23.73%）、決戦投票では右派のドゥーケと左派のペトロとの一騎打ちとなった。左翼ゲリラM-19の出身であることと、ボゴタ市政での手腕に対する懸念から、ペトロの得票は伸びなかった。投票率が決戦投票でもほぼ変わらずコロンビア史上まれに見る53%であったことも注目された。これは、反ドゥーケ派がペトロに投票した分、投票率を底上げしたという見方がある。他方、ドゥーケ候補が54%で勝利したことは、第1回目の投票で伝統政党路

線に与しないファハルドに投票した選挙民のうち、結局はより多くが右派の支持に回ったとも解釈できる。左翼ゲリラの結成の背景に、伝統的二大政党を中心とする寡頭支配体制への抵抗運動があったことを想起すると、コロンビアの政治体制は、依然として盤石な伝統政党の支持基盤に支えられているのかもしれない。和平プロセスに不安が生まれた時点で、選挙民の多くが、その盤石な体制を選んだ、ということができる。

3 和平合意後の展望
―― 紛争の根源的問題としての土地問題への取組み

3・1 1990年代までの土地集中と武力紛争の状況[7]

コロンビアの紛争の根源は、スペイン植民地支配の遺制として独立国家に残った大土地所有制に支えられた富の集中化に求められる。この傾向は、国内紛争の結果さらに著しくなった。国内紛争によって強制移住を余儀なくされた農民たちは、移住先（主に都市部）で不利な就業条件のもとで働かざるを得ず、さらなる搾取を受けた。紛争が農村に与えるインパクトは、開発モデルの文脈で理解する必要がある。経済効率性を追求する開発モデルは、グローバル資本を優遇し、さらなる富の集中化を生み、結果として農民は一層困窮する。農村部にはこれまで四つのタイプの投資が行われてきた。アグロインダストリー企業（主にアブラヤシと木材）、非合法作物栽培（コカ）、粗放的牧畜業、鉱物・エネルギー資源開発の4類型である。資源を支配するものと、極めて低価格で労働を提供するものとの関係性において成り立つこうした開発のありかたは、大企業（資本）を利するのである（Fajardo, 2006）。

土地への平等なアクセスはFARCはじめ左翼ゲリラ組織が掲げる目的の一つであったが、同時に紛争があらたな社会的排除と不平等を生んできた。農村部での土地所有権の集中は、実にジニ係数で0.86にも及んでいる（Ibáñez and Muñoz, 2012: 301）。

サントス政権とFARCとの和平合意の柱の一つは「総合的農村開発」であり、土地問題が政策アジェンダとして浮上した。にもかかわらず、政府の土地政策について、これまでの方針を変える姿勢や政治的意思は認められない。以下ではFARCとの和平プロセスが進む中で進められた土地に関する法制化の動き

を取り上げ、課題を指摘したい。

3・2　紛争被害者への土地返還法（1448/2011）

　本法律は、国内武力紛争による被害者の権利の認識と補償を促進するための重要な一歩であった（Uprimny and Sánchez, 2010）。主たる目的は土地の再分配ではなく、近年の武力紛争によって被害を受けた被害者の権利を修復し、回復することにある。同法には国際人権擁護の理念の反映という点で一定の評価はあるが、以下の制約もある。

1) 被害者の範疇に関する制限。紛争被害者登録制度を、1991年以降強制移住や土地剥奪を受けたものに限っていること。
2) 返還される所有物の範囲に対する制約。法が定める返還対象は土地のみであり、その他の所有物、家屋、作物、家畜そのほか失われた被害者の私有財産は認められない。
3) 返還可能性を制限する手段を含むこと。当該地の現在の使用者は土地占拠や剥奪には関与していないことが立証されたときには、当該地を使用し続けることができる。

　以上の制約に対する批判があるにせよ、同法は、累積800万人と推計される被害者に対する補償と権利の回復を規定する法律である。2017年11月末までに「土地返還庁」（Unidad de Restitución de Tierras）は10万9902件の土地返還要請を受け付けたが、実際に返還されるまでの道のりは険しい★8。煩雑な書類確認が義務付けられており、要請件数のうち約30%が最終段階まで進まないという。土地返還法は10年間の時限立法であることも考慮する必要がある。土地返還手続きは、期待されたほどは進んでいない。紛争が激しかった地域では、土地返還要請を提出した農民組織リーダーが抑圧を受け続けている。地方のエリート層には、土地返還が土地再分配政策と解釈され、伝統的な土地集中に基盤を置いて獲得されてきた彼らの権力への脅威に映るのである。

3・3　ZIDRES法（2016年法律第1776号）

　「農村の経済的社会的開発のための地域」（Zonas de Interés de Desarrollo Rural Económico y Social：ZIDRES）を規定する同法は、国

会で法案が通過してまもなく左派政党から、同法が農民経済と農民の生業を考慮していないという点で、批判の的となった。

　同法によれば、ZIDRES は耕作・生産を開始するための造成に多額の投資を必要とするような地域に設定される。ゆえに、ZIDRES 開発プロジェクトの提案者は、開発権を得て土地を利用するかまたは国家が管理する未開墾地「バルディオ」（baldío）★9 を貸借することができると定められている。

　ZIDRES 法を違憲であると訴えた人々は、生産プロジェクトの提案者（企業法人）が「バルディオ」にアクセスできること自体、土地無し農民の土地へのアクセスを阻害すると指摘する。「バルディオ」ではそもそも企業型開発プロジェクトによる開墾は禁じられていたはずであるから、公的資源に対する違法行為であると主張する。ZIDRES で推進される開発プロジェクトにおいては、農民は単なる賃金労働者となり、土地使用と管理、および農民経済と家族農という生産様式において自治権を失うことになる。憲法では、農民経済の文化的、伝統的アイデンティティは保護されているが、ZIDRES 法では、これに関する言及が一切ない。さらに、エスニックグループや土地返還過程にある紛争被害者に対しては、第三者が提案する開発プロジェクトに先立ち事前審議をすべきであるという規定があるにもかかわらず、この点が看過されているのである★10。

3・4　新土地法案（現行の農地改革法 1994 年第 160 号の改正法案）

　サントス政権は、FARC との和平合意の柱である「総合的農村開発」を推進するための法的枠組みを用意するために同法案を提出したと主張した。法案はすでに上院の当該委員会で検討され、2018 年 6 月現在は「和平合意最終文書のフォローアップ、推進、確認、実行委員会（Comisión de Seguimiento, Impulso y Verificación a la Implementación del Acuerdo de Paz：CSIVI）」が検討中である。Peña & Parada（2017）は、本法案の抱える問題点として以下を指摘している。

1) 新土地法が定める土地権利受益者登録システム（Registro de Sujetos de Ordenamiento：RESO）は、土地政策の便益を得る対象者を割り出し、優先順位をつけるものである。
2) RESO は農民の土地アクセスに対して「受益者」概念を適用し、土

地再分配の基盤であった「家族」概念を抹殺するものである。これにより、農村開発を推進する単位であった、家族農単位（Unidad Agrícola Familiar：UAF）★11 の概念を変えてしまう。
3）新法では、本来土地法の恩恵を受ける対象となるべき人々以外の個人が、有償によって「バルディオ」を獲得することを認めている。
4）企業型生産プロジェクトに対しては、土地所有権の譲渡なしに、土地（地表）利用権の譲渡を認めている。

以上を考慮すると、新土地法は、「バルディオ」の集積によって土地のさらなる集中化を生むリスクが高い。これは、土地所有権なしに「バルディオ」を専有し、耕作を行ってきた農民から、今度は土地使用権を剥奪することを意味する。また、エスニックグループの土地を、憲法が定めた事前協議規定を徹底せずに収奪するリスクがある。さらに、農民に集団的耕作・管理によって土地使用権を保証する農民保留地（Zona de Reserva Campesina）を排除する危険性がある（Peña & Parada, 2017）。

以上の批判は、同法が土地利用の規制緩和となり、企業的開発による土地集中を引き起こすことを示唆するものである。新土地法ではアグロインダストリー企業は「バルディオ」を土地所有権の譲渡なしに開発することが可能となる。生産性向上に必要な資本をもたない小規模農家は土地利用権を第三者に譲渡する選択肢を取らざるを得なくなる。また、起こり得る土地利用の変化が、国内の食糧安全保障を脅かし、生態系を破壊するだけでなく、農民経済と家族農の継続性を危うくする。現行の農地法（Ley160/1994）では、「バルディオ」の利用には、脆弱な農民が生活条件の向上のために資する土地利用として優先権をもつと定められている。政府は国家が管理する「バルディオ」を国家の方針にみあうように回復し、国家戦略に沿う企業的開発プロジェクトを優遇するために、同法を改革する必要があったのである。

4　暴力と麻薬問題——FARC との和平合意の行方

「暴力」と「麻薬問題」は、ともに和平合意アジェンダの主柱であった。同時に、この二つはコロンビアに定着した負のイメージの原因であった。最後に、これらが現在、どのような展望をみせているかについて考察する。

4・1 暴力指標の推移でたどるコロンビアの治安動向

コロンビアは、2017 年現在、暴力指標（住民 10 万人あたり殺人件数）で測る治安状況は、過去 30 年で最低のレベルにまで改善し、24 を下回ると推計された★12（図 2）。

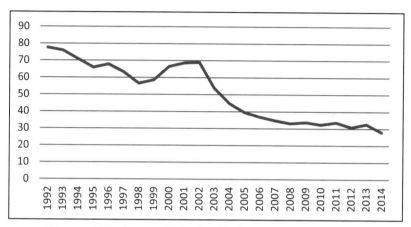

図 2　コロンビアの人口 10 万人当たり殺人件数（暴力指標）の推移 1992-2014 年
出所：Instituto Nacional de Medicina Legal y Ciencias Forenses en Colombia（Web site: http://www.medicinalegal.gov.co/）などより筆者作成

「平和のためのアイデア基金（Fundación Ideas para la Paz：FIP）」★13 の報告では、FARC との和平合意によって、暴力指標は減少し続けているのは事実であるが、依然として LAC 域内平均値を上回っている。これは「紛争後（posconflicto）」に新たなタイプの暴力が発生しているためであるという（FIP, 2017）。

暴力指標の低下傾向が恒久的な治安回復に向ってゆくかどうかは、「紛争後社会」での治安維持のあり方にかかっている。確かに、戦闘によって殺害された兵士の人数は 2007 年の 1710 人から 2016 年は 440 人と 3 分の 1 以下に減じたが、このほかの組織的犯罪の動向も分析しなければならない。

すでにコロンビアでは 1980 ～ 90 年代に、麻薬密売組織とそれ以外の非合法経済組織との攻防や、彼らと左翼ゲリラおよび自警団との間での土地や利益をめぐる衝突によって暴力の拡大を経験した。犯罪組織による暴力の拡大は、「暴力の国内化、自国化」の傾向として温存された。かつてのような全面戦闘

や無差別テロによる大量殺戮ではなく、より選抜的な暴力になってきた。すなわち、左翼ゲリラでも右派民兵組織（パラミリタリー）★14でもない、新しい犯罪組織による武装集団（Bandas Criminales：通称 Bacrim）が登場し、領土支配を行っているのである。2011-12 年にかけて拡大した武装犯罪組織 "Rastrojos" の弱体化にともない、現在は "el clan del Golfo" と称されるグループの拡大がみられている。後述するように、2016 年のハバナにおける FARC 幹部と政府の和平対話交渉に納得しなかった FARC のいくつかの地方部隊は、今日に至るまで、武器放棄に応じていない。これらが FARC 分派（disidencias）として活動を続けている。FARC に次ぐ規模で、よりラディカルな思想的背景をもっていた「民族解放軍」（Ejército de Liberación Nacional：ELN）と政府の和平交渉も難航している。

　このほか、前節で述べた違法鉱山開発や密輸ルート、麻薬密売ルートに関わる暴力の発生もある。多様な出自の組織犯罪集団の趨勢には、暴力をツールとして用いる文化、つまり生業の様式として継承する性格が認められる。組織犯罪集団の分裂と細分化と、それに伴う領土争いによって、暴力行為が助長されてきたのである。

4・2　麻薬問題と撲滅政策の変化

　コロンビアでは麻薬カルテルが結成された 1960 年代には、コカインの原料であるコカの栽培は、一部の先住民コミュニティでの伝統的用途以外には本格化していなかった。当時はボリビアやペルーから原料が運びこまれ、コロンビアはコカイン製造拠点と密輸送り出しルートとして機能していた。その後、コカインの需要の拡大と国際市場価格の高騰によって、国内でもコカ栽培が拡大していった。1990 年代初頭のメデジン・カルテル、カリ・カルテルの弱体化と、紛争地農村部におけるコカ栽培の浸透に伴い、FARC ほか非合法武装組織が代わって麻薬密売ビジネスを支配するようになった。

　この状況に対し、コロンビア政府が行った対策は、米国が主導するコロンビアの和平と開発への支援を目的とした国際支援プログラム、「コロンビア計画（Plan Colombia）」の助成を受けた麻薬撲滅政策であった。1990 年代〜2000 年代初頭まで、麻薬撲滅政策とは、小型機からコカ栽培地に向けて、除草剤を空中散布する方法が主流であった。しかし、この除草剤は、通常使用に

定められているよりも高い濃度で散布されることが多かった。また、コカ栽培地以外にも散布されたことから、自給用作物や牧草が枯れ、水質汚染や住民の健康被害などが報告されるに至って、米国内の環境保護団体などからも批判が上がった。実際、コロンビア南部のカケタ県などからは、除草剤の空中散布による被害のために農地を放棄し、移住を余儀なくされた農民も多い。

　コロンビアでは、コカのほかにも大麻や、ヘロインの原料のけしの栽培も行われてきたが、暴力との関連で最も影響力のあったコカ栽培に限定してデータをみることにする。コカ栽培面積の推移については、国連薬物犯罪事務所（UNODC）によるコカ栽培センサスによって考察することができる。図3は総栽培面積の推移を表したものである。コカの栽培面積の減少は、「コロンビア計画」によるコカ撲滅政策の成果の判断材料として用いられた時期もあった。しかし、コカは土壌を選ばず、除草剤散布が行われても、さらに奥地に栽培地が広がっていった。一時的にコロンビア国内の栽培面積が縮小しても、国境地域やペルーでの栽培面積が純増するという現象が繰り返された。それでも、2000年代には手作業によるコカの強制撤廃と代替作物支援プログラムの導入により、2012年は4万8000ヘクタールまで減少した。しかし、FARCとの和平プロセスが進展する中で、その後は再び栽培面積は拡大し、2015年から

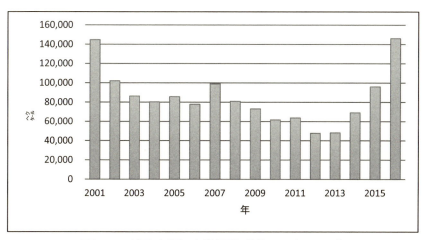

図3　コロンビアにおけるコカ栽培面積の推移：2001年〜2016年
出所：UNODC（2007、2012、2017）をもとに筆者作成
なお、2011年データについては、一部調査後のコカ伐根の実績が反映されていない。

2016 年にかけて急増した。2016 年 12 月の調査結果では 14 万 6000 ヘクタールと推計されているが、これは前年比で 52% の増加であり、2012 年時のおよそ 3 倍で、ほぼ 2001 年の水準に戻ったことになる★15。

　UNODC によるコカ栽培センサスによると、コロンビアのコカ栽培県（21〜24 県）のうち、2015-2016 年の急増分のおよそ半分が、北サンタンデール県（カタトゥンボ地域）とナリーニョ県に集中している。この 2 県にプトゥマヨ県を合わせた 3 県で、全国のコカ栽培面積の 63% を占める（UNODC, 2017）。この時期、対コカ政策にも変化がみられた。すなわち、和平合意文書においては、「コカの撲滅と代替作物栽培推進」というレトリックから、「紛争に脅かされ、コカ栽培がおこなわれてきた領土の変容」という用語が使われるようになってきた。これは、除草剤グリフォサート（一般には「ラウンド・アップ」の商品名で知られている）の使用によるアグレッシブな強制的コカ栽培の撲滅政策からの離脱を反映するものである。今日の「違法作物代替の国家計画（Programa Nacional Integral de Sustitución de cultivos de uso ilícito：PNIS）」では、まずはこれまでコカ栽培を余儀なくされてきた農民に、代替作物栽培を促進するために、土地の所有権問題の解決（所有の正規化）を先行する政策を取り入れた。これが、「代替作物栽培のための土地所有の正規化」政策である。2016 年に、同政策によって、755 の農地が正規化され、「強制除去」（el modelo de erradicación forzosa）によって、1 万 8227 ヘクタールが撲滅され、1 万 7970 家族がこの恩恵を受けたという。

　だが、なぜ直近の一、二年でコカ栽培面積が急増したのだろう。UNODC（2017）によれば、PNSI による代替作物栽培推進戦略は、プログラムデザインと対象コミュニティとの協議に時間を費やし、結局 2016 年末に合意に達したのはビチャーダ県のみであったという。この間、コカ栽培拡大に対する統制力は小さかった。むしろ「コカ栽培をしていたほうが、こうした国家の優遇プログラムにアクセスしやすい」、というような誤った認識が浸透した感があり、国家戦略に対する理解啓蒙が必要であると UNODC では指摘している。

　他方、FARC の和平合意後の治安回復過程といわゆる DDR（Disarmament, Demobilization, Reintegration：武装解除・動員解除・社会復帰）過程では、2016 年末より半年の計画で、FARC 部隊はいわゆる「FARC 村」と称される「DDR のために指定された収容村落地帯（las zonas veredales de concentración)」★16 に移動させられたが、その結果、それまで FARC が制圧していた FARC の影響下にあった地帯が一時権威の空白地帯となり、そこに他の非合法武装組織が侵入した。FARC が撤退した地域を、他のライバル武力集団が変わって制圧したことになる。もともと FARC 村（全国で 23 地点）の大半が、コカ栽培が集中する地域であった。コカ栽培の分布は、コロンビア全国で、①太平洋岸地域（チョコ、ナリーニョ）、②中央地域（南北両サンタンデール県、アンティオキア、コルドバ、ボリバルなど）、③プトゥマヨとカケタ（エクアドルとペルー国境地帯の西南部）、④メタとグアビアーレ（マカレーナ地域など）に大別されるが、これらの多くが、FARC の影響下にあった。

これまで FARC の勢力下におかれていた一連の麻薬密売事業（コカ栽培⇒コカイン製造⇒密輸ルート）に関わる地域には、新しい領土支配のルールが生まれたことになる。今度は密貿易、闇市場の動向によってその領土支配が争われるようになった。これまで特定の買い手に対して多くの売り手がいるという形でビジネスが成立していた地域（特定の FARC 部隊が取り仕切っていた領土）に、複数の売り手と買い手が混在する闇市場が形成されていった。そこには、組織犯罪集団の非合法活動への新しいインセンティブとしての暴力行為が生まれる。長らくコカ栽培によって影響を受けてきた典型的な地域（ナリーニョ、カウカおよびカタトゥンボ）では、コカ栽培者、コカペースト製造者、コカイン製造者、その取引に関わる仲介業者間の競争とコンフリクトが顕著になったと考えられる。非合法バリュー・チェーンの支配が顕著になると、その維持のために新しく暴力との連携が生まれる。

4・3　辺境地域での新しい暴力組織・アクターの出現
　　――FARC の分派と組織的犯罪グループ

FARC の社会復帰過程は、2016 年の和平合意（修正合意）が 11 月末に国会で可決されてから、2016 年 12 月 1 日を開始日として、6 カ月の計画で遂行される予定であった。

新たにこの DDR 過程の監督省庁として「社会復帰と正常化庁（Agencia para la Reintegración y la Normalización：ARN）」が創設された。2018 年 3 月までの累積統計によると、これまで武装解除した元武装兵が 5 万 9906 人、そのうち社会復帰過程に入った者は 5 万 1371 人で、全体の 85.8％ に相

当する。だが、いったん武装解除してもこの社会復帰過程に入らなかった者が全体の 14.2% に相当する 8535 人もいるのである。

　他方、FARC との和平合意成立後、FARC 村に収容される途中で「脱走」したもの (deserciones)、収容を拒否して FARC 分派 (disidencia) として武装を続けたもの、あるいは新たに武装化して別の非合法組織として活動を再開したものなど、実際には複数のパターンがある。これらを合わせると、おそらく政府公式発表の人数を上回ることだろう。

　FIP は 2018 年 4 月に FARC の武装解除後の分派形成とその領土支配の実態について報告書を公刊した (FIP, 2018)。同報告書では、コロンビア政府は FARC 分派形成の原因を、もっぱら麻薬密売と違法鉱山開発と関連づけ、経済的利害 (と犯罪) が武装組織の存続の要因と分析するのに対し、FIP は、経済的要因のほかにも、政治的イデオロギーの違い、FARC 制圧地における指導権の変化、社会復帰過程における元 FARC 兵の安全保障に対する不安なども分派形成の決定要因になっていると指摘する。政府 (防衛省) 発表では、FARC 再武装兵の推計は 1100 人だが、FIP では 1200〜1400 人と推計している。

　FIP (2018) によると、現在、サントス政権との和平合意に納得せず DDR に入らなかった FARC の再武装分派には、次の 3 グループがあり、各領土内で緊張を高めているという。指導者はいずれも 20 年以上 FARC 兵としての経験をもち、地域内では影響力が強い。

> 1) イバン・モルディスコ (Iván Mordisco：本名 Nestor Gregorio Vera Fernández) が指揮官で、グアビアーレ、バウペス、グアニアを拠点とする分派、第 1 戦線 (Frente1)。およそ 200 人弱の武装兵を束ねる。
>
> 2) ヘンティル・ドゥアルテ (Gentil Duarte：本名 Miguel Santanilla Botanche) が指導する、メタ県中心の第 7 戦線。400 人以上の勢力を組織する。
>
> 3) グアチョ (Guacho：本名 Walter Patricio Artizala) が指揮する、ナリーニョおよびエクアドル国境地帯で活動する部隊。*El Comercio* 紙の記者 3 名の殺害に関与したとされている。「オリビエル・シニステーラ (Olivier Sinisterra) 戦線」。450〜500 人の兵士を指揮する。

第 10 章　辺境地の実態から見直すべきコロンビアの和平プロセス

　2018 年 6 月 17 日の大統領選挙の決選投票にてウリベ派のドゥケが次期大統領に就任することが決まった。7 月 20 日には次期国会会期が始まり、8 月 7 日にドゥケ大統領が就任した。ドゥケは選挙キャンペーン中に FARC との和平合意内容の修正（特に FARC の罪状追及と処罰について）への着手を公約に掲げていたが、就任後は、FARC との和平合意の基本路線を尊重する姿勢をみせている。しかしながら、今回の和平合意に納得せず、DDR 過程に入らなかった FARC 内反対分子の再武装活動化の兆しがある現在、コロンビアが国際社会に「約束」した和平プロセスに影がさしていることは事実で、ELN との和平交渉も含め、課題は多い★17。

おわりに

　21 世紀に入ってからも紆余曲折を経たとはいえ、コロンビアの和平プロセスは、ひとつの転換期を迎えている。これをどのように解釈すべきであろうか。ウリベ政権後、コロンビア政府は「和平構築期に入った」という政府見解に立ち、「ポスト紛争」、「和平に向って歩む新しいコロンビア」というイメージ戦略を外交面でも全面に打ち出してきた。ウリベ政権（2002 年〜 2010 年）はタカ派路線を貫き、FARC に対しては軍事的対応でその勢力をそぎ、1990 年代に拡大したパラミリタリー勢力に対しては、2005 年の「正義と和平法」の制定により、「コロンビア自衛軍連合（Autodefensas Unidas de Colombia: AUC）」の集団的武装解除を推進した。その結果、コロンビア社会復帰庁（Agencia Colombiana para la Reintegración：ACR）では、AUC 兵は 2006 年に 1 万 7919 人も武装解除し、計 3 万 5442 人が社会復帰を果たしたと報じた。2012 年、ウリベ政権を引き継いだサントス政権が和平の対話交渉に舵を切った時点で、FARC の戦闘力も弱体化していたといわれている。

　しかしながら、前節でみたように、FARC との終戦後の和平アジェンダも政府公式見解と紛争地の実態とには乖離がある。最後に改めて FARC と政府との間で調印された和平合意アジェンダの六つの支柱について展望すると、いずれも赤信号がともっている。

　①統合的農村開発：本章でみたように、土地問題と土地政策は、紛争の根源であった土地所有構造にメスを入れていない。むしろ、企業経営型農業を推進

し、国内消費向け食糧を供給してきた土地なし農民の排除が進むことが懸念される。これは鉱業部門の開発戦略にも関連している。

　②政治参加と多元的民主主義：2018年の国政選挙でのFARC党（人民革命代替勢力：Fuerza Alternativa Revolucionaria del Común）の選挙活動への暴力的妨害が著しく、3月にはFARC党は選挙キャンペーンの事実上中止に追い込まれた。投票においてもFARC党への選挙民の不支持が明らかで、投票による議席獲得はならなかった。2016年の和平合意によって保障されている上院下院各5議席によってFARC幹部の10名が国政参加の機会を得ているが、その中の一人で下院議員に内定していた、ヘスス・サントリッチ（Jesús Santrich）が麻薬密売容疑で送検され、米国への引き渡し要請をめぐり、捜査が継続されている。上院議員の第一候補であるイバン・マルケス（Iván Márquez）も、大統領選挙後に辺境地域のFARC分派の政府批判に共鳴するような発言を出し、幹部の国政参加への不確定要素となった。

　③終戦：本章でみたように、FARC分派の再武装の動向と、それに対する政府軍の牽制によって、緊張が拡大している。

　④麻薬問題：コカ栽培は2015年以降再び急増し、その領土をめぐって複数の犯罪組織グループや新たな非合法武装組織が関与している。

　⑤被害者補償と移行期正義：移行期正義が、ハバナでの対話交渉において、最も難航した点であり、結局は政府側がかなり譲歩した形で合意に至ったという見方もある。ウリベを筆頭とする反対派は、「和平のための特別法廷（Justicia Especial para la Paz：JEP）」の権限とFARCへの制裁条件に対し、FARCの免責であると糾弾した。被害者補償については、本章で考察した土地政策には、特段被害者へのメリットがみられず、また、FARCの資産と土地の接収措置がどれだけ徹底されるかは未知の領域である。ドゥーケ新政権は、この点において和平合意の修正を求めている。

　⑥政策実行と監視システム：今のところ国連の監視委員会との連携は保たれているようだが、FARC村で、住民との信頼構築のもとに一連の政策が実施されるかどうかは、今後の課題である。ドゥーケ政権の修正方針次第では、大きく影響を受けるだろう。

　本章では、2000年代以降のコロンビアの和平プロセスをたどりながら、そのイメージの変化の可能性を考察した★18。政府が発信する「紛争後社会」の

イメージ戦略は、対外的には定着し、特に経済関係においては、FARCとの和平合意はコロンビアを治安回復に担保された経済パートナーとして印象づける効果があった。しかしながら、「積極的和平に支えられた経済成長」というシナリオは、都市エリートの目線に立って描かれる和平政策であり、日本をはじめ、外国政府や企業がパートナーとして対するコロンビア社会は少数エリート社会を基準にしている。ここには大半の民衆の生活が反映されていない。

　FARCとの和平合意調印後、辺境地域で起こっている事柄は、和平プロセスの進捗状況には不安材料が多いことを示している。従来のステレオタイプ化された「暴力」と「麻薬」という負のイメージを検証する現実は実は払拭されてはいないのだが、限られた社会階層から外に発せられる治安改善戦略からは、この現実はみえてこないのである。

注

★1　1991年東芝社員2名が誘拐ののち釈放された。2001年の現地法人邦人副社長（矢崎総業）はFARCによって誘拐殺害された。

★2　http://www.worldometers.info/population/countries-in-latin-america-and-the-caribbean-by-population/ より（2018年7月1日アクセス）。

★3　https://www.minminas.gov.co/web/10180/1332?idNoticia=24018850（2018年7月1日アクセス）

★4　Gutiérrez et al.（2013）、幡谷（2014）。

★5　2017年6月にメキシコ市で開催された太平洋同盟諸国の閣僚会合で「準加盟国（Estado Asociado）に関する指針」が採択され、太平洋同盟と域外国とのFTA締結交渉の方針が固まった。同年6月30日にコロンビア、カリ市で開催された首脳会合において、カナダ、オーストラリア、ニュージーランド、シンガポールの4カ国を準加盟国とする交渉開始が発表されている。

★6　サントス政権の和平プロセスの詳細については千代（2017）に詳しい。

★7　この節の記述は、国際市シンポジウム "Re-examining Global Capitalism from the Perspective of Afro-Japanese Relations: Land, Space and Modernity", Tokyo, January 29, 2018（東京外国語大学）での筆者報告、"Land Problems in Colombia after the Peace Agreement" に依拠している。

★8　https://www.restituciondetierras.gov.co/es/restitucion（2018年1月10日アクセス）。

★9　本来未開墾地で国家の管理下にある土地を指す概念。理論上は「バルディオ」は何人の私有財産にもならず、耕作可能地または農業フロンティア外に位置する。しかしながら、生存のために、土地無し農民は開墾民として「バルディオ」に侵入し、開墾、耕作

を行ってきた事例が多い。その大半が、課税を恐れて土地所有権の正規化を要求してこなかった。しかしひとたび土地収用や強制移住の圧力がかかると、その土地に対する占有権は極めて脆弱である。

★10　ZIDRES 法の詳細については、(Machado, 2017) を参照のこと。
★11　UAF はコロンビアの農業政策における家族農推進の基本的単位であった。
★12　http://www.elcolombiano.com/colombia/tasa-de-homicidios-en-colombia-bajo-en-2017-GX7918080（2018 年 7 月 1 日アクセス）
★13　Fundación Ideas para la Paz（FIP）は 1999 年に企業家や人権問題専門家集団によって立ち上げられた民間のシンクタンクである。2000 年以降のコロンビア国内紛争、和平構築、人権問題に関し、全国各地に調査員を派遣し、紛争地社会の実情と多様な武装組織と市民との間でのコンフリクトを追跡調査し、発信している。
★14　「コロンビア自衛軍連合（Autodefensas Unidas de Colombia：AUC）」など。
★15　http://www.elcolombiano.com/colombia/paz-y-derechos-humanos/crecimiento-de-cultivos-ilicitos-en-colombia-DA6147894（2018 年 6 月 25 日アクセス）
★16　実際の DDR 開始時には、ZVTN/PTN（Zonas Veredales Transitorias de Normalización）および Puntos Transitorios de Normalización という呼称の 23 地点となった。
★17　2018 年 7 月 9 日現在の考察。
★18　本章は 2018 年 7 月 9 日に脱稿した。ドゥーケ新政権（2018 年 8 月 7 日就任）の和平政策の展開については考察対象とはしていない。

引用・参考文献

British Geological Survey, 2016, World Mineral Production 2010-14, London: British Geological Survey, file:///C:/Users/Norihat/Downloads/WMP_2010_2014.pdf (accessed 10 January 2018)

El Colombiano: http://www.elcolombiano.com/colombia/paz-y-derechos-humanos/crecimiento-de-cultivos-ilicitos-en-colombia-DA6147894

Fundación Ideas para la Paz, 2018, *Trayectorias y dinámicas territoriales de las disidencias de las FARC (Resumen ejecutivo)*, FIP, Abril 2018.

Gutiérrez Viana, Santiago, María Alejandra González Pérez, Juan David Rodríguez Ríos, y Laura Gutiérrez Gómez, 2013, "Evaluación de la justificación económica y política de la Alianza del Pacífico", Bogotá: PROEXPORT Colombia, 26 de Agosto.

Ibáñez, Ana María., y Juan Carlos Muñoz, 2012, "La persistencia de la concentración de la tierra en Colombia: qué pasó entre 2000 y 2009?", en Bergsmo. Morten, César .Rodríguez . Garavito, Pablo. Kalmanovitz y María Paula Saffon (eds.) *Justicia distributiva en sociedades en transición*, Oslo: Torkel Opsahl Academic EPublisher, pp.301–32.

Machado, Absalón., 2017, *El problema de la tierra: Conflicto y desarrollo en Colombia*, Bogotá: Debate.

Ministerio de Minas y Energía (2016) *Política Minera de Colombia: Bases para la minería del futuro*, MinMinas: Bogotá, 2016. (https://www.minminas.gov.co/documents/10180/698204/Pol%C3%ADtica+Minera+de+Colombia+final.pdf/c7b3fcad-76da-41ca-8b11-2b82c0671320)

OECD (Organisation for Eonomic Co-operation and Development), 2017, *Estudios Económicos de la OCDE, Colombia (OECD Economic Surveys: Colombia)*, Mayo 2017, OECD (http://www.oecd.org/eco/surveys/Colombia-2017-OECD-economic-survey-overview-spanish.pdf)

Peña Huertas, Rocío del Pilar, y María Mónica Parada Hernández, 2017, "Lupa al proyecto de Ley de Tierras", *El Espectador*, https://www.elespectador.com/economia/lupa-al-proyecto-de-ley-de-tierras-articulo-691848 (accessed on 10 January, 2018)

UNODC (Oficina de las Naciones Unidad contra la Droga y el Delito), 2007, *Colombia: Monitoreo de Cultivos de Coca, Junio 2007* (http://wwww.unodc.org/pdf/research/icmp/colombia_2006_sp_web.pdf) (accessed on 22 October 2018).

―――, 2013, *Colombia: Monitoreo de Cultivos de Coca 2012, Junio 2013* (http://www.unodc.org/documents/crop-monitoring/Colombia/Colombia_Monitoreo_de_Cultivos_de_Coca_2012_web.pdf

―――, 2017, *Colombia: Monitoreo de territorios afectados por cultivos ilícitos 2016* (http://www.unodc.org/documents/colombia/2017/julio/CENSO_2017_WEB_baja.pdf)

Uprimny-Yepes, Rodrigo y Nelson Camilo Sánchez, 2010, "Los dilemas de la restitución de tierras en Colombia", *Revista Estudios Socio-Jurídicos*, 12(2): 305–42.

幡谷則子、2014年、「コロンビア――技術革新戦略として期待される太平洋同盟」『ラテンアメリカ・レポート』31（1）、37-52ページ。

千代勇一、2017年、「コロンビア革命軍との和平合意の背景とインパクト」『ラテンアメリカレポート』Vol.34（1）、28-41ページ。

第 11 章

ラティーノの社会的成功をめざす公的教育支援と米国の大学

牛田千鶴

はじめに

　新規移民の流入や高い出生率により、米国内でもとりわけ人口増加の著しいラティーノ★1 は、2003 年 1 月に国勢調査局（United States Census Bureau）がアフリカ系人口を上回ったと発表★2 して以来、国内最大のマイノリティ集団を形成してきた。毎年 9 月 15 日から 1 か月間にわたって繰り広げられる「全米ヒスパニック文化継承月間（National Hispanic Heritage Month）」★3 では、ラティーノの人々の米社会への貢献や文化・伝統の価値を称える様々な催しが、国内各地で展開される。ともすると軋轢の生じかねない多文化・多民族社会におけるこうした取り組みは、ソフトパワーを活かした相互理解と融和を促す試みでもある。

　そうした華やかな政府公認行事が毎年開催される一方で、ラティーノの人々の社会進出状況に目を向けると、依然として厳しい現実が垣間見える。ヒスパニック大学・短期大学協会（Hispanic Association of Colleges and Universities：以下、HACU）によると、25 歳以上のラティーノのうち、高校を卒業していない割合は 29.5% で、白人（非ラティーノ）の 5.9% に比べ 5 倍にものぼっている。また、大学卒業以上の学位を有するラティーノは 17.2% で、白人（非ラティーノ）の 38.1% に比べ極めて低くなっている（いずれも

2017年現在のデータ〔HACU, 2018a〕)。

　国内における全ラティーノ人口の半数以上がカリフォルニア州、テキサス州、フロリダ州に住み、なかでも1530万人を擁するカリフォルニアは、全米最大のラティーノ集住地域となっている。州人口の4割弱(38.9%)がラティーノである同州では★4、上記のような文化継承月間を待たずとも、ラティーノ文化はより身近で日常的な存在となっている。カリフォルニア州内でもとりわけメキシコ国境に近い南部には、ラティーノ人口が80%以上を占める自治体★5も少なくない。そうした集住地域に設置されている大学やコミュニティカレッジといった高等教育機関の多くは、米国連邦政府により"Hispanic Serving Institutions"(以下、HSI)に認定され、公的支援の対象となってきた★6。HSIとは、ラティーノ学生の受け入れと学位取得に貢献する高等教育機関をさす。

　本章では、連邦・州政府による政策的後ろ盾の下、HSIを中心に展開されてきたラティーノ学生への教育支援の取り組みについてまとめ、その社会的意義を考察する。

1　ラティーノ学生の受け皿としてのHSI

　連邦高等教育法第5編(Higher Education Act, Title V)では、米国教育省の認証を受けた外部評価機関により適正であると認定された高等教育機関のうち、次の要件を満たすコミュニティカレッジや4年制大学等を、HSIとして定義づけている(U.S. Department of Education, 2006)。

　　①学部に在籍する全正規生の25%以上がラティーノである。
　　②学位取得を目的として在籍する全学生の50%以上が、経済的困窮を根
　　　拠とする連邦奨学金(Title IV aid)を受給している。

　連邦政府によるこうした基準を満たす高等教育機関は全米に492校(2017年現在)あり、カリフォルニア州の163校を筆頭に、テキサス州の90校、プエルトリコ自由連合州の63校、ニューヨーク州の26校、フロリダ州の25校など、ラティーノ集住地域を中心に数多くのHSIが存在する(HACU,

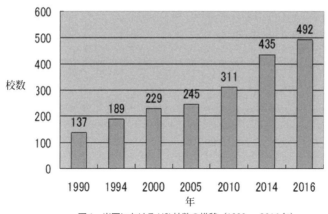

図1 米国におけるHSI校数の推移（1990〜2016年）
出所：HACU（2016; 2018a）を基に筆者作成

2018b）。HSI校数は米国全体で、過去4半世紀の間に3倍以上の伸びを示している（図1参照）。

米国内高等教育機関の14.9%にあたるHSI492校の内訳は、4年制255校（公立120校／私立135校）ならびに2年制237校（公立215校／私立22校）となっており（図2参照）、全米学生総数の24.5%、ラティーノ学生全体の63.0%に相当する207万5317人が在籍する（HACU, 2018a）。HSIの43.7%が公立の2年制であることからも、地域住民に高等教育の機会を提供するために設立されたコミュニティカレッジを中心に、多くのHSIがラティーノの若者たちの学びを支える受け皿となっていることが窺われる。

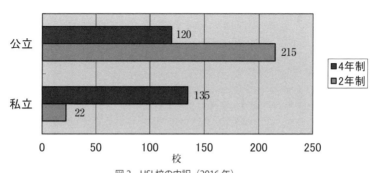

図2 HSI校の内訳（2016年）
出所：HACU（2018a）を基に筆者作成

連邦政府は、HSI を対象とする競争的補助金プログラム（Developing Hispanic-Serving Institutions Program - Title V）を提供しており、2015 財政年度（FY 2015）においては、96 の新規事業に対して 5106 万 6641 ドル、109 の継続事業に対して 4897 万 7025 ドルが支給され、総額 1 億ドル以上の支援が行われた（U.S. Department of Education, 2016a）[7]。
　連邦法で定められている HSI の認定基準には達していないものの、ラティーノ学生を数多く受け入れている高等教育機関はほかにも多数存在する。それらのうち、学部に在籍する全正規生にラティーノ学生の占める割合が 15% 以上 24% 未満である大学・短期大学等を、"*Excelencia* in Education"[8] は準 HSI 校（Emerging Hispanic-Serving Institutions）と位置づけ独自の調査分析対象としている。"*Excelencia* in Education" とは、ラティーノ学生に係る現状調査やデータ分析等を通じ、高等教育機関におけるラティーノ学生支援の施策立案やその実践の促進を目的として 2004 年に設立された非営利団体で、ワシントン DC に本部を置く。理事や名誉理事には、大学関係者（学長・副学長等）をはじめ、企業家、公務員、スペイン語メディア関係者等、多彩な各界有力者が名を連ねている。2014 年にはその傘下に HSI 政策実践センター（Hispanic-Serving Institution Center for Policy & Practice）を発足させ、各種情報提供やネットワーク強化を通じ、ラティーノの進学率・卒業率向上のための多面的支援を行っている。
　"*Excelencia* in Education" が 2018 年 5 月に公表した 2016-17 年度版データによれば、準 HSI 校は全国に 333 校あり、州別校数は多い順にカリフォルニア州の 58 校、テキサス州の 47 校、フロリダ州の 31 校、ニューヨーク州の 30 校、イリノイ州の 25 校となっている。ラテンアメリカからの移民が集住し、新たな移民流入も継続的に見られる州に多くの準 HSI 校が存在していることが見て取れるが、遅かれ早かれ HSI の認定基準に達するであろう高等教育機関ばかりである（*Excelencia* in Education, 2018）。
　中でも注目に値するのは、カリフォルニア大学（University of California）である。HSI 認定校であるマーセド校（ラティーノ学生率 51.4%）、リバーサイド校（同 39.7%）、サンタクルーズ校（同 30.0%）、アーバイン校（同 26.4%）、サンタバーバラ校（同 26.3%）に加え、ロサンゼルス校（同 21.8%）、デイビス校（同 20.2%）、サンディエゴ校（同 19.1%）が準

HSI 校に位置づけられている（HACU, 2018b）。これらは、10 校からなるカリフォルニア大学システム（UC system）のうち、バークレー校とサンフランシスコ校を除く実に 8 校に上っている。カリフォルニア州の諸大学においては、州全体の人口構成のラティーノ化の進行に伴い、今後もますます、HSI 認定校が増えていくものと予想される。

2 連邦政府による教育支援

　2013 年 5 月、当時のオバマ（Barack Obama）政権により、「ヒスパニックの教育上の卓越性を求める大統領府イニシアティヴ（White House Initiative on Educational Excellence for Hispanics）」（以下、イニシアティヴ）の事務局長にアレハンドラ・セハ（Alejandra Ceja）が任命された。オバマ大統領は、2020 年までに米国の大学卒業率を世界最高に戻すことを目標に掲げ、それを達成するにはラティーノの教育状況の改善が不可欠であると折に触れ指摘していた。カリフォルニア州ハンティントンパーク生まれのメキシコ系移民 2 世であるセハ事務局長は、オバマ大統領やダンカン（Arne Duncan）教育長官の右腕として、「ゆりかごからキャリアまで（from cradle to career）」のラティーノ教育支援に力を注ぐこととなった（U.S. Department of Education, 2017）。

　イニシアティヴは、ラティーノの若者たちの教育機会の充実化、ならびに彼（女）らの学業面での成功促進に向けた進言を政府に行うよう、1990 年に大統領令によってブッシュ（George H.W. Bush）政権下で立ち上げられたものである（Executive Order 12729）。2010 年にオバマ政権下で改訂（Executive Order 13555）されたイニシアティヴには、ラティーノの教育問題に連邦政府がいっそうの責任をもって関与していくことが謳われた。

　イニシアティヴ 25 周年を 1 年後に控えた 2014 年 10 月には、向こう 1 年間を「行動年（Year of Action）」と位置づけ、セハ事務局長のリーダーシップのもと、オバマ政権は全国に向けて、ラティーノの教育状況改善のための様々なプロジェクトの企画・立案、ならびにその実現のための資金調達を呼びかけた。そして、2015 年の「全米ヒスパニック文化継承月間」最終日の 10 月 15 日にオバマ大統領は、公民合わせて 3 億 3500 万ドル以上の資金投入により、

全国各地で 150 ものプロジェクトが展開されることになったと発表した★9。

プロジェクトの対象は就学前教育から高等教育まで多岐にわたるが、全体のほぼ 5 分の 3 に相当する 89 プロジェクトが、高等教育機関への進学支援に関連する取り組みであった。それらのうち、HSI が中心的役割を担うプロジェクトのいくつかを、例として以下に紹介しておく。

フロリダ国際大学（Florida International University）は、マイアミ－デイド郡の公立学校と連携し、教員や職員の質的向上、ならびに新たな教育機会の提供等を通じて、ラティーノ・コミュニティを支援する 1 年間のプロジェクトを提示した。アリゾナ州立大学（Arizona State University）は、地元学区やコミュニティと連携し、ラティーノの子どもや若者たちが学業面で卓越した成果を遂げられるよう支援するとともに、大学進学に向けた意識を育み、同州立大学への進学率の向上につなげるとして、5 年間のプロジェクトに 150 万ドルの予算を計上した。カリフォルニア州立工科大学ポモナ校（California State Polytechnic University, Pomona）は、ポモナ統合学区や地域のコミュニティカレッジとの連携を深め、4 年制の同大学への編入を促進するため、4 年間で 40 万ドルを投ずるとした。コロラド・マウンテン・カレッジ（Colorado Mountain College）は、英語を母語としない学生への英語運用能力向上のための支援、入学金・授業料等の一部免除、キャリアサポートの強化等に、3 年間で 337 万 5000 ドルの予算を掲げた。また、HSI 教員同盟（Alliance of Hispanic Serving Institutions Educators）は、連邦政府による対 HSI 補助金（Title V Grants）の成果に関する報告書の作成や、他の模範となるような HSI の優れた取り組みに関する資料作成に、1 年間で 30 万 500 ドルを投入すると約束した★10。

近年の米国においては、連邦政府と教育省による支援の下、STEM 教育にも力が注がれてきた。STEM とは、"Science, Technology, Engineering and Mathematics" の略である。オバマ前政権は、グローバル化の進む世界経済においては、STEM 関連能力がますます求められるとし、STEM 関連職種の需要の高まりにその分野での学位取得者の供給が追いついていないことに懸念を示していた。なかでもラティーノに関しては、米国総人口の 16％（2010 年国勢調査）を占めるにもかかわらず、STEM 分野での学位・資格取得者（2009-10 年度）は全体の 8％ に留まっていたため、STEM 関連職種へのラテ

ィーノの参入促進が大きな課題であるとされた★[11]。

連邦政府は教育省を通じ、STEM 教育の向上に取り組む HSI に対し競争的資金を供与してきた。HSI-STEM として知られるこのプログラム（Hispanic-Serving Institutions - Science, Technology, Engineering, or Mathematics and Articulation Programs／Title III, Part F）は、低所得者層で STEM 分野での学位取得をめざす学生を増加させること、および同分野での 2 年制から 4 年制高等教育機関への編入ならびにそうした接続に必要な協定締結を促進すること、を目的とする。具体的には、カリキュラムの改訂・充実化や教員研修を通じた STEM 教育の質的向上、カウンセリング、チュータリング、メンタリング、あるいはラーニング・コミュニティの開設等による学生サービスの向上、中等教育課程の生徒を対象とするアウトリーチ活動等を通じた STEM 分野への進学・キャリア意識の向上、科学教育に必要な設備やコンピューター室等の環境整備、といった取り組みに財政支援が行われてきた。1 件あたりの補助金基準額（平均支給額）は、単独機関による事業の場合が年間 77 万 5000 ドル、複数機関による連携事業の場合が年間 110 万ドルであり、申請後の厳正な審査を経て採択された事業には、5 年間継続して公的支援が行われる。2011 年と 2016 年に公募が実施され、それぞれ 100 件および 91 件の事業が選定されている（HACU, 2011; U.S. Department of Education, 2016b）。

2017 年 1 月に発足したトランプ（Donald Trump）政権下においては、2018 年 2 月にイニシアティヴ事務局長として、キューバ系移民 2 世のヴィアナ（Aimee Viana）氏が任命されている。彼女が手腕を発揮し得るか否かは、連邦政府による実質的な後ろ盾が得られるかどうかによるであろう。

3　模範的教育支援プログラム

米国では、ラティーノをめぐる高等教育状況の改善・向上に寄与するプログラムを選定し、その努力と栄誉を称え褒賞する取り組みが毎年行われている。"*Excelencia* in Education"（本章第 1 節参照）により 2005 年に始まったこの取り組みは、教育機会の拡充や学業達成面での実質的成果（evidence）を基に、大学関係者・教育専門家・財団関係者等からなる選考委員会が評価を行

い、その年の優れた模範的プログラム（Example of *Excelencia*）を選定し表彰している。

　準学士課程部門（Associate Level）、学士課程部門（Baccalaureate Level）、大学院部門（Graduate Level）、住民組織部門（Community-Based Organization Level）のそれぞれにおいて1プログラムが最高賞を受賞するほか、最終選考に残りながらも惜しくも最高賞を逃したいくつかのプログラムについては、ファイナリスト賞が授与される★[12]。

　最終選考対象となる約20プログラムを選定する一次審査の評価基準は、次の各項目となっている（*Excelencia* in Education, 2015: 15）。

①ラティーノ学生が取り組みに参加するよう強い働きかけを行っている。
②ラティーノ学生の学業面での継続と発展向上、ならびに成果の達成が顕著である（3年以上の実績あり）。
③ラティーノ学生の発展向上を見定めつつ各々の成功を促し、彼（女）らの学業成就の障壁に対峙しつつ、明確な目標を立ててその達成に向けた施策と実践に責任をもって取り組むリーダーシップが示されている。
④他のステークホルダーや個別の学校・単科大学等教育機関、ならびに地域社会に活動基盤を置く組織・団体や実践家・専門家らとの強固なネットワークを構築している。
⑤ラティーノ学生が必要とする個別特有の支援を見極め対処する専門的スタッフを有する。
⑥ラティーノ学生の文化的背景に対する配慮がなされ、家庭・学校・コミュニティとのつながりを深めるとともに、最終的には職業へと結びつくような支援が行われている。
⑦プログラムが提供する支援の必要性に関する合理的根拠と適正な予算が示されている。
⑧プログラムが提供する支援の積極的影響と有効性を示す量的・質的根拠が明確である。

　2015年には、全米各地（ワシントンDCとプエルトリコを含む）から、史上最高となる総計265の申請があり、各部門における模範的取り組みとして、

次の各プログラムに最高賞が授与された（*Excelencia* in Education, 2015: 16-40）。

〈準学士課程部門〉
・プログラム名：Early College High Schools
・機関名：South Texas College（テキサス州）
・取り組み概要："Early College High Schools" は、高校卒業資格と準学士号を同時に取得できるコース（dual enrollment college courses）の発展・拡張をめざし、2006年にサウス・テキサス・カレッジが地元農村部の学区と連携を開始し、展開してきたプログラムである。協働学習（collaborative learning）・批判的思考（critical thinking）・自由討論（open discussion）等を重視したコース設計の下、貧困家庭の大学進学志望第一世代（first-generation college attendees）★13 を主な対象として長期的支援を行う。毎年100～125名の9年次生（日本の中学3年次相当）から支援を開始し、10年次までに大学レベルの授業履修に向けた事前準備を行い、11～12年次では高校卒業資格と準学士号の取得に必要な単位を同時進行で修得する。最終的には4年制大学進学、あるいは社会的需要の高い専門技能分野での学位取得を促す本プログラムは、高校生のドロップアウトを回避し、順調な高大接続を実現する方策でもある。既に約6000名の高校生への支援実績を有し、うち98%はラティーノの貧困家庭の子どもたち（学校で無料・減額ランチを支給される生徒）であった。過去5年間に、同プログラムを経て1431名が準学士号を取得している。

〈学士課程部門〉
・プログラム名：STEM★14 Program
・機関名：Fresno Pacific University（カリフォルニア州）
・取り組み概要：STEM分野での学位取得をめざす、貧困家庭出身で大学進学第一世代のラティーノ学生を主な支援対象とする。大学入学直前の夏休みに実施される1週間の研修（Summer Bridge Program）や入学後の継続的勉学支援、教職員や先輩学生によるメンタリング、STEM関連職種に関するキャリア支援（ジョブシャドウイング★15やインターンシップ等を含む）、

コンピューターや協働学習用スペースを備えた実習室の提供等を行っている。学生が自信をなくして進級をあきらめることのないよう、彼（女）らの文化的背景にも配慮しつつ、ラーニング・コミュニティを通じたネットワークの構築や対人関係の強化を図っている。2010 年の取り組み開始以来、STEM プログラムに参加するラティーノ学生の 93%、大学進学第一世代の 82% が無事に 2 年次進級を果たした（非 STEM 参加者についてはそれぞれ 80%、75% であった）。4 年次段階で年度内卒業見込み（早期卒業者を含む）であった学生は 91% に上った。

〈大学院部門〉
・プログラム名：Hispanic Center of Excellence
・機関名：University of Illinois Chicago College of Medicine（イリノイ州）
・取り組み概要：Hispanic Center of Excellence は、高大接続の強化により、高校から医学大学院（メディカルスクール）★16 までの一連の人材育成を支援し、ラティーノ内科医の増加に貢献してきた。医療分野でのラティーノ専門家不足を契機として 1991 年に発足した同センターは、医療従事者を増やすことで、ラティーノ・コミュニティに対する医療サービスの向上を図る。勉学支援に加え、ラティーノの健康・医療問題に関する研究機会の提供、医学生の言語文化面での対応力強化のための授業の提供、奨学金基金の立ち上げ等に尽力してきた。2007 年から 2011 年の間にイリノイ大学シカゴ校医学大学院に入学した学生のうち、217 名（97.8%）が既に課程修了済み（あるいは修了見込み）である。また、2013-14 年の学年歴において、「医療分野のスペイン語」を選択科目として履修した学生は 28 名おり、2014 年には、医学大学院 2 年次生のラティーノの 94% が、米国医師免許試験 USMLE（United States Medical Licensing Examination）の第一次試験（Step 1）★17 に初受験での合格を果たしている。尚、イリノイ大学シカゴ校医学大学院は、ラティーノ学生在籍率において全米メディカルスクール中第 1 位である。

〈住民組織部門〉
・プログラム名：Nine-Week Parent Engagement in Education

Program
・機関名：Parent Institute for Quality Education（カリフォルニア州）
・取り組み概要：多文化・多言語環境にある低所得家庭に育つ子どもたちが、高校を無事卒業し、高等教育機関に進学することができるよう、具体的な情報提供や継続的な励ましにより、親を支援する活動を展開している。子どもが支障なく勉学を続けるには、まず親が教育の重要性について理解していなければならない。家庭と学校・教師および地域社会との連携や絆を促し、子どもたちが学校生活や勉強でつまずかないよう支える方策や、大学進学に必要な段階的準備、日頃の健全な親子関係の築き方に至るまで、本プログラムを通じて親をサポートすることにより、ラティーノの子どもたちの進学を実現に導いてきた実績を持つ。

2016年には申請数が大幅に減って190件となり、翌2017年には160件、2018年には139件と引き続き減少傾向にはあるが、2005年以降の累積申請数は1600件以上に上り、うち280以上のプログラムが「模範的」であるとして表彰されてきた。

4　非合法滞在学生への支援

米国国土安全保障省（United States Department of Homeland Security）によると、米国には約1210万人の非合法滞在者が在住し、その70%以上がラティーノ（メキシコ人のみで全体の55%）であると推定されている。全米に約106万人いるとされる非合法滞在の子ども（18歳未満）についても、その大半がラティーノである（U.S. Department of Homeland Security, 2017）★18。

非合法滞在児童・生徒の公立学校への通学を禁じ、彼（女）らを受け入れた学区に対しては州の補助金を差し止めるとしたテキサス州の措置に対し、連邦最高裁は1982年、違憲であるとの判断を下した。このプライラー対ドゥ（Plyler v. Doe）判決により、滞在許可の有無にかかわらず、法的平等保障（Equal Protection of the Laws）を定めたアメリカ合衆国憲法修正第14条の下、子どもたちが等しく教育を受ける権利は守られることとなった（Chomsky,

2014: 163)。とはいえ、同判決はあくまでも公教育を対象とするものであり、高等教育については、1996 年の改正移民法（Illegal Immigration Reform and Immigrant Responsibility Act）第 505 条により非合法滞在学生への支援策は禁じられた。

　親の決断の下で米国へと連れてこられ、自身の意思とは異なる次元で非合法滞在を余儀なくされてしまった子どもたちの多くは、移住先の学校に通う中で、移民により成り立ってきた米国では、誰もが法の下に平等であり、懸命に努力すれば必ず夢は叶う、と教えられる。教室では毎朝、起立し胸に手を当て国旗を仰ぎながら「忠誠の誓い（Pledge of Allegiance）」を唱え、日々のそうした習慣を通じ、米社会の一員としての自覚も育まれていく。そして、より良い暮らしを求めて移住した両親の苦労に報いるためにも、自分が米社会で成功を収め、両親を安心させたいとも願うようになる。しかしながら、いざ大学進学を志そうとしても、そこに大きな壁が立ちはだかるのである。

　米国ではそうした非合法滞在の子どもたち、若者たちに進学の夢をあきらめさせることのないようにと、DREAM（Development, Relief, and Education for Alien Minors）法の制定が模索されてきた。2001 年 8 月に初めて上院で提案されて以降、幾度となく議論が繰り返されてきた法案である。DREAM 法とは、正規の滞在許可を持たないまま親や家族とともに 16 歳未満で米国へ移住し、国内で教育を受けた若者に、一定の条件の下で永住権取得を可能にしようとする法案である。

　連邦レベルでの DREAM 法成立が難航する中、オバマ前大統領は 2012 年 6 月 15 日、幼少期に米国に移住し非合法滞在となってきた若者に対し、要件を満たせば強制送還を猶予する旨の大統領令 DACA（Deferred Action for Childhood Arrivals）を発令した。その要件とは、① 16 歳未満で米国に移住し、2012 年 6 月 15 日現在 31 歳未満であること、②教育機関在学中または高等学校既卒者・高等学校卒業程度認定試験（GED：General Education Development）合格者であること、あるいは米軍の名誉除隊者であること、③ 5 年以上継続して米国に在住していること、④重大な犯罪歴や国家・公共の安全を脅かした前科のないこと、などである。465 ドルの申請費用とともに出生証明書・成績証明書等の必要書類を提出し、DACA 申請が認められると、社会保障番号が付与され、2 年後の更新期まで就労を伴う滞在が許可される★19。

同年8月15日の申請受付開始から2017年12月末日までの5年間で、146万2258人を超える若者たちに許可（更新を含む）が下りたが、そのうちの約40万3000人がカリフォルニア州、約22万3600人がテキサス州、約8万3400人がニューヨーク州、約7万5700人がイリノイ州在住者であった。出身国別ではメキシコの約114万600人を筆頭に、エルサルバドルが約5万3800人、グァテマラが約3万6200人、ホンジュラスが約3万3900人、ペルーが約1万8000人と続き、全体の90%以上がラティーノであった[20]。

全米州議会議員連盟（NCSL：National Conference of State Legislatures）、全米学生支援担当職員協会（NASPA：National Association of Student Personnel Administrators）、全米移民法センター（NILC：National Immigration Law Center）等によれば、米国内の少なくとも22州において、非合法滞在学生にも州内在住者用授業料を適用する対策がとられている。そのうちカリフォルニア、テキサスなど17州は州法により[21]、オクラホマ、ハワイなど5州は州立大学理事会や州高等教育審議会等の決議に基づき、非合法滞在学生への州内在住者用授業料適用を認めてい

表1　授業料および奨学金をめぐる非合法滞在学生への各州の対応（2018年6月現在）

州法により州内在住者用授業料を適用する州	イリノイ／オレゴン／カリフォルニア／カンザス／コネティカット／コロラド／テキサス／ニュージャージー／ニューメキシコ／ニューヨーク／ネブラスカ／バージニア／フロリダ／ミネソタ／メリーランド／ユタ／ワシントン（計17州）
州立大学理事会・州高等教育審議会等の決議により州内在住者用授業料を適用する州	オクラホマ／ケンタッキー／ハワイ／メイン／ロードアイランド（計5州）
州内在住者用授業料の適用に加え州奨学金受給資格を認めている州	オクラホマ／オレゴン／カリフォルニア／テキサス／ニュージャージー／ニューメキシコ／ハワイ／ミネソタ／ワシントン（計9州＊）
州内在住者用授業料の適用を禁じている州	アリゾナ／インディアナ／ジョージア（計3州）
州立大学への入学を禁じている州	アラバマ／サウスカロライナ（計2州）

＊首都ワシントンD.C.についても同様な対応が取られている。
出所：各州の関連州法、全米州議会議員連盟（NCSL, 2015）、全米学生支援担当職員協会（NASPA, 2017）、全米移民法センター（NILC, 2018）、各種報道機関による関連記事・ニュース等を基に筆者作成[22]

る。また、アラバマ州やサウスカロライナ州が公立高等教育機関における非合法滞在学生の受け入れを禁ずる一方、少なくとも9州においては、州内在住者用授業料の適用に加え、州奨学金受給資格をも非合法滞在学生に認めている（表1参照）。公立高等教育機関の年間授業料は全国平均で、州内在住学生に対しては9970ドル、州外学生についてはその2.5倍を超える2万5620ドルの納入が求められている 。授業料だけをとってみても、州内在住者と認められるかどうかが、滞在許可証を欠く学生らの大学進学に多大な影響を及ぼすことは明らかである。

　カリフォルニア州立大学サンバナディーノ校（California State University, San Bernardino：以下、CSUSB）に2015年、コヨーテ・ドリーマーズ（The Coyote Dreamers）という団体が設立された。学内の非合法滞在学生支援を目的とするコヨーテ・ドリーマーズは、2016年6月には88名ものメンバーを数え、その後も積極的な支援活動を展開している★23。米国滞在に係る法的状況を問わず、非合法滞在学生の現状や苦難についてともに学び、彼（女）らが安心して仲間と交流できる場を提供しつつ、互いの絆や信頼を深めていくことをめざしている。

　また、そうした活動を支え、国や州、あるいは大学が提供する様々な支援制度やプログラムについての情報提供、ならびに具体的な手続き上の支援等を行う学内組織として、"DREAMers Resource and Success Center"も開設された。同センターは、非合法滞在学生を対象とするDREAM法関連ワークショップを開催する一方、教員・事務職員に対しても、そうした学生への教育上ならびに日常生活面での支援のあり方について、資料を作成して情報提供を行い、意識の喚起や環境の改善に努めている。センターが発行する学生・教員向け冊子 "CSUSB DREAMers：An AB540 Handbook for Students and Educators" にも、そうした姿勢は如実に表れている。センターが推進する諸活動においては、州立大学として、州内に在住する若者たちが高等教育を受ける権利を保障し、学生保健センターでの健康管理やキャリア・センターでの就職活動支援等、責任を持って担っていかなければならないとの使命感が垣間見られる。

おわりに

　米国では、ラティーノの若者たちの進学率・卒業率改善に向けた取り組みが様々に展開されてきた。とりわけ、職業訓練的側面を兼ね備えた地域密着・貢献型教育を提供するコミュニティカレッジは、より負担の少ない学費で準学士号取得への道を開くとともに、4年制大学へのブリッジ機能を果たす、ラティーノ学生の重要な受け皿を担ってきた。本章第1節で紹介した、ラティーノ学生が数多く在籍するHSI各校では、入学から卒業に至るまでの手厚い教育支援とともに、奨学金申請のサポートやキャリア支援、自らを肯定的にとらえられるよう促すためのアイデンティティ確立に向けた試みや、コミュニティとのつながりを深めるための活動など、実に多面的な取り組みが実践されている。

　ヨーロッパ系白人（非ラティーノ）の若者たちは言うまでもなく、アジア系やアフリカ系といった他のマイノリティ集団と比べても、ラティーノは、高校でのドロップアウト率が高く、大学進学率も低くとどまってきた★24。高等教育を経て専門的知識・技能を身につけ社会に貢献していくことは、ラティーノ学生本人や家族、コミュニティはもとより、米社会全体の将来にとっても極めて重要な課題である。

　国勢調査局によると、2044年には白人（非ラティーノ）人口が米総人口の半数を下回り、マイノリティ集団とされてきた人々の総数がマジョリティに転ずるとともに、2066年にはラティーノが総人口の29%を占めるに至ると予測されている（Colby and Ortman, 2015: 9）。若年層の占める割合の高いラティーノは、様々な側面から社会を支える重要な労働力供給基盤としても、今後ますます期待されていくに違いない。連邦政府や州政府等による政策的・財政的支援の下、ラティーノ学生の大学進学・卒業を促す取り組みを奏功させていくことは、米社会のすべての構成員に対し、より良い未来を保証していく過程でもある。

追記　本稿は、平成27～29年度科学研究費補助金による「米国の高等教育機関におけるラティーノ学生受入れのための制度的・教育的支援策」（基盤研究（C）・課題番号 15K04382）に係る研究成果の一部としての拙稿、「米国高等教育におけるラティーノ学生への多面的支援」（南山大学紀要『アカデミア』社会科学編第12号〔平成29年1月刊〕）のデータを更新

し、加筆・修正したものである。

注

★1 　ラテンアメリカ系米国人ならびに滞米ラテンアメリカ系移民の総称である。政府関連機関は「ヒスパニック」という呼称を用いるのが一般的であるが、本章では、正式名称の一部となっているなどして置換不可能な場合を除き、原則として「ラティーノ」を使用する。「ヒスパニック」および「ラティーノ」という呼称が用いられるようになった歴史的背景や経緯、その使用を通じて示されるアイデンティティの相違等については拙稿（2008：57-77）を参照されたい。

★2 　ラティーノが米国最大のマイノリティ集団を形成するに至ったという国勢調査局の発表については、ニューヨーク・タイムズ紙（*The New York Times*, January 22, 2003）をはじめ、全米各紙によって大きく報道された。

★3 　リンドン・ジョンソン政権下の 1968 年に「ヒスパニック文化継承週間（Hispanic Heritage Week）」として発足したが、その 20 年後、ロナルド・レーガン政権下の 1988 年に期間修正が連邦議会で承認され、1 か月間の祝祭とするよう定められた（Public Law 100-402）。9 月 15 日から 10 月 15 日の期間には、メキシコ、グァテマラ、エルサルバドル、ニカラグア、チリといったラテンアメリカ各国の独立記念日が含まれる。

★4 　国勢調査局が公表する 2016 年現在の推定値（American FactFinder 2016 より）を基に、ハーバード大学セルバンテス研究所がまとめた報告書（Hernández-Nieto, Gutiérrez, and Moreno-Fernández, 2017: 13）による。

★5 　カレクシコ（Calexico）市やエルセントロ（El Centro）市、イーストロサンゼルス（East Los Angeles）地区などはその代表的な例である。

★6 　HSI 関連法の成立経緯については Valdez（2015）が詳しくまとめている。

★7 　教育省データによれば、2013 財政年度における補助金交付総額は 9518 万ドル、2014 財政年度のそれは 9858 万ドルであった。HSI 認定校の増加に伴い、連邦政府による支援額も徐々に膨らんでいったことが窺われるが、オバマ前政権期の最終年度（2016 年）以降の実績は確認できていない。

★8 　*Excelencia* はスペイン語で「卓越性」を意味する。従って "*Excelencia* in Education" という団体名を訳すとすれば、「教育における卓越性」となる。

★9 　それぞれの取り組みの概要と推進主体機関の名称、予算額等についてはイニシアティヴがまとめた資料（White House Initiative on Educational Excellence for Hispanics, 2015）を参照されたい。

★10 　全プロジェクトの特色と概要については、米国教育省公式サイトの該当ページ（U.S. Department of Education, 2015）に一覧として掲載されている。

★11 　オバマ政権期の STEM 教育推進計画やその到達目標等については、イニシアティヴ公式サイトに "Hispanics and STEM education"（White House Initiative on Educational Excellence for Hispanics, 資料公開年不明）と題してその概略がまとめられている。

★12 準学士課程部門、学士課程部門、大学院部門という従来の3部門に加え、2014年には住民組織部門が新設され、近年ではより幅広い顕彰が行われている。
★13 ここでいう"first-generation"とは、家族の中で初めて大学進学を志す者をさす。
★14 前述（本章第2節）の通り、STEMとは、科学・テクノロジー・工学・数学に関わる学問分野の略称である。
★15 ジョブシャドウイング（job shadowing）とは、企業において社員の仕事ぶりを間近で観察・体感することを通じて業界や職種の特色をしっかりと認識し、将来の職業選択に活かしてもらうために提供される職場体験プログラムの一つである。米国では多くの企業で、就業体験型インターンシップ・プログラムの前段階として、ジョブシャドウイングが位置づけられている。
★16 周知のように、米国諸大学には学部教育課程としての医学部は設置されておらず、医学を志す学生は、大学卒業後に4年制専門職大学院であるメディカルスクールに入学して学ぶこととなる。
★17 米国の医師免許試験には3段階の試験（Step1～3）があり、通常は一次試験を医学部2年次に、二次試験を4年次に、三次試験を課程修了前後に受験するのが一般的である。
★18 非合法移民の子どもの総数に占めるラティーノの割合は、2011年段階ではおよそ4分の3に及ぶと推計されていた（Passel, 2011: 27）。
★19 1996年改正移民法ならびにDACAの詳細については、いずれも米国国土安全保障省内に置かれた移民帰化局の公式サイト内該当ページ（U.S. Citizenship and Immigration Services, 1996; 2018）で確認できる。
★20 移民帰化局が各年末時点で更新するデータの最新版（U.S. Citizenship and Immigration Services, 2018）に基づく。
★21 ウィスコンシン州でも2009年に同様の法律が成立したが、2011年には廃止されている。
★22 関連州法については、"The uLEAD (University Leaders for Educational Access and Diversity) Network"の公式Webページ（https://uleadnet.org/）において、過去の経緯とともに州ごとの詳細が確認できる。
★23 2016年6月6日付の *Coyote Chronicle*（CSUSBの学生新聞）に掲載された記事"DREAMERS"（p.4）による。コヨーテというのはオオカミに似たイヌ科の動物で、CSUSBのシンボル（マスコット・キャラクター）にもなっている。
★24 高いドロップアウト率の背景にある要因については、拙稿（2010）第1章を参照されたい。

引用・参考文献
政府・省庁関連
Barack Obama, October 19, 2010, "Executive Order 13555-White House Initiative on Educational Excellence for Hispanics", The White House, https://obamawhitehouse.archives.gov/the-press-office/2010/10/19/executive-order-

13555-white-house-initiative-educational-excellence-hisp（2018 年 9 月 3 日閲覧）
George H. W. Bush, September 24, 1990, "Executive Order 12729-Educational Excellence for Hispanic Americans", Online by Gerhard Peters and John T. Woolley, The American Presidency Project, http://www.presidency.ucsb.edu/ws/?pid=23738（2018 年 9 月 2 日閲覧）
U.S. Citizenship and Immigration Services, September 30, 1996, "Illegal Immigration Reform and Immigrant Responsibility Act of 1996", Pub. L. 104-208, 104th Congress, https://www.uscis.gov/sites/default/files/ocomm/ilink/0-0-0-10948.html（2018 年 9 月 30 日閲覧）
―――, December 31, 2016, "Number of I-821D, Consideration of Deferred Action for Childhood Arrivals by Fiscal Year, Quarter, Intake, Biometrics and Case Status: 2012-2017", https://www.uscis.gov/sites/default/files/USCIS/Resources/Reports%20and%20Studies/Immigration%20Forms%20Data/All%20Form%20Types/DACA/daca_performancedata_fy2017_qtr1.pdf（2018 年 9 月 30 日閲覧）
―――, Updated February 14, 2018, "Consideration of Deferred Action for Childhood Arrivals (DACA)", https://www.uscis.gov/archive/consideration-def erred-action-childhood-arrivals-daca（2018 年 9 月 30 日閲覧）
U.S. Department of Education, 2006, "Title V - Developing Institutions, Part A Hispanic-Serving Institutions, Sec. 502", Title V Program Statute, http://www2.ed.gov/programs/idueshsi/title5legislation.doc（2018 年 9 月 20 日閲覧）
―――, 2015, "Commitments to Action for Hispanics in Education", http://www2.ed.gov/about/inits/list/hispanic-initiative/commitments.html（2016 年 9 月 17 日閲覧）
―――, 2016a, "Developing Hispanic-Serving Institutions Program - Title V, Funding Status", http://www2.ed.gov/programs/idueshsi/funding.html（2018 年 9 月 21 日閲覧）
―――, 2016b, "Hispanic-Serving Institutions – Science, Technology, Engineering or Mathematics and Articulation Program FY 2016 Awards", https://www2.ed.gov/programs/hsistem/awards.html（2018 年 9 月 22 日閲覧）
―――, 2017, "Alejandra Ceja, Executive Director of the White House Initiative on Educational Excellence for Hispanics – Biography", http://www2.ed.gov/news/staff/bios/ceja.html（2018 年 9 月 23 日閲覧）
U.S. Department of Homeland Security (Office of Immigration Statistics), 2017, "Estimates of the Unauthorized Immigrant Population Residing in the United States: January 2014", https://www.dhs.gov/sites/default/files/publications/Unauthorized%20Immigrant%20Population%20Estimates%20in%20the%20US%20January%202014_1.pdf（2018 年 9 月 27 日閲覧）
White House Initiative on Educational Excellence for Hispanics, 2015, "National

Commitments to Action", https://sites.ed.gov/hispanic-initiative/files/ 2015/10/ FINAL_NationalCommitmentstoAction_WordDoc_10152015.pdf（2018 年 9 月 30 日閲覧）

―――――, 作成・公開年不明, "Hispanics and STEM education", http://www2.ed.gov/about/inits/list/hispanic-initiative/stem-factsheet.pdf（2018 年 9 月 30 日閲覧）

各種団体関連

Excelencia in Education, 2015, "What Works for Latino Students in Higher Education", http://www.edexcelencia.org/sites/default/files/2015-CelebPrgrmCmpndm_1.pdf（2016 年 9 月 19 日閲覧）

―――――, 2018, "Emerging Hispanic-Serving Institutions (HSIs): 2016-17", https://www.edexcelencia.org/research/data/emerging-hispanic-serving-institutions-hsis-2016-2017（2018 年 9 月 22 日閲覧）

Hispanic Association of Colleges and Universities (HACU), 2011, "Department of Education awards HSI STEM and Articulation Programs grants", https://www.hacu.net/NewsBot.asp?MODE=VIEW&ID=1048（2018 年 9 月 22 日閲覧）

―――――, 2016, "2016 Fact Sheet: Hispanic Higher Education and HSIs", http://www.hacu.net/hacu/HSI_Fact_Sheet.asp（2016 年 9 月 12 日閲覧）

―――――, 2018a, "2018 Fact Sheet: Hispanic Higher Education and HSIs", https://www.hacu.net/hacu/HSI_Fact_Sheet.asp（2018 年 9 月 20 日閲覧）

―――――, 2018b, "HACU List of Hispanic-Serving Institutions (HSIs) and Emerging HSIs 2016-17", https://www.hacu.net/hacu/hsis.asp（2018 年 9 月 22 日閲覧)

National Association of Student Personnel Administrators (NASPA), July 21, 2017, "In-State Tuition for Undocumented Students: 2017 State-Level Analysis", https://www.naspa.org/rpi/posts/in-state-tuition-for-undocumented-students-2017-state-level-analysis（2018 年 9 月 30 日閲覧）

National Conference of State Legislatures (NCSL), October 29, 2015, "Undocumented Student Tuition: Overview", http://www.ncsl.org/research/education/undocumented-student-tuition-overview.aspx（2018 年 9 月 30 日閲覧）

National Immigration Law Center (NILC), June 1, 2018, "Basic Facts About In-State Tuition for Undocumented Immigrant Students", https://www.nilc.org/issues/education/basic-facts-instate/（2018 年 9 月 30 日閲覧）

研究書・論文・報告書・新聞等

Chomsky, Aviva, 2014, *Undocumented: How Immigration Became Illegal*, Boston: Beacon Press.

Colby, Sandra L. and Jennifer M. Ortman, 2015, "Projections of the Size and

Composition of the U.S. Population: 2014 to 2060", *Current Population Reports*, U.S. Census Bureau, Department of Commerce, https://www.census.gov/content/dam/Census/library/publications/2015/demo/p25-1143.pdf（2018 年 9 月 30 日閲覧）

Hernández-Nieto, Rosana, Marcus C. Gutiérrez, and Francisco Moreno-Fernández, "Hispanic Map of the United States – 2017", *Informes del Observatorio / Observatorio Reports*, Instituto Cervantes at the Faculty of Arts and Sciences of Harvard University, http://cervantesobservatorio.fas.harvard.edu/sites/default/files/hispanic_map_2017en.pdf（2018 年 9 月 20 日閲覧）

Passel, Jeffrey S., 2011, "Demography of Immigrant Youth: Past, Present, and Future", *Immigrant Children*, Volume 21 Number 1, Spring, The Future of Children: A Collaboration of The Woodrow Wilson School of Public and International Affairs at Princeton University and The Brookings Institution, https://files.eric.ed.gov/fulltext/EJ920366.pdf（2018 年 9 月 27 日閲覧）

Valdez, Patrick L., 2015, "An overview of Hispanic-Serving Institutions' legislation: Legislation Policy Formation Between 1979 and 1992", in Mendez, J. P., Bonner II, F. A., Méndez-Negrete, J. & Palmer, R. T. (eds.), *Hispanic Serving Institutions in American Higher Education: Their Origin, and Present and Future Challenges*, Sterling (Virginia): Stylus Publishing, pp.5-29.

The New York Times, January 22, 2003, "Hispanics Now Largest Minority, Census Shows", http://www.nytimes.com/2003/01/22/us/hispanics-now-largest-minority-census-shows.html（2016 年 9 月 12 日閲覧）

牛田千鶴、2008 年、「米国のラティーノ社会──呼称をめぐるエスニシティと政治性」小池康弘編『現代中米・カリブを読む──政治・経済・国際関係』（異文化理解講座 8）山川出版社、57-77 ページ。

───、2010 年、『ラティーノのエスニシティとバイリンガル教育』明石書店。

第 12 章
抵抗のイメージ、ソフト・レジスタンス
——中米グアテマラ・マヤの事例から

桜井三枝子

はじめに

　「異文化が衝突」した大航海時代において、ラテンアメリカ、アフリカ、アジア諸地域では、地域によって期間に相違はあるが、征服・植民地時代を経て近・現代の独立時代に至るまで、被征服者として生きてきた先住民は、いかなる抵抗を試みたのであろうか。現在、マヤ語を話す民族集団はメキシコを含む5カ国（グアテマラ、ベリーズ、ホンジュラス、エルサルバドル）に居住している。スペインからメキシコが独立（1821年）し、政情が不安定な時期にユカタン半島のマヤ人は3世紀にわたるスペイン系白人支配に対して、自治領を取り戻すべく反乱蜂起し（1847年）、当時の英領ホンジュラス（現ベリーズ）から英国製武器を調達し火を噴く勢いで白人居住都市を次々と陥落させた。この反乱は半島南東部のサンタクルスを拠点にし、「語る十字架」儀礼を精神的支柱にし、政府鎮圧軍に鎮圧されるまで約半世紀続いた（桜井、1998、「第II部　カスタ戦争と「語る十字架」儀礼」）。では、ユカタン・マヤ人の武力による抵抗とは異なり、グアテマラ西部高地の（ツツヒル語）マヤ人はいかなる抵抗を試みたのであろうか（桜井、1998、2010）。本章では、武力によらない日常的実践を通じた「ソフト・レジスタンス」の在り方を、歴史的社会的背景をふまえたうえで、私のフィールド事例をあげて考察していきたい。

1　ソフト・レジスタンスとは

　アフリカの都市人類学を研究する松田は「都市のアナーキーと抵抗の文化」において、ナイロビ出稼ぎ民の事例を通じて、ソフト・レジスタンスが、言説空間を成立させる近代的な知のモード自体を揺るがす力を内部に秘めているとし、以下のようにオティエノ裁判（1986-88 年）を例にして語る。急死したルオ人のエリート弁護士オティエノの遺体をめぐって、キクユ人の妻とルオ人のカゲール・クランの間で法廷闘争が繰り広げられた。近代の価値とライフスタイルを代表したのが妻側であり、伝統的「部族的」生活を代弁したのがクラン側であった。両者の間には「コモンロー（近代）」と「慣習法（伝統）」の二つの知の様式の葛藤が見られた。巨大で圧倒的な近代知に対して、柔軟に抵抗するもう一つの知の可能性である。分節し論理づける意味化の権力に対して、範型化して抵抗する民衆の知恵の可能性である。範型化という戦術は創造性とならぶソフト・レジスタンスの重要な特質であり、WHY-BECAUSE の連鎖を断ち切る最強の戦術は、同じことを繰り返すことにあるという（松田、1997：124-128）。

　松田は以下のように続ける。一人のルオ人長老がクラン側証人として法廷に出廷し、ルオの葬式儀礼について語り始めた。「埋葬がおわると一羽の鶏がしめられ聖火によって肉があぶられる。それは死者の姻族のためのものだ。翌朝、人々は雄牛を連れてやってきてそれを屠殺する」。ここまできたとき、裁判長が彼に質問を浴びせかけた。「それはなんのために行われるのですか」。この問いに関する長老の答えはシンプルだった。「わしらの慣習だ」。この答えに苛立った裁判長は、「この人は自分の言っていることが自分でもよくわかっていないようだ」とため息をついた。意味化と非（脱）意味化の対決のハイライトは、新居建設儀礼についての次のやりとりのなかによく表れている（上掲書：126-127）。

　　裁判長：（建設サイトを決めた後）火の側に鶏をつなぐというが、何のためですか。
　　長老：慣習です。

第 12 章　抵抗のイメージ、ソフト・レジスタンス

　裁判長：それが象徴する意味は何なのですか。
　長老：それはラモギ（伝説上の民族の始祖）以来受け継いできたわしたち
　　　　の慣習なんです。
　裁判長：あなたはその意味を知らないのですね。では死後父親の新居に埋
　　　　葬されなければならない理由は何なのですか。
　長老：わしたちの慣習です。
　裁判長：あなた方は慣習に盲目的に従っているだけなのですか。ではもう
　　　　一つ。もし父親が息子の新居で火にあたるとどうなりますか。
　長老：その一族は繁栄しません。
　裁判官：いや、父親が息子のところで火にあたるのがなぜ駄目なのか聞い
　　　　ているのです。
　長老：わしたちの慣習だからです。
　裁判長：私はその背後にある論理を聞いているのです。
　長老：だからわしたちの慣習ですと答えているのです。

　整合的な意味秩序を構築しようとする裁判長に対して、ルオ人の長老は「そうなっているものはそうなっているのだ」的言辞を繰り返し、意味化の世界からの脱出を試みている。そのためクラン側の代理人は、意味化の専門家の証人としてナイロビ大学のルオ人教授の援けをかりた。教授は長老が脱意味化したルオ人の慣習の一つ一つに意味を与えていく。「なぜ新居建設儀礼のとき斧がでてくるのですか」「なぜならそれは労働の象徴なのです」、「なぜそのとき火がおこされるのですか」「なぜなら火はすでに新居が決定されたことの象徴なのです」といった論理の交換によって、儀礼は完璧に意味づけられ、合理的理解可能なものへと変換されてしまった。こうして、長老がつくり出した近代知の裂け目は、もとどおりに縫合されたのである。松田はソフト・レジスタンスという概念を提起して、伝統の根源的抵抗性を擁護する。生活実践のレベルでは、人々は支配システムと交渉し、内部に包摂されながら、微細な創造力の集積によってシステムを変質させる。一方、認識レベルでは、範型化された言説の反復をすることで、意味の調和的構造に絡めようとする認識の暴力に抵抗する。日常生活の抵抗文化は、こうした二種類のソフト・レジスタンスを同時に実現することで生成されてきたのであると言及される（松田、1997：125-

231

127)。ツツヒル・マヤ地域のサンティアゴ・アティトラン村での祝祭儀礼の調査中、私が「この儀式は何を意味するのですか」と質問すると、決まって「それは習慣だからです」とか「それは私たち祖先から伝わる伝統なんです」という答えが返ってくる。我々文化人類学調査者は常に異文化の解釈者として意味化をはかるという点では、ナイロビ大学教授の側にあるのかもしれない。

2　スペインの征服・植民とカトリック布教

2・1　スペインの征服と植民

　1524年、ペドロ・デ・アルバラードの軍はソコヌスコ（現メキシコ南部）からグアテマラ高地へと入り、ケツアルテナンゴ、ウタトラン、イシムチェ、アティトラン、そしてエスクィントラへと進軍した。彼はエルナン・コルテス宛ての書簡に、メキシコよりもグアテマラのほうが先住民人口が多く土地は肥沃であると報告し、その後、カクチケルの王城イシムチェを最初の都に定め、さらに南下しクスカトラン（現エルサルバドルの首都）を征服しイシムチェに戻った。ところが、キチェとカクチケルの反乱にあいイシムチェを放棄し、オリンテペケ、コマラパなどを征服した後（1527年）に、首都をアルモロンガのカクチケル渓谷に定め、そこをサンティアゴ・デ・カバリェロスと名づけた。この地域には言語の異なる集団がモザイク状に割拠しキチェ、カクチケル、ツツヒル、マムが比較的大きな集団を形成していた。アルバラード軍の多くは、スペイン王室の正規軍ではなく傭兵であった（Oss, 1986: 9-12）。カクチケルは当初、スペイン軍に味方しキチェとツツヒルと戦ったが、ツツヒルは抵抗せずに防衛にまわりカシケ（首長）のホー・ノフ・キカブは後に、スペイン軍助勢にまわったので自領チヤ地方支配者として留まることが許された。カシケとは先住民の首領であり植民地時代にスペイン王室の直属家臣として貢納と強制労働から免除され、スペインの辺境地支配者の命令や軍令に従う必要はなく、スペイン語の尊称 Don を名乗り武器と馬の所有・乗馬を許された。当地の先スペイン時代の権力構造が17世紀に入っても、破壊されずにきたことは、高地マヤ地域では例外的なことで、それゆえ、彼らの旧秩序が比較的保持されてきたのであった。一方、キチェとカクチケルのカシケは神殿都市と政治的秩序を破壊され、自分たちの守護神が無力なことを思い知らされた。いわば「ツツ

ヒルの神」は【事例1】で後述するように祖先神の形をとり生き残ったようである。エンコミエンダ（委託）とは、スペイン王室が征服者たちに一定数の先住民を割り当て、教化を義務づける代わりに徴税権と労役権を与えた制度をいい、委託を受けた征服者をエンコメンデーロと呼ぶ。征服後も当地域はスペイン人支配勢力が行き届かず、アルバラードは貢納をエンコメンデーロのサンチョ・デ・バラオマ・エル・ビエホと二分した。アルバラード死後も、バラオマ家後継者たちはツツヒル地域に居住することを厭い、先住民カシケのドン・ペドロは、貢納を納める限り前スペイン期と同様の地位を享受できた。エンコメンデーロの貢納要求が法外に高くなると、ツツヒル人は可能な限り引き延ばし、スペイン人による内政干渉をくい止めてきたのである（Orellana, 1984: 139, 142, 147-149, 152; Carlsen, 1997: 89）。

　ドミニコ会士ロドリゴ・デ・ラドラーダが1538年にチヤ（Chiya'）とテクパン・アティトラン（Tecpan Atitlán）において布教活動を開始し成果をあげた。1543年にマロキン神父がグアテマラ司教に着任し、スペイン人修道僧は地方へ布教に出ては、村の広場や入口、十字路と至る所に十字架を設置した。負けずに、マヤ人も自分たちの神像を十字架の陰に隠し礼拝した（Orellna, 1984: 195-196）。宣教師の数は少なく村に常駐することはなく留守にすることが多かったということは、とりもなおさず、伝統的なマヤ信仰が継続されやすい環境にあったといえる。こうして彼らはマヤの宗教を面従腹背という「弱者の手法」で日常的宗教的実践において「再領土化」していくのである（後述）。1547年、二人のフランシスコ会士フランシシコ・デ・ラ・パラとペドロ・デ・ベタンソスはチティナミト（Chitinamit）山頂にある旧都チヤへの布教活動は雨期には支障が多く、もっと徴税や行政面から統治しやすいようにと、ツツヒル人を使役して造らせた新街区サンティアゴ・アティトランに彼らを移動させた。移動時は1400人以上の先住民納税者が居たが1005人に減少した。独身男性はこの中に含まれていない。長老たちの話によれば、先スペイン期人口は1万2000人以上であったが、アルバラード軍に一度で600人も徴兵され、戦争で多くの先住民が命を落とした。エンコメンデーロの命令で金鉱労働者として10日ごとに240人が妻同伴で駆り出され、妻たちは金鉱労働者の食事などの世話をした。その他、風疹、麻疹、チフスなどが先住民人口の激減に拍車をかけたのであった（Acuña, 1982）。やがて、当地域はフランシスコ会管轄

区域となり（1550年）、1566年にフアン・アロンソとディエゴ・マルティン常駐司祭が赴任した。教会建築は1570年に開始され1582年に完成し、グアテマラでも最古の教会に属し良い保存状態にある（Orellana, 1984: 119, 197）（写真1）。

バラオマ一族はエンコメンデーロの義務であるにもかかわらず、先住民のキリスト教化にまるで関心を示さず、教会建設資金も修繕費用も拠出しなかった。かくして350年以上も当地にはエンコメンデーロが足を入れることもなく、結局、司祭の常駐は永続せず散発的に訪

写真1 16世紀定礎のカトリック教会を背景に、キリストの死と復活を揶揄するかのように、聖水曜日・聖金曜日にマヤの祖先神マシモン仮面像行列が群衆の中を進む。（1992年筆者撮影）

れミサをしただけであったので、辺境地の伝統的信仰形態と社会的秩序はタイムカプセルの中で生き延びたのであった。それ故、20世紀に入り1964年以後に着任してきた司祭たちは、ツツヒルの人々が伝統的信仰形態を維持していることに驚き、つぎに立腹し、両者の間には葛藤が絶えなかったのである（Orellana, 1984: 199-200; Carlsen, 1997: 93, 124）（後述、仮面の盗難）。

2・2 コフラディア（信徒集団組織）の定着と宗教的表象のツツヒル化

スペインのコフラディア組織は12世紀に生じ、当時は中世グレミオ組織の一部であった。グレミオとは、例えば漁夫、鍛冶屋、指物師、金細工師のように、同じ職業に就く仲間の病気や死亡、災害などに対して相互扶助をする一種の同業者組合であった。コフラディアの中心的役割は、グレミオの守護聖人像の世話とその祝日に経済的支援をすること、および「兄弟たち」すなわちコフラーデ（団員）の葬式の互助にあった。スペインから新大陸に移植された諸制度の中で、コフラディア組織は先住民に受容され、ともすれば伝統的社会の破壊で自己喪失に陥っていた人々にとって、結束を強化し紐帯を活性化させる精

神的支柱組織となった。同時に教会側にとっては、団員の献金により教会が円滑に運営され、記録も残る有益な存在であった。17世紀末キチェ・マヤ地方ではカトリック聖人像は教会よりはむしろコフラディアの家に祀られたが、少し遅れて当該地では18世紀後半となった。聖人の祝日には、像に村人の衣服を着付け、奇跡物語を歌いかつ踊った。コフラディア祭主の家長は聖像を祀り、その祝日には祭主となり盛大な祝宴をした。先スペイン期にマヤの神々に奉納された歌・踊り・飲酒・薫香などの宗教儀礼が、カトリックの聖人像を対象に入れ替わった（Orellana, 1975: 846; 1984: 209-212）。ツツヒルの神像は物理的に破壊されたが、儀礼的ダンス、祈祷、宗教儀礼は消滅を免れたようだ。その事例が聖十字架のコフラディア宅に祀られている祖先神マシモン仮面像（写真1）にまつわる諸儀礼と言える。

さて、伝統的なアティトラン信仰の実践はコフラディア組織に集中保存され、いわばこの「ボランティア協会ネットワーク」は聖人像崇拝を基礎にして連携している。コフラディアは元来カトリックの布教に依るものであるが、当村のコフラディアは先住民による自主管理運営になっており、カトリック教会正統派から逸脱してしまった。このため、当地に任命された司祭は何代にもわたり、これは異端であると暴力的な破壊を試みてきた。ルーサー神父（後述 S. F. Rother）の好意に満ちた対応はむしろ例外的であった。マシモン仮面像の受難シーンの方が多かったのである。例えば、1950年にドミニコ会のG・レシーノス神父は復活祭にマシモン像が教会入口に吊るされ供物が供えられている光景を見るや激怒し、マシモン像めがけて3発の銃弾を放った。しかし、マシモン仮面像は致命的破損を免れ、その銃弾は現在でも聖十字架のコフラディアでマシモンの衣装櫃の中に保管されている。数週間後、この神父は修道院長らを伴い再びモーターボートで乗りつけ、今度はマチェテ刀でコフラディアを襲い、仮面像頭部を切りつけ二つの古い仮面を没収し湖面を渡って逃げた。これに対しコフラディア長老は負けずに新しい仮面像をすぐに彫刻師に作らせた。ローマ法王がこの騒動を聞き会議にその「狼藉」神父をよびつけるという（希望的観測の）噂が流れたが、伝統派古老たちはローマ・カトリック正統派に対して苦い思いを噛みしめ、爾来、ミサには参加せず、教会に神父がいれば中にも入らない。没収された二つの仮面のうち一つはパリの人類学博物館に収蔵されたが、1979年にチャベス兄弟が祭壇の修復作業をしているときに、在

グアテマラのフランス大使館を介して返却された（Mendelson, 1965: 65-66; Christenson, 2001: 62-63）。

　対照的に 1970 年代に着任したルーサー神父は暗殺されるまで 7 年間、サンティアゴ村の司祭館に居住し、ツツヒル語を習い土地の風俗習慣をこよなく愛し、伝統文化の保持に努めコフラディア儀礼に参加した。今日でも人々はルーサー神父を懐かしみ慕うが、それは彼が文化英雄神のフランシスコ・ソフエルの生まれ変わりと考えているからだ。国軍に暗殺された神父の遺体が、故郷米国オクラホマ州に戻されるのを知ると、村人たちは遺体の心臓部だけでも残してほしいと懇願し、現在、教会エントランスの慰霊碑の下にそれは埋葬されている。ルーサー神父以外にも文化英雄神とされた一人に民族学者メンデルソン（英国人、1950 年代調査者）がおり、彼も始祖ソフエルの生まれ変わりと村人に言われている。人々は聖フアンのコフラディアで宗教職能者ナベイシルがサン・マルティン包みを抱えて踊るときソフエルの魂がそこに入ると語る（Christenson, 2001: 60, 69-70）。始祖ソフエルは 1950 年代の調査者メンデルソン、1970 年代のルーサー神父に転生して、文化英雄神として生まれ変わる。次節の【事例 2】で述べるように「サン・マルティン包み」の儀礼がされる時、神話に基づく始祖が彼らの生活世界に舞い戻ってくる、そういう時間概念を抱いているかのようである。

3　事例から見るソフト・レジスタンスのありかた

【事例 1】スペイン人マルティン総督は先住民の救世主か？
　ジョーンズによれば、植民地時代末期サンタマルタの大地震でスペイン人旧都サンティアゴ・デ・グアテマラ市（現アンティグア・グアテマラ市）が崩壊したのを先住民が目前にし、1773 年 10 月、次のように不思議な大衆行動にでた。武力を伴わない千年王国的反乱が新都グアテマラ市に起きたのである。何でもマルティンという名のスペイン王が旧都を地震で破壊・破滅させ先住民を強制労働や重税から解放し、征服前の生活に戻すためにやってくるという。彼らはマルティン・デ・マジョルガ総督がその人物であると信じ大挙してやってきたのだ。マルティンという名前は先住民預言者マルトゥム（*Martum*）の転訛である（Jones, 1994: 91-92）。先住民居住村落サンティアゴ・アティトラン村の復

活祭には後述するように「サン・マルティン」というマヤ神話に由来するご神体（包み）を捧げるシャーマンが登場する。先住民は大地震がスペイン人居住都市の旧都を神罰として破壊破滅させ、代わって新たな為政者マルティン・デ・マジョルガ総督が先住民を救済するために救世主として現れた、そう信じたうえでの大衆行動であった。

【事例2】復活祭にはマヤ祖先神が復活する（聖木曜日、聖金曜日）

　カトリック教会を中心に、受難の主日の日曜日から復活の主日までの聖週間において、キリストの死と復活をなぞるかのようにマシモン仮面像の解体（死）と再構成（復活）が特別の宗教的役職者により特別の時間と場所で執り行われ、こともあろうに厳粛であるべき聖水曜日および聖金曜日（主の受難）の磔刑祭儀と寝棺の聖行列に、道化師のごとくにぎにぎしく割って入り込み、民衆の喝采をあびている光景を目撃すると（写真1）、旧都アンティグア・グアテマラ市における「正統派」の聖行列に比較するといかに逸脱しているかが分かり、唖然とさせられる。私は一連の「マシモン儀礼」がキリストの「死と再生」を模倣・揶揄し、ツツヒルの祖先神であるマシモン仮面像を担ぎ出すことで、カトリック教会による強制的改宗に対しレジスタンスをしていると考える。もう一つ気になることがある。聖フアンのコフラディアでは前日の聖木曜日に「サン・マルティン儀礼」がなされている。聖木曜日には、教会中庭で司祭の司式のもとに少年が十二使徒に扮して「主の晩餐」劇が行われるが、同日午前中に聖フアンのコフラディアでは、扉も窓も閉じられロウソクの灯下で、ツツヒルの宗教的職能者が「サン・マルティン」と呼ばれる緑色の「聖なる包み」を抱え、ツツヒル楽士の奏でる歌唱と伴奏のもとに踊る。元来11軒あるコフラディアのうち、櫃に「サン・マルティン」と呼ぶ「聖なる包み」を保管するところが5軒存在し、うち4軒は聖マルティンの祝日（11月11日）に揃って祝う（桜井、1998：90-94、99-100）。マヤ神話『ポポル・ブフ』の中に解答となりえる一説があるので要約引用する。「カヴェック村の祖父であり父であるバラム・キツェは3人の子どもたちに、別れに際して開くことのできない包みを与えた。子供たちはこれを「偉大な包み」と名付け称えた」と（レシーノス、1977：172-173）。教会では聖書と典礼に基づきカトリック司祭により聖劇が繰り広げられ、一方で伝統的コフラディアではマヤの秘儀が宗教職能者と祭主

家族たちにより行われている。

　聖金曜日の午前中に話を戻そう。教会内に巨大な十字架が建てられキリストの磔刑劇が行われ、堂内を埋め尽くす人々の熱い信仰心は沸点に達したと思った（桜井、1998：97-98）。しかし、後日、クリステンサンが記述した語りを読むと別の解釈もありうると思える。彼はあるサクリスタン（聖具係）の話を以下のように紹介している。祭壇前の床に掘られた穴は、「地下世界への入口」とか「大地表面のへそ」と呼ばれており、聖金曜日に巨大な十字架という「杭」がこの穴に差し込まれ「植えられる」のだ。十字架上のキリストはこうして「新しいトウモロコシ」のように「植樹」されるのだ（Christenson, 2001: 77）。

【事例3】カトリック教会地下に秘かに「マヤ神殿建設の文法」が
　地震国グアテマラでも最大規模の1975年の激震で、ツツヒル・マヤ人のサンティアゴ・アティトラン村の教会と主祭壇が破壊された。米国オクラホマ州から教区司祭としてルーサー神父が赴任し、15年間（1976-1981年）をかけて教会の再建を担った。まず教会床下の土台を作業員が掘り起こすと、先スペイン期の基壇が現れた。作業を進めると教会の北西部にあたる鐘塔の基壇部からは、頭蓋骨を入れた石棺が見つかった。その中にはヒスイ数片と黒曜石片が埋葬されていた。黒曜石は呪術師が占う道具として使用したものである。他の三地点でも犠牲にされた女性の頭蓋骨と遺物の入った石棺が発見された（Ibid.: 50-51）。スペイン人は先住民の神殿のあった位置の上にそれらの石材を利用してカトリック教会を建設することが多かった。当工事がされるまで教会当局はそれを知らずにきたことになる。地下の基壇部に「マヤ神殿建設の文法」がひそかに埋め込まれていたのである。先スペイン期にマヤの神々に奉納された歌・踊り・飲酒・薫香などの宗教儀礼が、入れ替わるかのようにスペイン・カトリックの聖人像に対してなされるようになった。教会内床の中心「世界のへそ」に植樹される十字架はトウモロコシ神の化身であり、教会基壇床下には人身供犠の石棺が埋葬されており、後述する主祭壇は「聖山」を表象する。いわば、彼らは強制されたカトリックの表象形態と共生しながら、実はまるで異なったマヤの宗教的表象をもってソフトに抵抗を継続し再占有化していったのではないだろうか。

　グリーンブラットの報告によれば、こうした「弱者の手法」は、メキシコ・

第 12 章　抵抗のイメージ、ソフト・レジスタンス

オアハカ州、トラコチャフアヤ村にも存在するという。サント・ドミンゴ会修道院教会内部は 16 世紀以来ほとんど変わっていない。彼が先住民彫刻家の彫ったキリスト像が祀られた壁がんを覗き込むと、教会身廊から見えない所、天井漆喰に固定された石の彫刻が一つあった。それはミシュテカ族の死の神であった。その像は、磔刑のキリスト像をまっすぐに見下していた。二体の神は目に見えない眼差しを 400 年以上も長きにわたり互いに交換していたのであった（グリーンブラット、1994：238）。サンティアゴ・アティトラン村の聖十字架のコフラディアでも、寝棺のキリスト像とマヤの祖先神のマシモン像は目に見えない眼差しを、相互に交わしてきたのだ。

【事例 4】主祭壇彫刻にこめられたマヤ・イメージの暗喩

　次にサンティアゴ・アティトラン村の教会内正面中央の主祭壇彫刻のモチーフに眼を転じよう。この主祭壇は 1960 年地震で破損し 1976 年の激震で壊滅的に破壊した。ルーサー神父は木彫家チャベス兄弟に 5 年計画で補正するよう依頼した。喜んだ兄ディエゴは村の古老から伝承を聞き集め記録し、彫刻のモチーフとなる参考資料を作成した。しかし、内戦が激化しルーサー神父が国軍により暗殺されると（1981 年 7 月 28 日）、神父の協力者というだけで兄弟は捕囚され拷問を受けた。兄ディエゴは何とか逃れ山中に身を隠した。国軍は留守宅に侵入し貴重な資料を没収焼却した。内戦の終結でディエゴはルーサー神父の志を継ぎ作業に専念した。彼らによると、主祭壇の松傘とジャガー歯型のモチーフは、村人が松傘を鶏舎の巣の下に置くと鶏卵が沢山産まれると信じているので豊穣の象徴であり、ジャガー歯型はジャガーが洞窟・地下世界の番人だから、主祭壇を聖山と考え番人の紋章として彫刻したと言う。兄弟の父親（80 歳代）も伝統的彫刻師で息子にはサン・マルティンの庇護があると信じていた。兄弟は修復作業を *samaj*（＝ cargo お勤め）として一心不乱に彫刻に専念した。ルーサー神父の名前の頭文字 **PFR**（Padre Francisco Rother）は生贄の動物の上に彫られ、左右には聖山に登るコフラーデ長老の姿、最頂部の十字架は世界樹・トウモロコシである。照明を強くあてなければ、修復箇所と旧箇所の区別がつきにくいが、聖堂内は常に薄暗い照明なので彫刻細部は分かりにくい。ディエゴによれば、聖山に登る姿をした左右のコフラーデのうち、一方のコフラーデは杖を携え、もう一方はマヤの神酒の入った椀をもっている。

239

これはキリストが最後の晩餐で葡萄酒とパンを自分の血と身体としたことに因んでいる。西欧の神や聖人は天空に存在すると考えられるが、マヤ人は神が洞窟や地中深い聖域にすまうものと考えており、ピラミッド状の主祭壇全景が原初の「聖山」(洞窟)で、その入口に守護聖人サンティアゴ像がまつられていると彼らは解釈する。ディエゴは主祭壇の第1段めに貝殻紋の彫刻を施した。祭壇は「聖山」で洞窟を表し、そこから水と雨が湧くと理解しているからだ (Christenson, 2001: 7-9, 14, 58)(写真4)。奇しくも中世スペイン・コンポステラの聖人サンティアゴ像はホタテ貝の貝殻をもった巡礼者姿で描かれていた。

【事例5】武力を用いず世論味方に国軍追放

グアテマラ内戦における国軍の先住民虐殺に関しては『グアテマラ 虐殺の記録』(歴史的記憶の回復プロジェクト編、2000) に詳しい。1996年に和平協定締結がなされたが、その4年前、私はデル・バジェ大学の人類学学部生たちと、サンティアゴ・アティトラン村の復活祭儀礼の調査に赴き、目にしたのは、カトリック教会の復活祭とは異質な風景であった。聖水曜日に市長舎に向かってマシモン仮面像行列と熱帯果実供物行列が華々しくされ、教会広場は内外のカメラマンや観光客で溢れていた (写真1)。市長室に入ると壁に貼られた男性たちの写真に眼が吸い込まれた。マヤの祖先神が復活祭に躍り出てくるという現象自体が驚きであったが、さらに国軍による虐殺が当市民にまで及んだことを知った。市長室の写真の人々は誰かと異口同音に質問すれば、市長の返答は以下であった。

1980年6月、武装人民革命組織 (ORPA) のゲリラが当地の広場でアジ演説をした。翌月にはよそ者が不審な聞き取りを始め、10月になると国軍基地が市の郊外に設営され、その2週間後に市民2人が失踪し、12月にその数が10人となり、人々は不安に駆られた。翌年になると16人が虐殺死体で発見され、先住民擁護にたつ米国人ルーサー神父が司祭館で暗殺された。北部山岳地帯のゲリラ活動が南下しアティトラン湖岸に達し、これに対抗するため国軍兵員が同地に増員された。ゲリラ支援をしたという理由で数百人が殺され、その数は1700人に達した。人々の怒りはゲリラと国軍の双方に向けられた。1990年12月2日、国軍は市内に侵入し非武装の市民に対して無差別に銃口を向け、

第12章　抵抗のイメージ、ソフト・レジスタンス

写真2および写真3
国軍による無差別虐殺で市民13人が犠牲となり平和公園が造られ、そこに埋葬された。1999年12月の追悼ミサで。(筆者撮影)

14人が殺され21人が重傷を負った。このとき市民は長い間貝のように閉ざしていた口を開け、強固な紐帯意識のもとに団結し、迅速な行動で自治権を獲得する方向に出た。市長は国営テレビ局の番組で軍基地が設営されて以来人々が受けた被害と無差別虐殺について堂々と説明した。殺害事件後24時間以内に1万5千人の拇印と署名が集められ、それを受け取った人権擁護調査官が首都グアテマラ市から派遣されてきた。犠牲者追悼葬儀には内外の報道関係者約50人が集まり軍部の非道ぶりが国際的に報道された。調査レポートが5日後に出され、優柔不断の国会ですら満場一致で国軍の撤退を求めた。こうして同月20日には国軍部隊は駐屯基地をひきあげざるをえなかった（Carlsen, 1997: 143-149; 桜井、2010：212-215）（写真2、3）。人々は武器を取って国軍と戦うことをせず、国内外の世論に訴え世論を味方につけ国軍を撤退させた。

【事例6】トウモロコシ一粒でも生き残れば

1999年当時、私はルイス（仮名）から短期間ながらツツヒル・マヤ語を習っていた。都心部から遠く辺鄙なサンティアゴ・アティトラン村で、何故ルイスのように言語学を学習した若者が存在するのか。それは次の【事例7】で説明する。まず、彼は4人兄弟である。一人は先住民虐殺にまわる国軍に入隊し、一人は農民、残る一人は山中でのゲリラ活動を抜けて神学院に入り司祭となった（写真4）。4人兄弟が敵味方に分かれたことになるが、実は生き残りを賭けた手法であった。和平協定が締結され（1996年）、内戦が終結した。私がルイスに神父となった兄はどの地区教会の司祭になったのかと尋ねると、何と還俗

241

したという返答であった。グアテマラの誇るノーベル文学賞受賞作家として知られるミゲル・アンヘル・アストゥリアスの『トウモロコシの人間たち』ではないが、中米では主食のトウモロコシは、神々がトウモロコシから人間を創造したと神聖視される作物である。4粒のトウモロコシがじっと息をひそめ、やがて

写真4　暗喩に満ちた飾り祭壇の前でマヤ出身のカトリック司祭の叙任式。左から二人目は米国人トマス司祭。（1999年7月筆者撮影）

発芽に良い時期がやってくるのを待ち続ける。4粒のうち例え一粒でも生き残ればファミリーは存続していける。イデオロギーや主義主張・理念を超えた弱者の生存にかけた沈黙にして強固なレジスタンス手法であった。

【事例7】マヤ文化復興運動と民族衣装着衣というレジスタンス

　マヤ語復興運動、すなわち、マヤ文化復興運動は先住民言語研究と密接な関係があり、言語・文化・政治の三者関係がこの運動の母胎である。アドリアン・イネス・チャベス（Adrián Inés Chávez）というキチェ語の先住民研究者が、マヤ語アルファベット文字活用の重要性を唱え始め、マヤ文化復興運動の基本となっている。1970年代になると、フランシスコ・マロキン大学言語学プロジェクト（PLFM）、ベネディクト会士、米国の平和団体などが、前述した【事例6】のルイスのような地方の貧しいマヤ青年たちを教育し、言語学の専門家として養成した。この時期からマヤ諸語の辞書が出版されマヤ文化統一の傾向が強まった。当事の農業ブームで富裕な先住民農民が誕生したことも、この傾向を経済的に支援する背景となった。キチェ・マヤの都ケツァルテナンゴにはキチェ・マヤ文化擁護先住民協会が設立され、ローカル・レベルのマヤ人のリーダーが次第に実力をつけ国家レベルのリーダーへと成長していった（Fischer, 1996: 55-58）[★1]。

グアテマラではリオス・モント将軍の悪名高き「インゲンマメか銃口」作戦で先住民虐殺が激化していった中で、マヤ語研究関係者会議が開催されメソアメリカ地域調査研究所（CIRMA）、国立先住民庁（IIN）、グアテマラ・マヤ語アカデミー（ALMG）などが発足した。1985 年憲法では、個人と共同体は各自の言語と慣習を保持する権利がある（58 条）とうたわれており、先住民言語がグアテマラ国家の文化遺産の一部であることが強調された（143 条）。こうした活動が汎マヤ主義運動への静かなうねりを形成した。マヤ文化に関連する諸組織は国家的暴力から生命の危機を防衛するために、ユネスコやスペイン大使館、インター・アメリカン財団など諸外国組織や個人的外国人研究者の支援を得て、人権侵害を訴えそれが徐々に世界的に認知され、汎マヤ運動が国内政策の中で「市民権」を得ていったのである。彼らは左翼政治からは距離を置き、国政の干渉を受けながらも、自治権を主張し次第に国外の非政府団体資金を得ながら発言権を増大していった（桜井、2000：21-58）。

　スペイン植民地時代、政府は先住民政策の一環として村落共同体ごとに異なるモチーフの民族衣装の規範を強制したようだ。しかし、近現代になると、逆に民族衣装は近代化にのり遅れた印象を与えると軽蔑の対称となった。概して先住民地域から都市部に出る時、男性は民族衣装を脱ぎラディーノ（メスティソ）風洋服姿に変身するが、これはラディーノ社会が先住民社会に経済的・社会的・文化的プレッシャーをかけてきたからで、不利益を被らないために彼らはやむなく変身する。一方、マヤの知的女性は民族衣装を着用することで自らのアイデンティティを表示し積極的に文化的レジスタンスを試みる。1992 年当時、私は調査協力者のカクチケル・マヤの女子大生と行動を共にすることが多かった。民族衣装を着た彼女と首都のレストランに入ると、ボーイたちの露骨な差別的態度に出会うが、淡々と対応する彼女の姿に私は感動を覚えたものだった。彼女のまとうウィピル（貫頭衣型式の上衣）、帯、巻きスカートの柄や織は「目に見える言語」としてカクチケル・マヤ語住民の多いコマラパ市出身であることを物語るが、同時に民族衣装の着衣が「沈黙の言語」としてのレジスタンスを表している。

　2007 年、私はテクパン市に近いイシムチェ遺跡で開催された第 3 回大陸先住民会議に参加した。アメリカ大陸諸国の先住民女性代表は出身地域を表す民族衣装をまとい、最初の挨拶はケチュア語とかマヤ語のような先住民語で話し

かけ、おもむろに共通語のスペイン語で趣意を述べていた。民族衣装が異なる言語や民族集団を表現する「言語機能」を持つことは重要だ（桜井、2015：220；2018：244）。

　以上、7事例をふりかえると、【事例1】と【事例2】は伝説上のツツヒル・マヤ民族の始祖マシモン仮面像とサン・マルティン（包み）が、マヤ神話や始祖神および預言者マルトゥムと密接な関連があることがうかがえる。【事例3】と【事例4】では、旧マヤ神殿の上に為政者がカトリック教会を建設させたものの、現教会内主祭壇はチャベス兄弟によりマヤ聖山へと表象され、聖金曜日に主祭壇前の穴すなわち「大地のへそ」は、十字架を介して地下界のマヤ神殿に直結され、キリストは「新しいトウモロコシ」神として再生される。面従腹背の弱者の手法で彼らは、宗教的表象を再領土化している。【事例5】【事例6】のローカル・レベルでは、国軍によるグアテマラ北部の先住民村落共同体殲滅作戦が自村落にも迫りくる恐怖に対し、武力に拠らず市民一同が即時一団となって内外世論に訴え国軍駐屯基地を撤去させている。また、国内外難民およそ百万人を出したといわれるグアテマラ内戦を生き残るために、ルイスのファミリー4人兄弟は軍人・ゲリラ・農民・修道僧など意図的に敵味方に分散した。【事例7】では、ナショナル・レベルのソフト・レジスタンスとしてマヤ言語と民族衣装の着衣について述べたが、先住民虐殺の嵐が吹きすさぶ中でこの運動が政治的弾圧から無傷でこれた理由とは、一体何であったのか。フィッシャーによればリーダーたちが一貫してマヤ語とその文化継承を強調したことにあるという。対立よりも共通地盤の文化的形成を目指すことを強調し、右翼も左翼も歴史的対立を免れて生き残れたのだと（Fischer, 1996: 56）。

　以上がソフト・レジスタンスの実践的手法の事例である。一見すると無秩序で混淆した文化的・歴史的・社会的事例も、弱者の抵抗というレンズを通してみれば、それは自文化と自民族集団を生き残らせるための究極の手法といえる。1992年にグアテマラのキエチェ・マヤ女性リゴベルタ・メンチュウ・トゥムがノーベル平和賞を受賞し、翌年、国際連合は1993年を「世界の先住民の国際年」と定めた。1996年にはグアテマラ政府とグアテマラ民族革命連合（URNG）との間で和平合意が成立し、まがりなりにも戦局は終了した。サン

ティアゴ・アティトラン村は、かつて政治的・経済的支配階層であったラディーノ人口が都市部へ移動し極端に減少し、現在では先住民人口が約4.5万人を超えた。プロテスタント教会は盛況をきわめ信者数を増やし、カトリック教会は対抗策としてアクシオン・カトリカ（カトリック改革派）の活動を隅々まで広げ、伝統的なコフラディア派を排除した。すると、商業・運送業で財を蓄えたマヤ人が観光資源として当地のマシモン儀礼を興隆させ、何と今では聖十字架コフラディアの祭主志願を競っているという。

　先住民は各時代の為政者により消費されつつ、あらたなエスニック・アイデンティティを生産し、日常的実践を通じて文化的表象の再領土化をしてきた。それは、ユカタン半島のマヤ人による19世紀の武力的な抵抗の形態とは異なる、もう一つの抵抗、すなわち、始祖的・神話的時間概念に培われた日常的な生活時間（慣習）を積み重ねてきた弱者の、きわめて効果的手法たるソフト・レジスタンスであるといえよう。重要なのは生存すること。生き延びること。そのためには自分たちを支配するシステムを転覆させることよりも、ある時は支配権力と共存する形をとることも厭わず、状況が変わるごとに伝統と慣習を新たに創造（変容）させ継続させるという弱者の抵抗戦略すなわちソフト・レジスタンスの実践であるといえよう。

謝辞　本稿は平成19-21年度科学研究補助金・基盤研究（B）・海外学術調査・研究「日常的実践におけるマヤ言説の再領土化に関する研究」（吉田栄人・東北大学大学院国際文化研究科准教授・代表）2011年の研究調査に基づいている。

注
- ★1　マヤ語復興運動と民族衣装復興運動の詳細に関しては、拙著（2010年）の第6章「グアテマラの先住民文化復興運動」を参照されたい。

引用・参考文献

Acuña, Rene (ed.), 1982, *Relaciones Geográficas del Siglo XVI: Guatemala*, UNAM, pp.71-98（なお、大阪経済大学『教養部紀要』第17号、1999年、桜井三枝子「ソロラの民族誌（2）」5-38頁、敦賀公子訳「サンティアゴ・アティトラン村報告書」39-52頁が参考になる）．

Carlsen, Robert S., 1997, *The War for the Heart and Soul of a Highland Maya Town*, University of Texas Press.

Christenson, Allen J., 2001, *Art and Society in a Highland Maya Community*,

University of Texas Press.
Fischer, Edward F., 1996, "Induced Culture Change as a Strategy for Socioeconomic Development: The Pan-Maya Movement in Guatemala", in Fischer and Brown, Eds., *Maya Cultural Activism in Guatemala*, University of Texas Press.
Jones Jr., Oakah L., 1994, *Guatemala in the Spanish Colonial Period*, University of Oklahoma Press.
Mendelson, E. Michael, 1965, *Los Escándalos de Maximón*, Guatemala: Publicación 19, Seminario de Integración Social Guatemalteca.
Orellana, Sandra I., 1975, "La introducción del sistema de cofradía en la región del lago Atitlán en los altos de Guatemala", América Indígena, Vol. XXXV, pp.845-856.
―――, 1984, *The Tztutujil Mayas*, University of Oklahoma Press.
Oss, Adrian C. van, 1986, *Catholic Colonialism: A Parish History of Guatemala, 1524-1821*, Cambridge Latin American Studies, Cambridge University Press.
グリーンブラット，スティーヴン・ジェイ、1994 年、『驚異と占有』みすず書房。
桜井三枝子、1998 年、『祝祭の民族誌』全国日本学士会。
―――、2000 年、「国家暴力の傷痕と先住民文化復興運動」中南米におけるエスニシティ研究班『未来にむけた先住民族のアイデンティティの再編』神戸市外国語大学外国学研究所、21-58 頁。
―――、2010 年、『グローバル時代を生きるマヤの人々』明石書店。
―――、2015 年、「グアテマラ」国本伊代編『ラテンアメリカ 21 世紀の社会と女性』新評論、208-220 頁。
―――、2018 年（第 2 刷）、「プロテスタントの布教とカトリックの対応」、「マシモン（サンシモン）儀礼の諸相」、「サンティアゴ・アティトランの守護聖人祭」桜井三枝子編著『グアテマラを知るための 67 章』明石書店。
松田素二、1997 年、「都市のアナーキーと抵抗の文化」青木保ほか編集『紛争と運動』岩波書店、95-134 頁。
歴史的記憶の回復プロジェクト編、2000 年、『グアテマラ 虐殺の記録』（飯島みどり・狐崎知己・新川志保子訳）、岩波書店。
レシーノス，アドリアン、1977 年、原訳『ポポル・ヴフ』（林屋永吉訳）、中公文庫。

第 13 章

変動する開発協力における ラテンアメリカと日本の開発援助関係

デビッド・ポッター

はじめに

　過去 20 年間、国際協力レジームは変容してきた。かつて経済協力開発機構（OECD）諸国、すなわち先進国の政府開発援助（ODA）中心の南北援助体制が内外からの刺激を受けている。一方では、「開発援助」の見方が変わり、2013 年に OECD の開発援助委員会（DAC）は ODA の定義自体を一部改正した。改正により政府中心の援助政策から官民開発協力への「パートナーシップ」の動向が加速しつつある。もう一方、ODA を受ける資格から「卒業」するアジア・ラテンアメリカ・カリブ諸国が増えて、その中から「新興ドナー」、すなわち ODA もしくは ODA に準ずる開発援助を贈与する中高所得国が注目を浴びる。

　本章では、2000 年以降日本の対ラテンアメリカ・カリブ海諸国 ODA 方針と政策の変動を考察する。本章は以下の二部から構成される。前半では、「これまでの対ラテンアメリカ・カリブ海での日本の開発協力」をテーマとし、2000 年代における同地域への ODA を含む日本の経済協力の特徴と現状をサーヴェイしてから、ODA の基本方針である人間の安全保障の無償援助を分析する。後半では、「今後の日本・ラテンアメリカ開発協力の可能性と課題」のテーマの下でブラジル、メキシコ、チリ、アルゼンチンという新興国の他地域への開発協力、次に中南米日系人コミュニティとの関係が変動しつつある状況

での日系人と日本の開発協力の新しい結びつきの可能性を検討する。

1　これまでの対ラテンアメリカ・カリブ海での日本の開発協力

1・1　日本・ラテンアメリカ関係と開発協力の現状

　日本の政府開発援助が発足した 1960 年代以降、アジアが日本による援助の重点地域であった。1980 年代には、いわゆる 7-1-1-1 の割り当て、すなわち日本の ODA のうちアジアが 7 割、中東、ラテンアメリカ、アフリカがそれぞれ 1 割を占めるという方針が設定された（Yasutomo, 1986: 41-49）。1980 年代後半、日本政府はラテンアメリカの経済危機に対して、「ブレイディ構想」によるアメリカとの共同援助対策等に取り組んで、一時日本におけるラテンアメリカの存在感の強化に努めた。だが、1990 年代には、多くの都市銀行がラテンアメリカから撤退し、冷戦後の国際秩序の変化に応じて日本の ODA が中東、アフリカなどに一層注目したことにより、日本・ラテンアメリカの援助関係が従来の位置に戻り、現在までほぼ毎年日本の ODA 総額のうちラテンアメリカのシェアは 1 割に満たない（表 1）。更に、ラテンアメリカを対象とする米州開発銀行（Inter-American Development Bank）への分担金総額に占める割合は、アジア開発銀行以外の地域開発銀行への負担金と同様 5% 程度である。技術協力の場合、青年海外協力隊の 50 周年を迎えた 2015 年の JICA の年次報告書によれば、過去 50 年間 88 カ国に 4 万 247 人の隊員を派遣した中、

表 1　日本の ODA に占めるラテンアメリカ・カリブの構成比（%）

1996	1998	2000	2002	2004	2006	2009	2014
11.8	6.4	8.3	8.8	5.2	5.8	2.3	3.5

出所：我が国の政府開発援助 1997 年度；政府開発援助白書 2008 年度；政府開発援助白書 2010 年度；政府開発援助白書 2015 年度

表 2　日本の貿易に占めるラテンアメリカ・カリブの構成比（%）：2001-2016 年

	2001	2005	2010	2012	2016	平均*
輸出	4.4	4.2	5.7	5.4	4.3	4.725
輸入	2.8	3.1	4.1	4.1	4.1	3.57

出所：JETRO. https://www.jetro.go.jp/world/japan/stats/trade.html
＊ 2001-2016 を含む。

対 LAC（ラテンアメリカ・カリブ海）の派遣が 8657 人で、アフリカ、アジアに並ぶ 3 位である（JICA 年次報告書、2015：1）。

　日本の ODA においてラテンアメリカが相対的に低い位置を占める要因はいくつかある。

　第一に、ラテンアメリカにおいてはアメリカ合衆国が圧倒的な影響力を示し、日本の存在はそれに控えている。この存在感は政治経済力の結果のみならず、むしろ文化交流などにまで及ぶ現象である。例えば、本研究のための文献調査を行った際に調べたラテンアメリカ研究雑誌は、外交問題に関してほとんど南北アメリカ関係に集中していた。こうした中で、日本・ラテンアメリカの経済協力関係よりも日・米・南米の三角関係が目立ち、1980 年代から 1990 年代までの間の文献はアメリカ主導のラテンアメリカ経済危機対策に対して日本が果たす役割を指摘する（Kaufman, Purcell and Immerman, 1992; Anderson, 1993; Stallings, and Szekely, 1993; Katada, 2001）。

　2002 年小泉首相の下で行った 21 世紀の日本外交戦略を巡る審議会の報告書は、日本・ラテンアメリカ関係に関して次のように述べた。「日本は欧米と異なり、中南米で「負の遺産」を一切持っていない。逆に中南米諸国は移住者や日系人の精励刻苦ぶりと国づくりへの貢献を目の当たりにし、日本と日本人のあり方に対して深い尊敬の念と期待感を持っている。日本が何の制約もなくその持てる力を発揮できる世界で数少ない地域である…しかし、90 年代以降、中南米における日本のプレゼンスは欧米との比較において減少の一途をたどっている」（対外関係タスクフォース、2002：27）として日本・ラテンアメリカの関係を冷静に評価した。2004 年小泉首相がラテンアメリカを歴訪したが、その後 2014 年安倍首相の歴訪までラテンアメリカ地域が官邸の認識が遠ざかったとはいえよう。

　こうした冷静な見方は世論にもある。例えば、世論調査で見れば、ラテンアメリカ諸国の市民は日本の ODA の存在について疑問を抱いている。2000 年から 2008 年の間に、ラテンアメリカ各国を含む世論調査機関 Barometro Gobiernidad が調べた「多数の国際主体のイメージ（Imagen de algunos actores internacionales)」には、日本は載らなかった。これに対して、アメリカと EU は毎年注目され、2004 年に中国が注目国として一度挙がった（ポッター、2012）。2009 年の対エクアドル国別評価報告では、外務省は次の点

を記録した。「エクアドルにおける ODA 広報活動とその成果について確認したところ、日本大使館としての ODA 広報活動に取り組んでいるにもかかわらず、現地報道機関関係者や一般市民の間で、日本の ODA の活動内容やその成果について必ずしも十分に認知・理解されていないとのことが分かった」（外務省、2010a：15）。

　反対に、ラテンアメリカをめぐる日本の世論は、ラテンアメリカに対する友好感をある程度表している。例えば、2012 年の内閣府による外交に関するアンケート調査では、中南米諸国に対する親近感をもつ回答者は 37.2% を占め、これに対して、「どちらかというと親しみを感じない」または「親しみを感じない」と答えた人は 54.0% を占める（内閣府大臣官房政府広報室、「世論調査」）。だが、2004 年のアンケートでは、「今後の経済協力の重点地域」の質問に対して、中南米地域を指摘した回答者は 1% 未満で、南太平洋と中近東地域では比率は横ばいであった（内閣府大臣官房政府広報室、2004：68-69）。残念ながら、同年以降経済協力の重点地域についての問いは調査から外された。

　第二に、相対的にラテンアメリカ諸国は経済開発が進んでいるため、日本を含めて先進国からの援助を受ける必要が少ないことである。表3が示すように、ラテンアメリカ・カリブ諸国は OECD の下にある開発援助委員会（DAC）が定期的に準備する援助受取国・地域リストでは、高中所得国、つまり大量の援助が必要とされないグループに多く入っており、実は同グループのほぼ 4 割を占める。

表3　援助受取国・地域：2018-20 年

所得層	国数	LAC 諸国
後発開発途上国	47	1
低所得国	2	0
低中所得国	37	5
高中所得国	57	22

出所：*DAC List of ODA Recipients Effective for Reporting on 2018, 2019, and 2020 Flows*. www.oecd.org/dac/stats/daclist.htm. Accessed 1/23/2018.

　ただし、中南米域内には格差問題がある。例えば、カリブ海域内の国々が高中所得国に集中している一方、西半球唯一後発開発途上国ハイチがある。尚、

中南米における低中所得国（エルサルバドル、グアテマラ、ホンジュラス、ニカラグア）が中米地域に集中している一方、ボリビア以外の南米諸国が高中所得国とみなされている。

1・2　ODA 卒業国

上述したように、一部の開発途上国は ODA を受ける地位から卒業し、その中に特にラテンアメリカ・カリブ諸国が目立つ。2014 年の OECD 報告書が、2012 年から 2030 年までに 28 カ国が卒業見込みにいたると予測したうちに、ラテンアメリカ・カリブの 12 カ国、すなわちアンティグア・バーブーダ、チリ、セントクリストファー・ネーヴィス、ウルグアイ、パナマ、ブラジル、アルゼンチン、コスタリカ、メキシコ、スリナム、ペルー、及びセントビンセントが入った。2018 年 1 月にチリとウルグアイが実際卒業し、好景気によって 2020 年にアンティグア・バーブーダが卒業する予定である。

こうした状況の中、日本の ODA を受けないカリブ海の国が年々増えつつある。2005 年以降モンセラット、2011 年以降トリニダード・トバゴ及びバルバドス、2014 年以降セントクリストファー・ネーヴィスが日本の ODA を受けていない（外務省、2015、119 項）。

以上の 2 点を考慮した上、日本政府は近年地域への開発援助のキーポイントを①「高中所得国の罠」、②日系企業など民間部門の能力を活かす「パブリック・プライベート・パートナーシップ」、③「人間の安全保障」に置いている（JICA、2015、2016 ）。

1・3　日本の対ラテンアメリカ・カリブ諸国 ODA の特徴

日本はラテンアメリカ・カリブ海地域の多くの国々に開発援助を配分している。その結果は二つある。まず、大半の国への ODA は金額が少なく、プロジェクトの案件数も少ない。例えば、近年の対アルゼンチンの ODA はほとんど小規模な「草の根・人間の安全保障無償資金協力」である。一方、ODA 額が一部の国に集中する。表 4 は 2010 年から 2015 年まで中米および南米に占める日本 ODA の上位 3 被援助国と地域別 ODA 総額のシェアを紹介する。中米・カリブ地域で上位 3 カ国が年間日本の ODA の約 4 割から 6 割を占め、南米地域では 8 割位を占める。

表4 ラテンアメリカ・カリブ海諸国に対する日本ODAの上位3カ国及び域内日本ODA総額の割合：2010-15年度

年	中米（割合）	南米（割合）
2010	パナマ（39.1） コスタリカ（16.7） グアテマラ（9.0）	ブラジル（45.2） ペルー（36.1） ボリビア（8.7）
2011	パナマ（32.7） ニカラグア（13.9） グアテマラ（9.7）	ペルー（53.8） パラグアイ（14.2） ブラジル（11.5）
2012	ニカラグア（19.5） ホンジュラス（8.7） グアテマラ（12.4）	ペルー（39.6） ブラジル（38.0） ボリビア（7.7）
2013	コスタリカ（17.7） ハイチ（16.5） ニカラグア（11.9）	ペルー（36.7） ブラジル（35.8） パラグアイ（8.1）
2014	コスタリカ（33.2） ニカラグア（14.3） ホンジュラス（8.3）	ブラジル（53.9） ペルー（21.8） エクアドル（8.0）
2015	コスタリカ（40.5） ニカラグア（15.4） エルサルバドル（6.0）	ブラジル（44.8） ペルー（24.6） パラグアイ（13.8）

出所：JICA年次報告書、2011年度、2012年度、2013年度、2014年度、2015年度、2016年度

　地域別に分析すると、まず、ODAが中米諸国に集中していることが分かる。理由として2点が考えられる。第一に、ハイチ以外カリブ海諸国より中米諸国は相対的に開発水準が低い。表3で表す援助受取国では、中米諸国が低中所得国層に集中するのに対してハイチ以外カリブ海諸国が高中所得国に集中するのである。第二に中米諸国は人口が多い。更に、中米はODAの重点国が変化し、6年間上位3カ国に入った国がない。とはいえ、対象時期にはコスタリカとニカラグアは4回、グアテマラが3回ODA上位国に入っている。

　南米の場合、重点国がより明確である。ブラジルとペルーが毎年、パラグアイが6年中4回上位3カ国に入っている。この3カ国は日系人が多いため、歴史的要因が援助配分に影響を及ぼすと考えられる。さらに、ブラジルが南米の中心国の一つであり、BRICsメンバーとして地域外でも外交力を持つ、など外交的配慮が二国間援助関係の背景にある。

2　これまでの開発援助——人間の安全保障と日本のODA

2・1　人間の安全保障の概要

　1990年代以降、「人間の安全保障」というアプローチは、国連をはじめとする国際開発・国際政治の現場及び研究で注目を浴びている。2000年前後から日本の外交そしてODA政策の基本方針として設定されている。本節では、日本の得意とする外交手段であるODAと人間の安全保障との関係を考察する。第一に、人間の安全保障の定義と問題点を指摘したい。第二に、人間の安全保障と政府開発援助との関係を指摘し、第三に、ラテンアメリカにおいて日本のODAは人間の安全保障の実現につながるかについて分析する。

　人間の安全保障の原点は、ベーシック・ヒューマン・ニーズアプローチや開発経済学者A・セン氏のケパビリティ・アプローチなど、1970年代までさかのぼるが、1994年国連開発計画が発行した『人間開発報告』以降盛んな開発アプローチに発展した。同報告書は人間の安全保障の定義を人間の生存を危うくする脅威から自由の状態と設定し、特に1) 食糧、保健、衛生、初等教育が保障されない状態、2) 市民的・政治的自由が脅かされた状態、3) 平和や安全保障が保障されない状態、4) 環境規模の問題までを含め、それぞれの事例を挙げた。同報告書では「人間の生存を危うくする脅威から自由の状態」を主に「欠乏からの自由（freedom from want）」、そして、暴力、紛争などの「恐怖からの自由（freedom from fear）」に分けた（UNDP、1994：24-40）。その結果として、1990年代にはかつての安全保障観が国防から個人と市民の一般生活状況にまで拡大し、伝統的な国際戦争よりも内戦、国内暴力などへ関心が高まった。さらに、人間の安全保障アプローチは平和と開発との連携に注目し、平和を開発の要件とする。したがって、人間の安全保障と2000年国連が採択したミレニアム開発目標（MDGs）との相互関連、人間の安全保障と1990年代から流行している人権、人道的介入、平和維持活動（PKO）、保護する責任（RSP）政策との相互関連も明らかである。

　とはいえ、人間の安全保障という概念は幅が広く、どの政策にでも当てはまるとの指摘がある。それぞれの政策の中で、どの政策は人間の安全保障に貢献するか、なおかつ政策をどの基準によって評価するかという問題が生じる。ま

た、人間の安全保障は人権の尊重など政治的な側面を持つため、国連等では国際開発規範としての採用に抵抗する政府が少なくない。

2・2　ODAと人間の安全保障

日本では人間の安全保障の関心が高まるなかで、人間の安全保障とODAとの関係に関する優れた研究が現れている。1991年の湾岸戦争以降、国際安全保障上の貢献をより積極的に模索する日本政府とODA行政に、「人間の安全保障」概念の登場は刺激的な出来事であった。日本政府にとって、人間の安全保障の採用は、憲法第9条の再解釈も国防費用の増加もせずに国際安全保障の維持の貢献に十分取り組むことを可能にする点で、非常に魅力的な概念であったと考えられる。しかも、国連開発計画が取り上げる人間の安全保障の中の「欠乏からの自由」の具体例、すなわち貧困、教育不足、衛生などは、すでに日本の無償資金援助が対応している分野である。従って、日本のODAの一部は割と容易に人間の安全保障に適応できたのである（ポッター、2012）。

1990年代半ばに村山政権は人間の安全保障を認識していたが、日本の対外政策と直接結びつけたのは小渕恵三元総理であった。1998年末、小渕総理の「アジアの明るい未来の創造に向けて」などの演説は、人間の安全保障を日本外交の基本概念として設定し、1999年には内閣決議で人間の安全保障をODAの基本方針と決定した。2001年に外務省がNGOの資金協力仕組みを改正し、「草の根・人間の安全保障無償資金協力」を発足させた。そして小泉政権下で2003年8月、内閣閣議決定された新政府開発援助大綱では人間の安全保障は基本方針の一つとして設定され、2015年の国際協力大綱にも引き継がれている。

2000年、国連で開催されたミレニアムサミットに出席した森総理は国連における「人間の安全保障基金」および「人間の安全保障委員会」の設立を提言した。同年、日本の協力によって国連では「人間の安全保障委員会」が共同で設立され、A・セン氏と共に緒方貞子元国連難民高等弁務官が共同会議長に指名された。

開発方針として人間の安全保障をもっとも認識しているODA行政組織は国際協力機構（JICA）である。2003年10月、JICAは組織改革において独立行政法人化し、緒方氏が理事長に就任した。その後、JICAは人間の安全保障「七つの視点」を設定し、原則としてJICAによる全開発事業は人間の安全保

第 13 章　変動する開発協力におけるラテンアメリカと日本の開発援助関係

障の観点から行われているのである。

　2001 年アメリカで起きた 9・11 同時多発テロ事件後、日本の国際協力政策はより一層安全保障の面を強調し、2000 年以降、日本において人間の安全保障と ODA との関連は二つの面を表してきた。一方で、MDGs に沿って、貧困削減など欠乏からの自由を目的として、社会開発事業を中心とする援助を贈与する。このような人間の安全保障アプローチは日本の対アジア ODA でみられる（参照：Lam, 2006）。もう一方で、より安全保障との関連が明確な平和構築、紛争後復興支援を贈与する。こうした援助は場合によっては、PKO、軍事活動などと直接結びついている。このような人間の安全保障アプローチは対アフガニスタン・イラクの ODA で目立つ（Potter, 2015a; Carvalho and Potter, 2017）。

　最後に、国連人間の安全保障委員会と同様に、日本政府は欠乏からの自由と脅威からの自由を含めて、人間の安全保障を広い範囲でとらえている（Edstrom, 2011: 18-31）。従って、日本の ODA における人間の安全保障が当てはまる部門は疾病、貧困、教育、保健、震災、経済危機、平和構築等に及ぶ。一般に、援助プロジェクトがどのような形で人間の安全保障に貢献するかというのが JICA などの基本的な見方である。より具体的に、上述した外務省の下で「草の根・人間の安全保障無償資金協力」を実施し、2002 年から 2014 年まで国連人間の安全保障基金は世界各地域の地方や共同体の開発プロジェクトを支援した。

2・2・1　草の根・人間の安全保障無償資金協力

　以下、対ラテンアメリカ ODA の事例を取り上げる。まず、二国間無償資金援助の枠組みに含まれる「草の根・人間の安全保障無償資金協力」を検討する。これは外務省が直接に管理する無償資金協力の枠内で、唯一特定した人間の安全保障の指定予算である。在留大使館が地元の NGO／NPO、市民団体などに配分する援助金である。この仕組みの特徴として、第一に、案件数が多い割に、案件別予算の規模が小さいことがある。従って、適応性がある仕組みで、2015 年 5 月の時点では、ラテンアメリカ・カリブ海の 32 カ国で同協力の下で様々なプロジェクトを行った（外務省、草の根・人間の安全保障無償の対象国・地域一覧）。

表5 あるラテンアメリカ・カリブ海諸国（13カ国）における草の根・人間の安全保障無償資金協力：2005-2016年度

国	案件数
アルゼンチン	48
エクアドル	378
コロンビア	363
ペルー	81
パラグアイ	202
ボリビア	303
ブラジル	327
パナマ	93
ニカラグア	338
ホンジュラス	314
ハイチ	93
ドミニカ共和国	137
ジャマイカ	50

出所：外務省経済協力局、『政府開発援助（ODA）国別データブック』、2010年、2013年、2015年、2016年をもとに筆者作成

　表5では、あるラテンアメリカ・カリブ海国への草の根・人間の安全保障無償資金協力の実績を紹介する。第二に、同援助の国別割合の差が目立つ。無償資金援助自体の総額が少ないアルゼンチン、ブラジル、ジャマイカとコロンビアでは草の根・人間の安全保障無償資金協力の割合が高く、無償資金援助額が相対的に高いエクアドル、ペルー、ボリビア、ニカラグアとホンジュラスは、草の根・人間の安全保障無償資金協力が少ない。ハイチは例外で、無償資金援助額も草の根・人間の安全保障無償資金協力も少ない。この要因について更なる研究をする必要がある。

2・2・2　国連人間の安全保障基金による対ラテンアメリカ支援

　二国間「草の根・人間の安全保障無償資金協力」の他に、日本政府は国連経由多国間援助によって人間の安全保障を推進してきた。2002年から2014年まで日本が管理した国連人間の安全保障基金は世界各地に案件別支援金を配分している。表6は基金の地域別実績を表示する。2002年から基金の配分終了

表6　国連人間の安全保障基金案件の地域別配分：2002-2014年

地域	案件数
アジア	76
アフリカ	59
ラテンアメリカ・カリブ海	25
ヨーロッパ	21
中東	4
太平洋	9
グローバル、その他	16

出所：外務省、国連人間の安全保障基金の資料（Ministry of Foreign Affairs of Japan, *Assistances through the Trust Fund for Human Security*. http://www.mofa.go.jp/policy/human_secu/assitance.html. Accessed December 14, 2014）をもとに筆者作成

年2014年まで、同基金が支援したプロジェクトは195案件あり、うちラテンアメリカ・カリブ海諸国は18案件の支援、すなわち9.1%を受け、アジア、アフリカの次に3位を占める（表6）。

基金がラテンアメリカ・カリブ海で支援したプロジェクトを表7で表示する。多様な国と案件の中、特に次の2点が注目される。第一に、人権の意識向上と福祉、難民対策、保健などとの連携である。つまり、貧富の差が大きく、女性への暴力が話題となっているラテンアメリカ地域では、社会問題を福祉問題として理解して対応するだけではなく、その問題と社会の政治構造との関係を把握して、両面に対応するアプローチが採られている。

第二に、1990年代以降、サハラ以南アフリカ地域や中東に比べてラテンアメリカにおいて内戦等がわりと落ち着いてきた。従って、人間の安全保障支援に平和構築・復興支援などのプロジェクトがほとんどない。例外として、2010年コロンビアの国内避難者（IDP）の生活向上案件と2004年コロンビアのIDP緊急支援がある。つまり、上で述べたような人間の安全保障政策とPKO、軍事活動との直接結びつきが存在しない。「草の根・人間の安全保障無償資金協力」援助と同様に、欠乏からの自由の観点が強い。ただし、恐怖からの自由、特に暴力からの自由の観点からも寄与しているといえる。

2005年の対ボリビアの草の根・人間の安全保障無償資金協力評価は日本政

表7　ラテンアメリカ・カリブ海諸国における国連人間の安全保障基金案件：2002-2014年

年	国	案件内容
2014	パラグアイ	コミュニティ開発、人間の安全保障意識向上
2014	ペルー	犯罪削減、社会開発
2013	エクアドル	紛争、人的売買
2012	メキシコ	移民の人間の安全保障
2012	ニカラグア	多分野人間の安全保障
2012	ドミニカ共和国	バテイ住民の安全保証
2011	ボリビア	天災後回復力
2010	コロンビア	国内避難者（IDP）人権及び生活安定
2009	ラテンアメリカ全体	人権の意識向上
2008	ブラジル	暴力対策、福祉政策
2008	ホンジュラス	対女性・子供暴力対策、人権
2008	ボリビア	妊産婦保健、人権
2006	グレナダ	ハリケーン後生活復興
2006	ペルー	女性保健向上
2006	ペルー	震災緊急対策改善
2006	エクアドル	難民生活向上
2006	ホンジュラス	対女性暴力、人権
2005	エルサルバドル、グアテマラ、ホンジュラス	性的暴力対策、人権
2004	コロンビア	国内避難者（IDP）の支援
2004	キューバ	HIV/AIDS対策
2003	カリブ海（16カ国）	天災後緊急対応向上

出所：外務省、人間の安全保障基金の資料をもとに筆者作成（http://www.mofa.go.jp/policy/human_secu/assitance.html. Accessed December 14, 2014）

府による初めての人間の安全保障援助評価である。同報告を結ぶ「提言」では、ボリビア人である評価者は「ボリビア政府内の大蔵省等の一部機関では、「人間の安全保障」の概念が認知されたが、経済開発省等他の各機関においては、必ずしも認知されていないため、「人間の安全保障」の概念の具体化した草の根・人間の安全保障無償資金協力の情報交換及び普及を行う」ことを提案した（外務省、2005：61-62）。

　2009年から2010年まで、人間の安全保障基金の評価報告では同政策の具体的成果を指摘しながら、「その成果が十分に国連実施機関や国際社会におい

て共有されていない」、または、政策のビジビリティについて「人間の安全保障基金という名前が現場において認識されていない」という二つの問題を指摘し、国連内外における人間の安全保障という概念の普及の問題を認めた（外務省、2010：28-29）。

3　今後の日本・ラテンアメリカ開発協力の可能性と課題

3・1　近年の話題──新興ドナーと南南協力

上述したように、近年いわゆる「新興ドナー国」、すなわちかつてのODA被援助国が海外援助を供与するようになっている国が国際開発で注目を浴びている。特にBRICS（ブラジル、ロシア、インド、中国、南アフリカ）諸国の中で2000年代における中国の海外援助台頭が目立つが、実は、1950年代からアジアと中南米では「南南協力」、つまり開発途上国間技術協力が存在している。1954年アジア・太平洋・インド洋周辺国によって設立した日本のODA政策の出発点とされるコロンボプランが事例である。1990年代以降中南米では、こうした南南協力が新たに栄え、例えばキューバによる医療部門の技術協力が活躍し、高く評価されている。

近年、次のような国々が新興ドナーに変わりつつある。1990年代を中心にブラジル、アルゼンチン、チリ、およびメキシコが歴史の長い技術協力に基づいて自らの開発援助政策と行政を定めて（表8を参照）、それをきっかけに2000年代には日本とこの国との「パートナーシップ・プログラム」を締結した。

表8　ラテンアメリカの主要海外技術協力機関

設立時期	国	機関
1987	ブラジル	協力事業団（ABC）
1992	アルゼンチン	水平協力基金（FOAR）
1993	チリ	国際協力庁（AGCI）
1998	メキシコ	国際協力庁（IMEXCI）

出所：JICAナレッジサイト、パートナーシップ・プログラム
http://gwweb.jica.go.jp/km/FSubject2101.nsf/VIEWALL/41809c489cb4948d4925704d00343499

JICAはこうした協力を2種類に区分する。第一は「三角協力」である。主に具体的な開発事業はいわゆる第三国集団の研修、すなわち他国の研修生が新興ドナー国で開発研修をうける仕組みと専門者派遣である。また、時期によってJICAが新興ドナーの援助政策と行政の強化のために技術協力を提供することである。第二は「南南協力」で、かつて新興ドナー国が受けた日本のODAプロジェクトの成果と知識によって他国で開発プロジェクトを支援する。現時点では、こうした南南協力がブラジル（1985年から）、メキシコ（2003年から）とチリ（2015年から）で実施された。その中、日伯間協力がもっとも進んで、現在20ほどの共同プロジェクトを実施してきている。例えば、かつて日本がブラジルのサンパウロ州で日本人警察官の技術協力によってブラジル人警察官の研修に伴い交番制の導入を行ったことを教訓に、2005年以降ブラジル警察とJICAの技術協力に基づいて同体制を中南米諸国に拡大している。JICAは、このような仕組みの利点として、現場で参加者の共通言語と文化に基づいて研修が順調に進むことを指摘する。メキシコの場合、1990年代日本の耐震補強協力プロジェクトを参考に、2003年から2008年まで「TAISHINプロジェクト」の下でエルサルバドルの住宅の耐震補強建設技術協力を提供した（Potter, 2015b）。そして2015年、JICAがチリ政府と連携してチリを焦点に中南米防災人材育成拠点化支援プロジェクトを開始した（JICA年次報告書2015、51項）。

　三角協力と南南協力は日本にとって四つの利点がある。第一に、ラテンアメリカ・カリブ諸国の開発援助ニーズが少なくなる中、三角協力・南南協力は二国間開発・外交関係の継続手段である。第二に、日本のODA予算が年々減少する状況では、新興ドナーとの協力がODA資本を活用する。第三に、南南協力が日本ODAの基本方針である自助努力の論理と一致する。第四に、ラテンアメリカ・カリブ諸国地域で日本ODAの得意な援助形態の技術協力が注目される仕組みである。

　ラテンアメリカではこうした協力はブラジルが中心となっている。2014年8月安倍首相とルセフ大統領が同意した二国間戦略的パートナーシップ協定書では技術協力と三角協力が政治外交の重要課題とされる（Joint Statement 2014、5項）。ブラジルの三角協力パートナーのアメリカ、フランス、スペイン、イギリス、日本のうち日本のシェアが約25%を占め、最大のパートナー国で

ある（Fingermann, 2015）。日本から見れば日伯三角協力は次の利点がある。まず、ブラジルとのODA関係の歴史が深く、近年日韓ODA協力と同様に（Kim and Potter, 2012）かつての被援助国との関係が対等な援助国同士のパートナーシップにかわりつつある。新興国ドナーとして自らの援助機関ABCが協力対象となる。次に、ブラジルがポルトガル語圏国として未だ開発援助の支援が必要なサハラ以南アフリカポルトガル語圏国との架け橋になる。最後に、人口の多い日系ブラジル人の中から技術協力の専門者を活用できる、すなわち日伯間の架け橋になる可能性のある人がいる（Murosawa, 2013）。

　今までの日伯三角協力の名門プロジェクトとして、2011年より小規模農家の貧困削減、食糧安全保障の確保、民間投資を活用した経済発展に寄与する熱帯サバンナ地域の農業開発を目的とする「日本・ブラジル・モザンビーク三角協力による熱帯サバンナ農業開発プログラム（ProSAVANA-JBM）」がある。このプロジェクトはブラジルの内陸部のサバンナ地帯セラードでJICAが1979年から2001年まで支援した日伯セラード農業開発協力事業（PRODECER）の成功に基づいて、2011年から日伯三角協力としてセラードと自然環境が似ているモザンビーク北部のナカラ回廊周辺地帯で「日伯連携によるモザンビーク熱帯サバンナ農業開発事業（ProSAVANA）」を開始した（堀坂、2012：186-187; Murosawa, 2013）。

　主に同プロジェクトが成功例として挙げられている（堀坂、2012）が、その後いくつかの問題点の指摘が挙がっている。まず、ブラジル側では「南南協力」と述べるものの、ナカラ地域の住民と相談せず日伯間決定した政策であること。更に、民間投資を活用した経済発展の目的であるはずが外資系投資家による土地収奪が起こり、この介入が人権侵害、小農らの土地への権利と食料安全保障に対する侵害になったことによってプロジェクトに対する地元での抵抗が出た（Fingermann, 2015; Funada-Classen, 2013）。この問題は日本のNGOを含めて国際市民社会が話題にしているし、2017年2月17日、モザンビークで「プロサバンナにノー」を表明する市民社会組織がJICA宛書簡まで提出した（日本ボランティアセンター、2017）。

3・2　近年の動向──中南米日系人との関係の変動

　昔から、「ディアスポラコミュニティ」が母国との経済文化的交流の架け橋

として見られている。例えば、最近では海外出稼ぎ労働者による自国への送金やディアスポラからのフィランソロピー（元の国から離れて暮らす人が母国に送金する寄付金など）がODAやNGOの支援のほかにもう一つの開発手段であるとの認識が高まりつつある。だがこれまで、ラテンアメリカ・カリブ諸国在住日系人の移住者としての歴史・文化・経済の課題（鈴木、1992; Hirabayashi, Kikumura-Yano, and Hirabayashi, 2002; 柳田、2002; Masterson and Funada-Classen, 2004; Adachi, 2006; 外山、2006)、日本政府による移住政策（Endoh, 2009)、または在日日系人の諸問題（Reis, 2001; Roth, 2002; de Carvalho, 2003; Tsuda, 2003）に関する研究が多く、反対に日本の外交やODA政策の代表・代理としての日系人コミュニティの役割について関心が少ない。

　しかしながら、日系人移住者が長年JICAによる教育福祉援助を受けて、日系人コミュニティへの支援がODA政策行政と別に実施されており[1]もう一方では現場で今後は開発援助の協力者として活躍する可能性がある。例えば、2012年のペルー国別援助評価報告書は二国間外交関係の観点からペルー日系人、民間部門、及びODAのさらなる調整を呼びかけている（International Development Center of Japan, 2012: ii)。

　JICAによる移住者への貸付支援は終了している（JICA、2016、55項）が、これから日本の開発援助における日系人による役割は四つあると考えられる。まず、研修生と日系人ボランティアODAなど開発援助を受け取るコミュニティである。第二に、日系人コミュニティが二国間経済協力のために提唱する役割が考えられ、外務省による2004年ボリビア、2010年ブラジル及び2012年ペルーの国別援助評価報告書がこの可能性を取り上げる（Ministry of Foreign Affairs, 2010: 13; Institute for International Cooperation, 2004: 37)。

　第三に、日系人が二国間ODA政策決定過程における政策立案者となる役割もある。特例であるが、ペルー元大統領アルベルト・フジモリ氏がこの立場に至ったが、注目されないプロジェクトレベルにおいても日系人の存在が少ない。上述したブラジル国別報告書は同国北部のアマゾン農業開発森林保護プロジェクトに関しての日系人農家の知識と技術能力がプロジェクトの成功に欠かせない要因であったと述べ、ほかの開発プロジェクトにおける日系人による通訳、

事業調整、コミュニケーション、技術移転などの役割を指摘する（Ministry of Foreign Affairs, 2010: 13）。同様に、2004年のボリビア報告書は日本 NGO と地方自治体と現場の組織を結びつける役割を評価する（Institute for International Cooperation, 2004: 37）。また、事務局での存在も大きい。2015年、執筆者が JICA ドミニカ共和国サントドミンゴ市事務室を訪れた際、ドミニカ日系人職員がスタッフの半分弱を占め、ブラジル日系人と同じようにドミニカ共和国の開発機関との通訳、コミュニケーション、政策調整等の役割を果たしていることを確かめた★2。

　第四に、日系人の南南協力においての役割は忘れてはいけない。例えば、2010年の第三者による評価報告書では日伯の三角協力におけるブラジル日系人の積極的な役割を認め、同様に、2012年の報告書は日伯三角協力におけるペルー日系人の参加を指摘、将来に向けての日秘援助関係における日系人の重要性を指摘する（Ministry of Foreign Affairs, 2010: 13; International Development Center of Japan, 2012: 16）。

おわりに

　日本・ラテンアメリカ・カリブ海諸国の開発協力関係は変わりつつある中で、新しい関係の二つの模様が見えてきている。第一に、卒業国が増加することに対して、まだ開発援助を求める国が存在する。つまり、日本・ラテンアメリカ・カリブ諸国の ODA 関係が二分化する模様である。第二に、新興ドナー国との援助関係が供与国・被援助国の不均衡的関係からより対等な「パートナーシップ」にシフトしている模様である。第一の点について、2000年以降日本の ODA 方針として人間の安全保障の支援を継続する必要性がある一方、もう片方では地域が「ポスト ODA」の時代に入りつつあることが確実である。第二の点については、日伯による南南協力（三角協力）が今日まで最も順調に進んできたパートナーシップとは言えるが、その経験に基づいてほかのラテンアメリカの国との南南協力が発展していく可能性が十分ある。そうした中で、日系人コミュニティがますます重要な架け橋として活用できるかが一つの課題である。

謝辞 本稿は、桑原泰枝先生、幡谷則子先生、市村里さんから有益なコメントを頂き、感謝申し上げます。

注
★1 2015年8月JICA及び海外日系協会の代表との聞き取り調査で執筆者が確認した。
★2 執筆者による聞き取り調査、JICAドミニカ共和国サントドミンゴ事務室、2015年8月10日にて。

引用・参考文献
Adachi, Nobuko (ed.), 2006, *Japanese Diasporas: Unsung Pasts, Conflicting Presents, and Uncertain Futures*, London and New York: Routledge.
Anderson, Stephen J., 1993, "Latin America: Japan's Complementary Strategy in ODA?", In Koppel, Bruce M. and Orr, Jr., Robert M., ed., *Japan's Foreign Aid: Power and Policy in a New Era*, Boulder, San Francisco, Oxford: Westview Press.
Carvalho, Pedro Amakasu and David M. Potter, 2016, "Peacebuilding and the 'Human Securitization' of Japan's Foreign Aid", in Stephen Brown and Joern Graevingholt, eds. *Securitization of Foreign Aid*, New York and London: Palgrave Macmillan, pp.85-112.
Endoh, Toake, 2009, *Exporting Japan: Politics of Emigration toward Latin America*, Urbana and Chicago: University of Illinois Press.
Fingermann, Natalia, 2015, "A Study of Trilateral Development Cooperation in Mozambique: The Case of ProSAVANA and ProALIMENTOS", Future Agricultures Consortum Working Paper 113.
Funada-Classen, Sayaka, 2013, "Analysis of the Discourse and Background of the PROSAVANA Programme in Mozambique: Focusing on Japan's Role", Unpublished manuscript.
Government of Japan, 2009, *Country Assistance Program for the Plurinational State of Bolivia*, https://www.mofa.go.jp/policy/oda/region/latin/bolivia.pdf. Accessed August 29, 2015.
Hirabayashi, Lane, Kikumura-Yano, Akemi, and Hirabayashi, James (eds.), 2002, *New Worlds, New Lives: Globalization and People of Japanese Descent in the Americas and Latin America in Japan*, Stanford, CA: Stanford University Press.
International Development Center of Japan, 2012, *Country Assistance Evaluation of Peru: Summary*, Tokyo: International Development Center of Japan.
Institute for International Cooperation, 2004, *Country Study for Japan's Official Development Assistance to the Republic of Bolivia*, Tokyo: JICA.
Japan International Cooperation Agency, 2014, "The 'Koban' from Japan Spreads

from Brazil to Central America", News http://www.jica.go.jp/english/news/field/2014/140512_01.html, Accessed May 23, 2015.

Joint Statement of the Official Working Visit of Prime-Minister Shinzo Abe to Brazil and on the Establishment of the Strategic and Global Partnership between Japan and Brazil (Brasília and São Paulo, 31st July - 2nd August 2014).

Katada, Saori, 2001, *Banking on Stability*, Ann Arbor: University of Michigan Press.

Kaufman, Susan Purcell and Immerman, Robert ed., 1992, *Japan and Latin America in the New Global Order*, Boulder and London: Lynne Rienner Publishers.

Masterson, Daniel with Funada-Classen, Sayaka, 2004, *The Japanese in Latin America*, Urbana and Chicago: University of Chicago Press.

Ministry of Foreign Affairs, 2010, *Country Assistance Evaluation of Brazil: Summary*, Tokyo.

―――, 2011, *Japan's International Cooperation: Japan's Official Development Assistance White Paper 2011*, Tokyo: Ministry of Foreign Affairs.

Murosawa, Satoshi, 2013, "South-south Cooperation and Triangular Cooperation Spreading from Brazil", http://www.jica.go.jp/english/news/opinion/2012/130301.html, Accessed May 23, 2015.

Potter, David M., 2015a, "Japan's Foreign Aid, Human Security, and Traditional Security", *Academia: Social Sciences* 8, pp.45-60.

―――, 2015b, "Changing Roles for Japan's Official Development Assistance in Latin America and the Caribbean", *Perspectivas Latinoamericanas* 12, pp.133-147.

Potter, David M. and Kim, Hyo sook, 2012, "Conclusion", In Hyo sook Kim and David M. Potter (eds.) *Foreign Aid Competition in Northeast Asia*, Sterling, VA: Kumarian/Stylus, pp.185-201.

Stallings, Barbara and Szekely, Gabriel ed., 1993, *Japan, the United States, and Latin America*, Houndsmill, Basingstoke: MacMillan.

Yasutomo, Dennis, 1986, *The Manner of Giving*, Lexington, MA: Lexington Books.

JICA、2015 年、『年次報告書 2015』JICA。

―――、2016 年、『年次報告書 2016』JICA。

UNDP（国連開発計画）、2004 年、『人間開発報告書 1994』国際協力出版会。

鈴木譲二、1992 年、『日本人出稼ぎ移民』平凡社。

外務省、草の根・人間の安全保障無償の対象国・地域一覧 http://www.mofa.go.jp/mofaj/gaiko/oda/shimin/oda_ngo/kaigai/human_ah/3.html。

外務省経済協力局、2006 年、『経済協力評価報告書 2005』外務省経済協力局。

―――、2010 年、『経済協力評価報告書 2010』外務省経済協力局。
―――、2011 年、『政府開発援助（ODA）国別データブック 2010』外務省経済協力局。
―――、2015 年、『政府開発援助（ODA）国別データブック 2015』外務省経済協力局。
対外関係タスクフォース、2002 年 11 月 28 日、「21 世紀日本外交の基本戦略――新たな時代、新たなビジョン、新たな外交」（首相官邸ホームページ）https://www.kantei.go.jp/jp/kakugikettei/2002/1128tf.html。
外山脩、2006 年、『百年の水流――ブラジル日系人社会』Toppan Press。
内閣府大臣官房政府広報室編、2004 年、『月間世論調査』4 月号、国立印刷局。
「ODA を活用した日本の文化協力」、2004 年、『国際協力プラザ』2 月号、外務省経済協力局。
内閣府大臣官房政府広報室、「世論調査」https://survey.gov-online.go.jp/h23/h23-gaiko/zh/z23.html。
日本ボランティアセンター、2017 年、「プロサバンナにおける JICA の活動に関する抗議文」https://www.ngo-jvc.net/jp/projects/advocacy-statement/2017/12/20171219-prosavana-letters.html。
ポッター, デビッド、2012 年、「人間の安全保障と日本の ODA」浅香幸枝編『地球時代の「ソフト・パワー」』行路社、57-74 ページ。
堀坂浩太郎、2012 年、「台頭する新興国ブラジルとの新たな関係」浅香幸枝編『地球時代の「ソフト・パワー」』行路社、172-192 ページ。
柳田利夫編、2002 年、『ラテンアメリカの日系人』慶応義塾大学地域研究センター。

第 14 章

カルデロン政権期メキシコの「麻薬戦争」と「フロンテラ」

二村久則

はじめに

　トランプ米大統領は 2016 年の大統領選挙に臨み、選挙公約の目玉の一つとして、アメリカとメキシコの国境に壁を建設し、その費用をメキシコに支払わせることを公言していたが、2017 年 1 月に大統領に就任するや早速その公約を実行に移し、壁の建設を命ずる大統領令に署名した。その際同大統領は、壁建設の費用はとりあえず米国が負担するが、いずれメキシコが 100% 支払うことになると強調した（BBC News Japan, 2017）。2018 年になってもいまだに壁は建設されていないが、トランプ大統領登場以来、米墨国境は当事者二国間のみならず国際的な注目を浴びることとなった。3200 キロに及ぶ長大な米墨国境は、物理的に両国を隔てているものであるが、同時に政治的、経済的、文化的、心理的等さまざまな意味で二つの国を分け隔て、あるいは近づけている存在でもある。地続きであるということは、日本のようにすべての国境線が海の上という例などと比較すると、はるかに濃密な隣接関係であると言えよう。本稿では、メキシコとアメリカの国境をメタフィジカルな意味を込めて「フロンテラ」と呼ぶ。
　そもそもトランプ大統領が壁の建設を言い出した背景には、メキシコから米国への合法非合法を問わない大勢の移民の存在があるわけだが、「合法移民」「非

合法移民」という区別そのものが、ほぼ受け入れ側の米国の都合のみによって決められたものである。「ブラセロ（bracero）」（おもに農繁期にメキシコから米国に出稼ぎに行く季節労働者）と称されるメキシコから国境を越えた農業労働者は、1942 年の米墨通商協定で季節限定ながら合法化され、その結果 1942 年から 45 年までの間に 30 万人ものメキシコ人労働者が米国に流入したが、これは第二次大戦の徴兵で労働力が不足したという米国側の事情による（鈴木、2003：118-119）。これらのメキシコ人出稼ぎ労働者は、第二次大戦が終わると米国にとっては必要でなくなり、強制的に帰国させられる（鈴木、2003：129）。景気・不景気による雇用調整の安全弁としてメキシコからの労働力が利用されるという構造は、半世紀以上を経た 21 世紀の現在でも変わっていない。

　1992 年にカナダ、アメリカ、メキシコ 3 か国の間で締結され、1994 年に発効した「北米自由貿易協定（NAFTA、スペイン語では TLCAN）」によって、フロンテラの性格は良い意味でも悪い意味でも大きく変貌した。米墨間の経済関係はこれによって相互依存が深化し、次第に不可分のものとなりつつあった[★1]。NAFTA による両国の経済的プラス・マイナスについてはさまざまな議論があるが、紙幅の制約上それについてはここでは触れないでおく。フロンテラの性格が変貌してヒト・モノ・文化の交流が増大したことは、相互理解が深まるというようなプラスの効果をもたらした半面、マイナスの効果ももたらしている。マイナス面で最も顕著なものは、深刻化する麻薬問題である。後述するように、メキシコから米国への麻薬密輸問題は 1970 年代からすでに存在していたが、90 年代以降、とくに NAFTA の発効に伴って両国間の通行が相当程度自由化されたことによって大量の麻薬が米国に流入することになり、米国社会の麻薬問題は深刻化の度合いを増した。しかし、問題が生じたのは米国ばかりではない。交通の自由化により、米国からメキシコへの武器の流通もまた飛躍的に増大している。これによって重武装したメキシコの麻薬組織は、政府治安機関との間に、また組織間相互で凄惨な殺戮を繰り返すことになった。

　本章では、米墨フロンテラ問題のなかでも麻薬問題に焦点を当てて、その歴史的経緯と現状について分析する。最初にメキシコにおける麻薬産業の歴史を概観したのち、1980 年代に遡及してカルテルと呼ばれる巨大麻薬組織の生成過程およびそれらの離合集散過程を検討し、それがいかにメキシコの政治過程

と密接な関連性を有していたかについて検証する。制度的革命党（PRI）による71年間という長期一党支配を支えてきたのは、ネポティズムと政治的腐敗の構造である。そして、麻薬組織の台頭、跳梁もこの構造から必然的に生まれたものである。さらに、個人の安全は銃で守るのが当たり前という風土が武器の密輸を容易にし、暴力の蔓延を助長している。フロンテラの存在はこうした状況を補強し、結果としてメキシコに政治・暴力・腐敗の負のスパイラルを生み出している。

1　メキシコ麻薬産業の歴史

現在メキシコは、世界最大の麻薬消費国である米国で消費される麻薬、すなわちヘロイン、マリファナ、覚せい剤類、そしてコカインの主要生産国であり、供給国でもある。国連薬物犯罪事務所（UNODC）の資料によると、米国市場に供給されるアヘン及びヘロインの主要生産国はラテンアメリカではメキシコ、コロンビア、グアテマラだが、2010年まで大半を供給していたコロンビアに代わって、2014年にはメキシコがヘロイン供給の79%を占めるに至っているし（UNODC, 2017a: 21）また、マリファナの原料である大麻に関しては、2015年に押収された大麻が世界で最も多かったのがメキシコであったうえに、2010-2015年期に根絶された大麻畑の面積が世界最大だったのもメキシコである（UNODC, 2017a: 38）。近年その流通量が顕著に増加している覚せい剤類は、米国麻薬取締局（DEA）によれば、2016年にはDEAの薬物取り締まりの31.8%を占めてヘロインに次いで2位に浮上しているが、その多くがメキシコで生産されているという（UNODC, 2017b: 16-18）。さらに、ヘロイン、マリファナと並ぶ三大麻薬の一つで、南米コロンビア、エクアドル、ペルーのみでしか栽培されていないコカを原料とするコカインについては、南米から米国に密輸される全量の90%がコロンビア産であるが、その大半がメキシコを通過しているとされる（Beittel, 2009: 1）。

このようにメキシコが麻薬供給大国となったのはいつごろからであろうか。大麻もアヘンの原料であるケシも、もともと南北アメリカに自生していた植物ではなく、確たる証拠はないが、それぞれアジア、ないしヨーロッパ原産とされる。カナダのジャーナリスト、ジェリー・ラングトン（Jerry Langton）は、

これらがメキシコに持ち込まれたのは 19 世紀半ば、米国に渡った中国人労働者を経由してメキシコに入ってきたものであると主張している（Langton, 2012: 53）。ラングトンによれば、その後メキシコで生産されるようになったマリファナが米国に逆輸入され、ハリウッド・スターなどに愛用されるようになったのは、第二次大戦でアジアからのアヘンやヘロイン流入が途絶えたことがきっかけであるという（Langton, 2012: 56）。しかしながら、この時期のマリファナ使用はあくまで一部富裕層の間だけのことで、米国でマリファナが深刻な社会問題となるのは、ベトナム戦争への米国介入が本格化した 1960 年代後半からである。最盛期で 50 万人といわれたベトナム派兵米兵が、戦場での恐怖を紛らわすためにマリファナを喫煙するようになり、本国に帰還したかれらがその習慣を米国の若者たちに伝えるという形で、マリファナの使用が急速に普及した。60 年代末の時点ですでに、全米で 1200 万人以上がマリファナを経験しているという（二村、2006：125-126）。こうした状況下で、69 年に就任したニクソン米大統領は着任直後に、最優先政策課題の一つとして麻薬撲滅を宣言し、「阻止作戦（Operation Intercept）」（メキシコと協力するという意味でのちに「協力作戦（Operation Cooperation）」に変更された）の名のもとに米墨国境地帯に 2000 人の税関吏と国境パトロール隊員を配置し、メキシコから米国への麻薬密輸、とくにマリファナとヘロインの侵入を阻止しようと試みた。この作戦は、メキシコ側から内政干渉であるなどといった反発を招いたことなどから、意図したような成果は得られなかったものの、この作戦をきっかけとして麻薬問題に組織的に取り組む必要性が米国政府によって認識され、73 年の麻薬取締局（Drug Enforcement Administration：DEA）創設に結びついていく（Grayson, 2010: 27-28）。77 年に発足した民主党のカーター政権は、メキシコ側のカウンターパートであるホセ・ロペス・ポルティージョ（José López Portillo）大統領の協力を得て、ヘロインに狙いを定め、メキシコ国内のケシ畑を一掃すべく除草剤散布作戦を展開、一定の成果を挙げた（フリーマントル、1985：142-144）。

　ここに見てきたように、1970 年代から 80 年代にかけて、メキシコと米国の間にはすでに、マリファナとヘロインの密輸が深刻な問題となって存在していた。しかし、この時期の両国間の麻薬問題は、これに続く 90 年代、さらに 21 世紀と比べればまだ比較的穏やかなものであったといっても過言ではない。

第14章　カルデロン政権期メキシコの「麻薬戦争」と「フロンテラ」

この後、米国への麻薬密輸がきわめて規模の大きなものとなり、それに伴って密輸に従事するメキシコの組織がいくつも台頭して巨大化し、随伴する暴力が激化していくことになるのだが、その背景として二つの状況の変化が挙げられる。一つ目は、マリファナとヘロイン

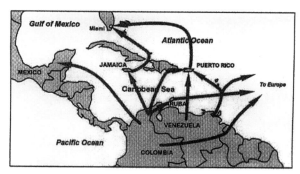

図1　カリブ海のコカイン・ルート
(出所：Coletta A. Youngers and Eileen Rosin, eds., *Drugs and Democracy in Latin America: The Impact of U. S. Policy*, Boulder and London: Lynne Rienner, 2005, p.307 を筆者が一部改変)

の密輸に対する取り締まりが一定の成功を収めたため、密輸業者たちがコカインにシフトし始めたことである。その結果、総延長3200キロメートルに及ぶ米墨国境がコカインの主要ルートとなり、大量のコカインが密輸されるようになった。ちなみに、米国におけるコカイン使用者は80年代なかばの時点で2200万人にのぼると言われ、マリファナを上回る勢いで使用者が増加していたことが分かる (Gootenberg, 2011: 8)。現在メキシコを経由しており、そこから麻薬業者が得る利益は、推定に幅があるが年間136億ドルから484億ドルにのぼるとされる (Cook, 2007: 4)。これはメキシコの名目GDPの1.3%から4.6%という途方もない額になる。

　二つ目の状況変化は、密輸を支配する勢力の交代である。80年代から90年代にかけては、コカイン密輸を支配していたのはメデジン・カルテル、カリ・カルテルといったコロンビアの巨大麻薬組織であった。コロンビアの組織は当初はカリブ海経由でフロリダ半島へというルートを主に使用していた（図1参照）が、米国取り締まり当局からの厳しい規制を受けた結果、メキシコ・ルートへと転換したものと見られる (Cook, 2007: 4)。かれらが主導権を握っている間は、メキシコ側の取り分は50%程度であったらしい (DEA, 2000: 2)。コロンビアの二大カルテルは、80年代末からのコロンビア麻薬戦争を経て、同国政府の取り締まりが強化された結果、90年代後半までにはいずれも壊滅

状態となる。こうして 21 世紀に入ると、メキシコの複数のカルテルがコカインを含む対米麻薬密輸を寡占的に支配するという新たな状況が現出するのである。

2　メキシコ麻薬カルテルの盛衰

　1970 年代まで、メキシコにはあまり強力な麻薬組織は存在しなかった。しかし、上述のように 80 年代からコロンビアのカルテルが密輸ルートをメキシコ経由に転換するようになると、まずコロンビア組織の下請けとして、地元の利を生かした組織が生まれてくるようになる。そして次第に利益を蓄えたメキシコの組織は、90 年代後半頃から、コロンビア・カルテルの衰退に伴ってコカイン・ビジネスの主導権を握るようになる。

　現在のメキシコ各カルテルの基礎を築いたのは、北西部シナロア州の州都クリアカン出身のミゲル・アンヘル・フェリックス・ガジャルド（Miguel Angel Félix Gallardo）である。マフィアたちからエル・パドリーノ（ゴッドファーザー）と呼ばれたフェリックス・ガジャルドは、マリファナとヘロインの密輸で作り上げたさまざまなインフラを利用して大量のコカインを米国に密輸し、巨額の利益を上げる。かれらはグアダラハラに拠点を置いていたことから、米国 DEA から「グアダラハラ・カルテル」と名づけられた。しかし、その活動があまりに DEA に注目されてしまったために、ガジャルドは縄張りの大半を親族や仲間たちに分け与え、本人は出身地のクリアカンに戻った。1987 年のことである（Langton, 2012: 64-65）。この時に誕生したとされるのが、最も利益が上がるといわれたティフアナ・ルートを与えられたフェリックス・ガジャルドの甥にあたるアレジャノ・フェリックス（Arellano Félix）兄弟の「ティフアナ・カルテル」、2 番目に利益の大きいフアレス・エルパソ・ルートを与えられたアマド・カリージョ・フエンテス（Amado Carrillo Fuentes）一家の「フアレス・カルテル」、米アリゾナ州と国境を接するソノラ州を与えられたカロ・キンテロ（Caro Quintero）兄弟の「ソノラ・カルテル」、メキシコ湾岸のタマウリパス州マタモロスから米テキサス州へと抜けるルートを与えられたフアン・ガルシア・アブレゴ（Juan García Abrego）の「ゴルフォ・カルテル」、そしてシナロア州を与えられた"エル・チャポ（El

Chapo＝ちび）"ことホアキン・アルチバルド・グスマン・ロエラ（Joaquín Archivaldo Guzmán Loera）の「シナロア・カルテル」の五つのカルテルである（Langton, 2012: 64-65）。フェリックス・ガジャルド自身は、一種の院政のような形でこれらのカルテルを統括していたが、1989年に逮捕され、禁固40年を言い渡されてメキシコの刑務所に服役中である。

　メキシコから米国へのコカイン密輸ルートを分け合う形でスタートした五大カルテル体制だが、ゴッドファーザー、フェリックス・ガジャルドの逮捕以降、カルテル間の暗黙の協約は瓦解し、プラサ（plaza＝縄張り）をめぐる相互間の争いが次第に激化していく。そもそも麻薬ビジネスは、もちろん犯罪ではあるが一応ビジネスはビジネスなので、効率的な地下ビジネスとしての活動をするためには、活動をさまざまな部門に分けて運営し、各部門を適切に動かしていかねばならない。最も川上の製造段階では、違法植物栽培地および違法薬物製造工場の管理、流通段階では製品の流通ルート作成・選択とその安全の確保が必要となる。販売段階では、メキシコ・カルテルは卸売りに特化しており、小売りは米国のストリート・ギャングに委託している（Cook, 2007: 6）ので、卸売りの企画・管理と小売商の確保、監督などが主な業務である。最後に売り上げだが、これは違法な収入なので、資金洗浄、いわゆるマネー・ロンダリングを行って収入を合法的なものに見せかける努力が必要となる。これらのほかに、取り締まり当局からの防衛のため、そしてライバル組織との縄張り争いのために然るべき軍事力を備えておかなければならない。また、背信行為や組織からの脱退を防ぐための暴力行使もしばしば必要となる。こうして麻薬組織は、農業、工業、流通、販売、金融、軍事、総合戦略などの各部門を持たなければならず、必然的に巨大化の道をたどる。カルテルと呼ばれる組織が形成されるゆえんである。

　カルテル間の縄張り争いは、フェリックス・ガジャルドの逮捕後、まず、最大の勢力であったティフアナ・カルテルと第二の勢力、フアレス・カルテルの間に勃発した。それ以前のメキシコにおける組織犯罪では、殺人は紛争解決の最終手段で、あくまで特別な場合にしか用いられなかったが、ティフアナ・カルテルを率いたアレジャノ・フェリックス兄弟がそれを変え、組織間抗争における殺人を日常化させてしまったという（Langton, 2012: 69）。1997年、フアレス・カルテルのボス、カリージョ・フエンテスが整形手術の失敗によって

死亡すると、この争いは、各カルテルがボスを失ったフアレス・カルテルの縄張りを争奪する方向へと変貌する。そのなかで中心的な役割を担ったのは、ティフアナ・カルテルとシナロア・カルテルである。ティフアナ・カルテルがゴルフォ・カルテルと連携して東西から縄張りを固めようとしたのに対して、業界の大物として頭角を現しつつあった"チャポ"・グスマンは、93年に逮捕されて刑務所に収監されていたが、獄中から指示して自らが率いるシナロア・カルテル、新興のベルトラン・レイバ・カルテル、そして衰退傾向にあったソノラ・カルテルとの連合体をさらにフアレス・カルテルと連携させて「フェデラシオン」（Federación＝連盟）という連合組織を立ち上げ、これに対抗した（Langton, 2012: 80）。こうして90年代末には、ティフアナ・ゴルフォ連合対シナロア連盟という図式がおおよそ出来上がり、新しい世紀を迎えることになる。

　21世紀になると状況は再び変化をみせる。71年間メキシコを一党支配してきたPRIを選挙で破り、2000年末に発足した国民行動党（PAN）のフォックス政権は、二大麻薬勢力のうちの一方であるティフアナ・ゴルフォ連合を標的と定め、その壊滅に乗り出した。他方、これと対抗するシナロア連盟のほうはほぼ手付かずであった。メキシコでは、ある大統領の政権期間「セクセニオ（sexenio＝6年期）」に一人の大統領と、同時に一つの麻薬組織、一人の麻薬ボスが君臨するのは通常のことであるという（Garzón, 2008: 125）。この6年期に「優遇措置」を享受し、一躍メキシコ麻薬業界最大のボスとして君臨するようになったのが、チャポ・グスマンである。チャポは、フォックス新大統領就任直後の2001年に、警戒厳重とされた刑務所を脱走し、フォックス政権期の麻薬ボスとしてイントカブレ（intocable＝絶対的ボス）とも呼ばれるようになった[★2]。

3　カルデロン政権の「麻薬戦争」とメリダ・イニシアティブ

　2006年末にカルデロン政権が船出したのはこのような状況下であった。上に述べたように、初めて政権をとったPANにも、それまでのPRIと同様麻薬マフィアに甘く、政治腐敗もPRIと変わらないという批判がフォックス政権に付きまとったせいか、2006年大統領選では、PANのカルデロン候補は

35.89%、左派の民主革命党（PRD）から出馬したロペス・オブラドール（Andrés Manuel López Obrador）候補は35.33%で、得票率でわずか0.6%差の辛勝であった。ちなみにPRIのマドラソ（Roberto Madrazo）候補は22.23%で3位であった★3。カルデロンが麻薬組織との徹底した戦い、いわゆる「麻薬戦争」を宣言した背景にはこうした事情もあったものと考えられる。カルデロン大統領は、この戦いのために4万5000人の兵士と5000人の連邦警察官を米墨国境地帯に出動させ、政権が本気で麻薬組織撲滅に取り組んでいることをアピールした（Beittel, 2009: 3）。

　こうしたカルデロン政権の努力に対して米国ブッシュ政権も全面的に支援する態度を表明した。両国の協力体制が結実したのが、2007年10月に両国政府から公表された「メリダ・イニシアティブ」（Mérida Initiative）である。これは、メキシコおよび中米諸国に対して2008会計年度から向こう3年間で総額15億ドルにのぼる援助を供与し、これらの地域の麻薬問題の解決を図ろうというもので、その具体的な狙いは、(1) 犯罪組織を弱体化させる、(2) 陸、海、空の国境監視を強化する、(3) 対象地域の法的能力を改善する、(4) ギャング活動を減殺し、麻薬への地域の需要を減らす、の4項目に集約される（Seelke and Finklea, 2011: 7-9）。対象はメキシコ、中米となっているが、もちろんメキシコが中心である。メリダ・イニシアティブに経済的・軍事的に支援された「麻薬戦争」は、前政権までとは異なって、特定のカルテルを狙い撃ちするのではなく、すべての麻薬カルテルをいわば平等に攻撃するところが特徴である。その結果、いくつかのカルテルはボスや幹部が逮捕あるいは殺害され、組織が弱体化することになった。たとえば、ティフアナ・カルテルを率いていたアレジャノ・フェリックス兄弟は7人だが、2008年までに全員が逮捕あるいは殺害されているし、ベルトラン・レイバ兄弟の長兄でベルトラン・レイバ・カルテルのボスであったアルトゥーロ（Marcos Arturo Beltrán Leyva）は、2009年末にメキシコ海兵隊特殊部隊に殺されている。さらにカルデロン大統領は、メキシコ国内ですでに逮捕されていたマフィアたちを米国などの外国に引き渡すことにも力を注ぎ、2007年から2010年までの4年間で379人の引き渡しを行った。それ以前の4年間に比べて2倍以上の数字である（Seelke and Finklea, 2011: 26）。そのなかには、2003年に逮捕されたゴルフォ・カルテルのボス、オシエル・カルデナス（Osiel Cárdenas

Guillén）も含まれている。

しかしながら、麻薬組織は何人ものボスや多くの幹部を失いながらも、依然としてその勢力は衰えていない。カルデロン政権末期のメキシコ麻薬カルテル勢力分布状況は、図2のとおりである。図を見ると、現存する七つの主要なカルテルのうちでもっとも大きな勢力を有しているのは、ビッグ・ボスのチャポ率いる

図2　メキシコ麻薬カルテル勢力分布図
（出所：BBC News, "Mexico's Drug-related Violence", 30 May 2012）

シナロア・カルテルと、新興勢力で伸張著しい「セタス」（Los Zetas）である。セタスは、ゴルフォ・カルテルのボスであったカルデナスが直属の暗殺部隊として組織したグループで、初めはメキシコ陸軍特殊空挺部隊の元隊員が中心になっていたが、のちに連邦・地方の警察官、軍人出身者と民間人で武器の扱いに習熟したメンバーを加え、やがてゴルフォ・カルテルと袂を分かって独立してから、その圧倒的な武力もあって急速に強大化した（Cook, 2007: 7-8）。これら二つの組織に比べて、ボスを失ったティフアナ・カルテル（図では「アレジャノ・フェリックス組織」と記されている）、フアレス・カルテル（図では「カリージョ・フエンテス組織」と記されている）、そしてベルトラン・レイバ・カルテルの勢力減退が目立つ。「ファミリア・ミチョアカーナ（La Familia Michoacana）」というのは、高品質なマリファナの特産地として知られるミチョアカン州のマフィア一家で、ここはカルデロン大統領の地元でもあることから、真っ先に「麻薬戦争」のターゲットにされた組織である。カルデロンは大統領就任からわずか2週間後に、4000名の兵士と連邦警察官を投入して「ミチョアカン作戦」と名づけたマフィア一掃作戦を決行し、国民にマフィアと戦う決意を示した（Langton, 2012: 104-106）。これをきっかけに新興カルテル

第 14 章　カルデロン政権期メキシコの「麻薬戦争」と「フロンテラ」

として注目されるようになったファミリア・ミチョアカーナは、当初はゴルフォ・カルテルと提携していたが、後にこの提携を解消してシナロア・カルテルと提携するようになり、首都メキシコシティに近い地の利もあって勢力を伸ばしている。

　カルデロン政権期は、こうして麻薬組織との戦いに特徴づけられることになったが、この戦いによる犠牲者はおよそ 5 万人とされ（ニューズウィーク日本版、2012a：34）、事実上の「麻薬戦争」状況が現出した。麻薬戦争といえば、1980 年代末から 90 年代初めにかけて南米コロンビアで勃発した政府法執行機関と麻薬組織間のものが知られているが、コロンビアの例では、政府と武装闘争を展開したのは、メデジン・カルテルという巨大ではあったがただ一つの麻薬組織のみであり、ほぼ 4 年間にわたった戦争の犠牲者は約 2 万人である（二村、2002：37-38）。これに対してメキシコでは、犠牲者の数もコロンビアの倍以上にのぼるが、政府と対峙している主要な麻薬組織は七つあり、これらが、ある時は軍・警察などの法執行機関と武力対決し、またある時は組織間で流血の抗争を展開するなど、より複雑な対立の構図が形成されている。12 年間の PAN 政権期間中に日常化した暴力状況に国民が嫌気がさしたのか、2012 年 7 月に行われた大統領選挙では、1929 年から 71 年にわたって一党支配を続け、2000 年に野に下った制度的革命党（PRI）が 12 年ぶりに政権を奪回することになった。しかし、38.2% の得票率で辛勝したエンリケ・ペニャ・ニエト（Enrique Peña Nieto）新大統領はいわゆる旧支配層の一員であり、不正蓄財疑惑が取り沙汰されたサリナス元大統領とも親しく（ニューズウィーク日本版、2012b：14）勝利演説では麻薬組織との妥協を否定してみせたが、対組織暴力対策を最優先政策課題にはしていなかった。果たして彼の政権下でも暴力は沈静化することなく、公共安全省の資料によると、2013 年から 2017 年までの 5 年間で殺人件数は約 9 万 4 千件で、任期満了まで 1 年を残した時点で前カルデロン政権期の 10 万 3 千件と肩を並べる数字である（Secretariado Ejecutivo del Sistema Nacional de Seguridad Pública, 2017）。この数字だけを見ても、また、43 名の学生が拉致されて失踪した 2014 年 9 月のアヨツィナパ事件★4 などに鑑みても、メキシコ社会の暴力状況は一向に変わっていないことが分かる。

4 麻薬戦争の主要因としての武器密輸と政治的腐敗

　メキシコにかつてのコロンビア以上に熾烈な麻薬戦争状況をもたらした要因は何であろうか。もちろん、麻薬密輸という巨額の利益をもたらす非合法ビジネスの存在が第一の要因であるが、その他にも二つの大きな要因が考えられる。一つは武器の密輸、もう一つは政治的腐敗である。

　まず武器密輸を見てみよう。多数の犠牲者を出しているカルデロン政権下での「麻薬戦争」において、どの地域がもっとも多くの麻薬関連殺人を記録しているかを見ると、州別ではバハ・カリフォルニア、シナロア、チワワに集中しており、都市別ではティフアナ、クリアカン、シウダーフアレスが多い（Beittel, 2009: 13）。シナロア・カルテルの本拠地であるシナロア州と州都のクリアカン以外は、いずれも米国と国境を接する州およびその州都である。なかでもティフアナ・カルテルの本拠地ティフアナは米国サンディエゴ市と、またフアレス・カルテルの本拠地シウダーフアレスはエルパソ市とそれぞれ国境をはさんで面対称のような位置にあり、いわゆる「ツイン・シティ」として人、物の日常的な交流がきわめて多い。これら以外にも、物流の拠点であるソノラ州ノガレス、タマウリパス州マタモロスなど国境に面した街は、いずれも密輸の拠点として犯罪による危険度も高い。これらの都市を通じて密輸されるのは、麻薬ばかりではない。大量の武器もまたメキシコ国内に流入し、それらがカルテル同士の抗争と軍・警察との戦いに用いられることで多くの犠牲者を生む結果となっている。ではどれくらいの量の武器がメキシコに入ってくるのか。メキシコのジャーナリスト、ノゲダ（Magda Coss Nogueda）によると、主に米国から一日当たり 2000 個の火器が非合法にメキシコに持ち込まれており、その数は 2000 年から 2008 年までで合計 500 万個にのぼるという（Nogueda, 2011: 111）。膨大な数である。ノゲダによれば、これらの武器は国内のどこでも容易に手に入れることができ、たとえばメキシコシティの非合法武器市場で売買される武器の 65% は犯罪に、35% は個人と家族の防衛用に使用されるという（Nogueda, 2011: 111）。武器とは人を殺傷する道具である。これらの武器の多くが麻薬関連犯罪に用いられ、犯罪の暴力化を招いていることは疑いないであろう。

もう一つの要因は、政治的腐敗である。メキシコの腐敗は根が深く、政府高官、州知事レベルから末端の警察官レベルに至るあらゆる層が麻薬マフィアから買収されている。買収する際のマフィアたちの合言葉は、"plomo o plata"、つまり「銃弾かカネか」である。メキシコの麻薬問題を描いた 2000 年の米映画『トラフィック』には、メキシコ側麻薬取り締まりの責任者である将軍があるカルテルと癒着していたことが描かれているが、これは実話に基づいている。このような例は枚挙に暇がなく、最高検察庁の 2005 年の調査では、連邦捜査局の 7000 名の捜査官中 1500 名に汚職疑惑があり、うち 457 名が摘発されたという（Cook, 2007: 9）。こうした状況はカルデロン政権では多少改善されたものの、同政権末期になって、メキシコ軍の最高幹部である将軍 3 名と中佐 1 名がベルトラン・レイバ・カルテルに麻薬取り締まり関連情報を売っていた疑いで逮捕されている（*The New York Times*, 2012）。さらに、セタスのように元兵士、元警察官がカルテルのメンバーとなる例も後を絶たないが、これも取り締まる側と取り締まられる側の癒着を助長するものであろう。

おわりに

　ここまでメキシコ「麻薬戦争」の経過と現状、そしてその原因を見てきたが、最後に、こうした状況を克服するには何が必要かについて検討し、さらに、フロンテラの意味について考察する。

　2006 年に発足したカルデロン政権は、この国で 71 年続いた PRI による一党支配の時期、そして政権交代により変化が訪れたと思われた 2000 年からのフォックス政権期でもなお変わらなかった、政治腐敗とネポティズムに支えられた政治権力と組織犯罪の癒着の構造に挑戦し、強力な麻薬組織に戦いを挑んだ。しかしながらこの戦いは、多くの犠牲者を出しただけでなく、麻薬関連の組織犯罪に何らの弱体化ももたらしておらず、その意味では失敗と言わざるを得ない。「麻薬戦争」がなぜ失敗に終わっているのかを考えることが、状況の改善にもつながってこよう。

　まず、この戦いにおける基本的な誤りの一つは、各組織のトップを主要なターゲットにしたことである。麻薬産業が巨大な利益をもたらすものであるかぎり、これに従事しようとする者は後を絶たない。確かにこの 6 年間で多くの

ボスや幹部クラスが逮捕、あるいは殺害されたが、逆にそれを好機ととらえて下からより若いマフィアが浮上してくるのがこの世界である。というよりむしろ、力で組織犯罪を撲滅しようという考え方そのものに問題があるように思われる。つまり、問題は組織犯罪の存在それ自体ではなく、そうした組織犯罪を生み出す土壌にある。筆者同様、カルデロン政権の対麻薬政策を失敗とするある研究者は、その原因をメキシコという国家の財政的な脆弱性に求める（Oyarvide, 2011: 11-12）。すなわち、メキシコは常に財政的に逼迫しており、何とかそれを石油収入と移民からの送金で補っているというのが常態であったため、社会サービスの質が悪く、それが社会に暴力が蔓延する原因となっているという議論である。さらにこの研究者は、政治腐敗がそれを助長していることを示唆している（Ibid.: 11-12）。おそらく、希少な資源の配分にも問題があるという意味であろう。メキシコは他の多くのラテンアメリカ諸国同様、貧富の格差の大きい社会である。遠い道のりではあるが、やはり貧富の格差解消と公正な社会サービスの実現は犯罪減少のためには必須条件であろう。

　もう一つ考えなければならないことは、麻薬には需要と供給があり、供給面だけを抑制しようとしてもそれには限界があるということである。米墨関係の場合、供給側はメキシコで需要側は米国である。米国での麻薬需要が大きなものであり続けるかぎり、供給もなくならない。つまり、メキシコの麻薬カルテルを叩くだけでは問題は解決しない。米国内の麻薬需要を可能な限り少なくしていく政策も必要である。需要か供給かは常に議論されているが、要はどちらか一方だけの問題ではなく、両国が連携して不断の努力を続けることが肝心である。この点に関し、麻薬合法化の議論がなされることが多いが、その場合の麻薬とは大麻だけのことである。この問題については賛否両論があり、筆者は反対の立場であるが、ここで大麻合法化の議論に立ち入る紙幅はない。ただ一つ言えることは、コカイン、ヘロイン、覚せい剤類を含むすべての麻薬合法化は不可能であるし、するべきではないということである。麻薬というのは、一般に考えられているよりも精神的依存性の強い物質である。たんに麻薬効果が弱いからという理由で大麻などを合法化していけば、使用者はより強い効果のある麻薬に移行していった結果、いずれ肉体的にも精神的にも蝕まれていき、その治療、リハビリなどに要する社会的費用は膨大なものになると推測されるし、さらに依存症患者の増大に付随して増加すると予想される犯罪が社会に与

える被害も甚大なものとなろう。麻薬は合法化してはならない。

　「はじめに」でも述べたように、1994年に発足したNAFTAを一つのきっかけとして、米墨関係は大きく変貌してきた。統計によると、1990年に450万人だった在米メキシコ系人口は、2000年には975万人と倍以上に増加しており、2008年には1267万人と、1000万人の大台を超えている（Pew Research Center, 2009）。他方、いわゆる不法移民（unauthorized immigrants）の数も合法移民に比例して増加し、1990年におよそ200万人だったのが、2000年に450万人、2007年には690万人と過去最大の数字を記録している。そしてメキシコからの不法移民は、ほぼ常に、米国への不法移民全体の約半分を占めている（Passel, 2017）。不法移民の増加と麻薬密輸のあいだに相関関係があるか否かについてはそれを裏づけるデータがないので証明できないが、米国国民にとって不法移民はフロンテラがもたらす大きな不安要因であろうし、不法移民にとってフロンテラは彼らの希望の前に立ちはだかる高い物理的・心理的障壁であろう。

　前述のようにトランプ政権はNAFTAの見直しを始めているが、メキシコを見下すような発言を続けるトランプ大統領のもとで、メキシコに有利な形での協定修正がなされるとは想像しにくい。予定されている国境の壁の建設と相まって、現状での米墨フロンテラは両国をより隔てるものになっていきそうである。しかしながら、米国内にすでに中堅国家一国に相当するくらいの自国系人口を持つメキシコである。人と文化の交流・相互依存を押しとどめることはもはや不可能である。一時的には斥力が働くかもしれないものの、中・長期的には、両国間のフロンテラには引力が働く方向に向かってゆくのではあるまいか。

注
★1　トランプ大統領はこれについてもかねてより見直しを言明していたが、2018年9月末に、NAFTAを「米国・メキシコ・カナダ協定（USMCA）」という新たな協定として発足させることで3国が合意したと発表された（『朝日新聞』2018年10月1日朝刊）。
★2　この脱獄劇は「世紀の脱走」といわれ、メキシコ中の話題をさらった。この事件に関して、およびチャポが6年期のボスとして君臨するに至る過程については、José Reveles（2010）に詳しい。チャポおよびメキシコ麻薬カルテルに関する先行研究は日本では皆無に等しかったが、2012年に野内遊「チャポ・グスマンの台頭と社会的諸要因——メキシコにおける麻薬問題に関する一考察」所収の『国際開発フォーラム』42号

（2012 年 3 月）が刊行されている。なお、チャポは 2015 年にも再び脱獄したが翌年逮捕され、2017 年に米国に移送されている。
★3　*Political Database of the Americas*, http://pdba.georgetown.edu/Elecdata/Mexico/pres06.html（2012/09/01）。なおこの選挙結果をめぐっては、敗れたロペス・オブラドール候補陣営から全投票数え直し請求などの異議申し立てがあり、最終的に結果が覆ることはなかったものの、同陣営の支持者が首都メキシコシティの目抜き通りを占拠するなどの混乱がしばらく続いた。
★4　この事件に関しては、メキシコ国内外で多くの報道がなされているが、いまだに真相は解明されていない。

引用・参考文献

Beittel, June S., 2009, "Mexico's Drug-Related Violence", *CRS Report for Congress*, May 27.
Cook, Colleen W., 2007, "Mexico's Drug Cartels", *CRS Report for Congress*, October 16.
DEA Briefing Book 2000, October, 2000, *Major Drug Traffickers*.
Garzón, Juan Carlos, 2008, *Mafia & co.: La red criminal en México, Brasil y Colombia*, Bogotá, D. C.: Editorial Planeta.
Gootenberg, Paul, Issue 2 (June 2011), "Cocaine's Blowback North: A Pre-History of Mexican Drug Violence", *Latin American Studies Association Forum*, Vol.42.
Grayson, George W., 2010, *Mexico: Narco-Violence and a Failed State?* New Brunswick, N.J.: Transaction Publishers.
Langton, Jerry, 2012, *Gangland: The Rise of the Mexican Drug Cartels*, Ontario, Canada: John Wiley & Sons Canada.
The New York Times, May 29, 2012.
Nogueda, Magda Coss, 2011, *Tráfico de armas en México: Corrupción, armamentismo y cultura de la violencia*, México D. F.: Random House Mondadori.
Oyarvide, César Morales, Enero-Marzo, 2011, "El fracaso de una estrategia: una crítica a la guerra contra el narcotráfico, sus justificaciones y efectos", *Nueva Sociedad*, No.231.
Passel, Jeffrey S., 2017, "As Mexican Share Declines, U.S. Unauthorized Immigrant Population Fell in 2015 below Recession Level", Pew Research Center.
Pew Research Center, 2009 ,"Mexican Immigrants in the United States, 2008", *Hispanic* Trends, April 19.
Political Database of the Americas, http://pdba.georgetown.edu/Elecdata/Mexico/pres06.html (2012/09/01)
Reveles, José, 2010, *El cártel incómodo: El fin de los Beltrán Leyva y la hegemonía del*

Chapo Guzmán, México, D. F. :Random House Mondadori.
Secretariado Ejecutivo del Sistema Nacional de Seguridad Pública, Diciembre de 2017, *Cifras de homicidio doloso, secuestro, extorción y robo de vehículos, 1997-2017*.
Seelke, Clare Ribando, and Finklea, Kristin M., February 16, 2011, "U.S.-Mexican Security Cooperation: The Merida Initiative and Beyond", *CRS Report for Congress*.
UNODC, 2017a, *World Drug Report 2017: Market Analysis of Plant- Based Drugs*, N.Y.: United Nations.
UNODC, 2017b, *World Drug Report 2017: Market Analysis of Synthetic Drugs*, N.Y.: United Nations.
『朝日新聞』、2018 年 10 月 1 日朝刊。
BBC News Japan、2017 年 1 月 26 日。
『ニューズウィーク日本版』、2012 年 a（7 月 11 日）。
―――、2012 年 b（7 月 18 日）。
フリーマントル，ブライアン（新庄哲夫訳）、1985 年、『FIX　世界麻薬コネクション』新潮社。
二村久則、2006 年、「南北アメリカのドラッグ・ネットワーク」二村久則・山田敬信・浅香幸枝編『地球時代の南北アメリカと日本』ミネルヴァ書房、123-145 ページ。
―――、2002 年 10 月、「プラン・コロンビアとコロンビアの民主主義」『国際政治』第 131 号、33―48 ページ。
鈴木康久、2003 年、『メキシコ現代史』明石書店。

終章

互いに学び合うために

浅香幸枝

　ラテンアメリカの多様な世界と日本について、われわれは互いに学び合ってきた。ラテンアメリカの魅力、そして社会の課題を学ぶことによって、それが日本の社会や今後の国際社会とどのように関連してくるかが明らかになったのではないだろうか。
　「第１部　人の移動がつくる世界」では、人の移動がもたらす世界の多様性とともにホスト社会に適応するには、現地に貢献していくという姿勢が大事であることがわかる。また、ホスト社会も一枚岩ではなく多様なのでそれをしっかりと見極める努力を成功している移民集団は行っていることが明らかになった。
　「第１章　日系諸団体のネットワークと社会関係資本――ペルーの事例研究」においては、ペルーの日系諸団体は教育と雇用という二つの目標をもち持続可能な組織運営となっており、他の日系社会や日本社会でも参考となるものである。
　「第２章　20世紀初頭のホスト社会としてのペルー――日本人移民をめぐって」においては、ホスト社会は多様性を特徴とするが、それに加えて、移住した日本人は、ペルーの伝統やその国や欧米諸国で生起した出来事に一喜一憂しながら自らの生活を確立しなければならなかった。
　第二次世界大戦における米国やカナダの日系人の強制収容所の歴史はよく知られているが、ペルーにおいても米国の強制収容所に送られた日系人がいた。このように移民は国際情勢に翻弄される側面をもっている。第１章で触れたペルー日系人協会がペルー政府とも日本政府ともまた、現地の人たちとも良好な関係を築くことに注意を払っているのは、このような排日の歴史を経験しているからである。

「第 3 章　20 世紀初頭ブエノスアイレス市におけるアラブ系移民の二つの選択——レバノン・マロン派カトリック教徒とギリシャ正教徒の適応戦略」においては、先に入国したマロン派移民を支えた教育機関が、20 世紀初頭には現地社会へと同化したこと、1920 年代に「シリア・レバノン系」に関する組織が次々に設立されたとまとめる。

　それから 100 年ほどが経過した現在、90 年代には「シリア・レバノン人」として全国的に知られていた人びとが、今では「レバノン系」「シリア・レバノン系」、そして「アラブ系」という三つに分かれてエスニック集団として活動している様子を観察している。アルゼンチンは 1980 年代以降多民族国家としての国家像および歴史を叙述しようとしたからだと考察する。「アラブ系」は、出身国政府（特にシリア）に対する批判が高まる中で、イスラム世界を擁護するという立場から、集団としての結びつきを保持していると指摘する。

　本章は、エスニック・グループが絶対的に固定されたものではなく、回りの状況や利害関係によって組み替えることが可能な側面をよく表している。これは、日系移民についても、沖縄出身者を日本人と捉えるかウチナーンチュとして捉えるかという今日的な課題とも重なる。また、出身国や母国にどちらに自分のアイデンティティの基軸を置くかという日系人の生活戦略にも影響してくる。

　「第 4 章　中南米日系社会の変容と日本の対応」においては、毎年開催されている海外日系人大会についてまとめている。1957 年、第二次世界大戦で荒廃した母国および祖父母の国・日本へ生活支援物資を送り支援した海外の日系人に感謝の意を表わすため、国会議員が中心となり開催したのが最初で、現在では公益財団法人・海外日系人協会が受け手となって運営されている。21 世紀に入ってからは毎年およそ 20 か国から 200 人前後の日系人が集まり開催されている。参加者の対象は世界の日系人であり、中南米に限定されてはいないものの、21 世紀に入ると、日系社会の変化の確認と日本との共生に力点が置かれてきていると考察している。

　人の移動がつくる世界は、出身国の文化を持ち込むので、移民からなるラテンアメリカ世界は多様なチャネルを持つ世界であるとも読める。また、ラテンアメリカの各国政府の政策によっても、移民はその望ましい姿を変容させ適応させて示していることがわかる。移民の移住国におけるイメージはその時々に応じて、ホスト社会に適応して変わっていくことが理解できる。そのため、彼

らを介したイメージは国際関係を反映したものとなっていることに注意を払う必要がある。

「第2部　歴史から読み解く世界」においては、現在のラテンアメリカの諸問題の原因となる歴史が考察されている。なぜなら、ラテンアメリカが最初のグローバル化の実験場だったからである。そして、現在でも最もグローバル化の進展した地域であり、われわれにその問題の根源を開示してくれるからである。

「第5章　新大陸における銀貨の鋳造とその流通──植民地時代前半期ポトシの場合」においては、副王トレドは植民地支配体制の確立に尽力したが、その一環が王権によるポトシ銀山の掌握であり、ポトシのカサ・デ・モネダにおける peso ensayado の製造であった。peso ensayado は経理上価値を計算するためのものであり、品位（銀の含有量）がばらばらの貨幣（peso corriente）が造られていた状況を改善するべく、きちんと統一された貨幣として出現したと考察する。つまり、統一された貨幣があって、初めて国内・国際間の財の交換が可能となった過程を明らかにしている。新大陸の銀貨の世界経済における重要性がわかる。

「第6章　1959年発見のメキシコ・クエルナバカの壁画──〈長崎二十六聖人殉教図〉への問いかけ」においては、23人のフランシスコ会殉教者を讃えるために描かれたのではないか、と定説の見直しを試みている。これはラテンアメリカにおける長崎殉教事件のイメージの確認であり、既成イメージの再確認の一例でもある。

「第7章　行政の関与が宗教的祝祭にもたらすもの──ペルー・ピウラ県パイタのメルセデスの聖母祭をめぐって」においては、宗教的祭礼が観光というグローバルな現象に取り込まれる歴史動態の一端を明らかにしている。パイタでは、伝統的な祭礼組織の交代が引き金となり、行政の聖母祭への関与が強まった。その結果、行政は域内の文化資源の情報発信の場として聖母祭を利用して、パイタを訪れる巡礼者に観光客としての再訪を期待している。しかし、行政の思惑に反して、その観光施策が十分な成果を上げられていないのが現状である。

とはいえ、巡礼者が観光活動を志向しないのは、単に無関心に起因するという訳ではない。インタビューに応じた巡礼者の多くは、経済的な理由により観光が身近な行為ではなく、彼らはパイタへの巡礼のために一時的に職場を離れ

たり、家族や友人に仕事の代理を依頼したりしているため、巡礼とは無関係な観光を楽しむ心理的余裕はない。加えて、巡礼に必要な費用を捻出するために1年間かけて貯金し、ときには借金をしてパイタに馳せ参じる。征服によりもたらされたカトリックの聖母信仰であるが、人々の心の支えとなっていることがわかる。

「第8章　ホセ・ガオスの「イスパノアメリカ哲学」とラテンアメリカ思想家たちの人的ネットワーク──ラテンアメリカの視点から構築するラテンアメリカ史」においては、ガオスはヨーロッパの作り上げた枠組みを使って自分たちの現実をとらえるのではなく、その現実を見るための枠組みから作り上げようとしたと指摘する。彼がその目標まで十分に到達したとは言い難いが、自らを取り巻く環境を自分自身の視点で見直していくという考え方はドゥッセルと共通するものがある。そのようなガオスの信念を受け継いだセアが中心となって生み出した活発な知的交流は、国を超えた人の移動と相まって大きな潮流を作り出した。そして、その流れはラテンアメリカ各地の知識人とスペイン知識人をはじめとするラテンアメリカ外部の知識人たちとの交流も通しながら大きなネットワークを形成しその成果は1960年代にはよりはっきりと形をとり始めていた。ラテンアメリカの「脱植民地化への転回（Giro Descolonizado）」が始まったのが1969年頃からであるとドゥッセルは主張しているが、これは奇しくもガオスがこの世を去った年であるとまとめている。

「第9章　現代ラテンアメリカにおける文化・文学研究の新潮流──エンリケ・ドゥッセルの論考を中心に」においては、現在、ラテンアメリカの思想界で展開しつつある動向を紹介する。哲学者エンリケ・ドゥッセルが提唱した「トランスモダン」の概念を取り上げ、それがラテンアメリカ人のみならず、グローバル化の進行する現代世界で生きる人間にとって、現代世界を考察する上で重要であることを示している。

この新たな思想潮流は、ラテンアメリカだけでなく、西洋から意図的に疎外されてきたイベリア世界を含めて、西欧的価値観を相対化する試みなのである。「新大陸の発見」がなければ、現在のグローバル化はなかったし、西洋の圧倒的優位さえありえなかった。この原点に戻ろうというのである。

ドゥッセルは米国で、ラテンアメリカの研究者グループ「近代性／植民地性を考える会（Grupo M/C）」と交流し、同研究会の発展に貢献したが、本章

ではその側面について触れている。同会のメンバーとドゥッセルは、西欧発の「近代」概念をその根底から捉え直し、ラテンアメリカのみならず、全世界レベルにおいて「脱植民化への転回（Giro Descolonizador）」を図るための思想を築くべきだと提唱する。現在、メキシコ国立自治大学で活動している「メキシコの脱植民化のための研究会」の研究を紹介し、ペルーの文芸批評家アントニオ・コルネホ＝ポラールの思想が、ドゥッセルや"Grupo M/C"の研究者とどのように交差するかを考察し、ラテンアメリカ人のアイデンティティ形成に関する新しい発見について述べている。

　これらの論文からわかることだが、「新大陸」ラテンアメリカでは、征服による収奪とカトリック信仰の普及が人々の生活の基盤を形成してきた。スペインからの独立後も、共和派の亡命者の受け皿となったラテンアメリカは、さらにその思想も受け継ぎ、今日では、ラテンアメリカの現実から新たなアイデンティティの模索を始めている。500年以上にわたり、抑圧されてきた先住民系の人々とどうつながっていくのか、どう富を再配分していくのかという指針を考えることが重要な展開ではなかろうか。そのときにはじめてラテンアメリカは「危険」というイメージが消えていくのではないだろうか。

　「第3部　課題に挑戦する世界」では、具体的に課題に対してどのような政策が採られ、その政策評価について論じている。

　「第10章　辺境地の実態から見直すべきコロンビアの和平プロセス」においては、FARCとの終戦後の和平アジェンダも政府公式見解と紛争地の実態とには乖離があると分析している。FARCと政府との間で調印された和平合意アジェンダの六つの支柱（①統合的農村開発、②政治参加と多元的民主主義、③終戦、④麻薬問題、⑤被害者補償と移行期正義、⑥政策実行と監視システム）について展望すると、いずれも赤信号がともっているからである。政府が発信する「紛争後社会」のイメージ戦略は、対外的には定着し、特に経済関係においては、FARCとの和平合意はコロンビアを治安回復に担保された経済パートナーとして印象づける効果があった。しかしながら、「積極的和平に支えられた経済成長」というシナリオは、都市エリートの目線に立って描かれる和平政策であり、日本をはじめ、外国政府や企業がパートナーとして対するコロンビア社会は少数エリート社会を基準にしている。ここには大半の民衆の生活が反映されていないと憂慮している。日本に住むわれわれの本質を見る目が問わ

れている。

　「第11章　ラティーノの社会的成功をめざす公的教育支援と米国の大学」は、職業訓練的側面を兼ね備えた地域密着・貢献型教育を提供するコミュニティカレッジが、より負担の少ない学費で準学士号取得への道を開くとともに、4年制大学へのブリッジ機能を果たす、ラティーノ学生の重要な受け皿を担ってきたと紹介する。入学から卒業に至るまでの手厚い教育支援とともに、奨学金申請のサポートやキャリア支援、自らを肯定的にとらえられるよう促すためのアイデンティティ確立に向けた試みや、コミュニティとのつながりを深めるための活動など、実に多面的な取り組みが実践されている。連邦政府や州政府等による政策的・財政的支援の下、ラティーノ学生の大学進学・卒業を促す取り組みを奏功させていくことは、米社会のすべての構成員に対し、より良い未来を保証していく過程でもあるとまとめている。

　本章を読むと、米国では政府レベルでラティーノへの教育支援が行われていることがわかる。メキシコやグアテマラ、エルサルバドル、ホンジュラスから米国を目指して北上してくる理由も理解できる。本来ならば、自国でこのような教育や雇用機会が確保されるべきなのだと考えさせられる。

　「第12章　抵抗のイメージ、ソフト・レジスタンス――中米グアテマラ・マヤの事例から」においては、先住民は各時代の為政者により消費されつつ、あらたなエスニック・アイデンティティを生産し、日常的実践を通じて文化的表象の再領土化をしてきたと論じる。それは、ユカタン半島のマヤ人による19世紀の武力的な抵抗の形態とは異なる、もう一つの抵抗、すなわち、始祖的・神話的時間概念に培われた日常的な生活時間（慣習）を積み重ねてきた弱者の、きわめて効果的手法たるソフト・レジスタンスであると指摘する。重要なのは生存すること。生き延びること。そのためには自分たちを支配するシステムを転覆させることよりも、ある時は支配権力と共存する形をとることも厭わず、状況が変わるごとに伝統と慣習を新たに創造（変容）させ継続させるという弱者の抵抗戦略すなわちソフト・レジスタンスの実践であると分析する。

　現地調査で長年先住民と付き合ってきた研究者ならではの深い洞察である。「生き延びること」というのは、大変重いが重要な指摘である。死んでしまったら、抵抗も自分たちの文化も何も残らないからである。

　「第13章　変動する開発協力におけるラテンアメリカと日本の開発援助関

係」においては、日本・ラテンアメリカ・カリブ海諸国の開発協力関係は変わりつつある中で、新しい関係の二つの模様が見えてきていると分析する。第一に、卒業国が増加することに対して、まだ開発援助を求める国が存在する。第二に、新興ドナー国との援助関係が供与国・被援助国の不均衡的関係からより対等な「パートナーシップ」にシフトしている模様である。

　2000年以降日本のODA方針として人間の安全保障の支援を継続する必要性がある一方、日伯による南南協力（三角協力）が今日まで最も順調に進んできたパートナーシップとは言えるが、その経験に基づいてほかのラテンアメリカの国との南南協力が発展していく可能性が十分あり、日系人コミュニティがますます重要な架け橋として活用できるかが一つの課題であると考察している。

　1955年に設置された日本の海外移住審議会は1962年の総理大臣への答申で「日本人移民はラテンアメリカでの開発の担い手、近代化のモデル」と位置づけている（浅香、2013年、『地球時代の日本の多文化共生政策──南北アメリカ日系社会との連携を目指して』明石書店：216）。このような背景から、現地で役立ち貢献する日本人移民と日本という方向性がすでにあることをわれわれは思い出しておく必要があるだろう。今日、少子高齢化により人手不足から急速な外国人労働者の受け入れが議論されているが、長期的な日本と送り出し国の双方の発展という視点から考察しなければならないだろう。そうでないと、日本の外国人労働者はラテンアメリカの日系人のような架け橋になることができない。

　「第14章　カルデロン政権期メキシコの「麻薬戦争」と「フロンテラ」」においては、「麻薬戦争」がなぜ失敗に終わっているのかを考えることが、状況の改善にもつながってくると指摘している。この戦いにおける基本的な誤りの一つは、各組織のトップを主要なターゲットにしたことである。メキシコは常に財政的に逼迫しており、何とかそれを石油収入と移民からの送金で補っているというのが常態であったため、社会サービスの質が悪く、それが社会に暴力が蔓延する原因となっているという議論である。遠い道のりではあるが、やはり貧富の格差解消と公正な社会サービスの実現は犯罪減少のためには必須条件であると分析されている。

　米国での麻薬需要が大きなものであり続けるかぎり、供給もなくならない。たとえ大麻のような軽いものでも麻薬を合法化してはならないと警鐘をならし

ている。米国内にすでに中堅国家一国に相当するくらいの自国系人口を持つメキシコなので、人と文化の交流・相互依存を押しとどめることはもはや不可能であると二村は指摘する。一時的には斥力が働くかもしれないものの、中・長期的には、両国間のフロンテラには引力が働く方向に向かってゆく可能性を予測している。

　この第 3 部に共通しているのは、スペインの征服に起源をもち、さらに多国籍企業の搾取によるラテンアメリカ域内での貧富の格差である。先進国の人以上に豊かな生活をする人がいれば、まさに生き延びなければならない人もいる。そこに現代の国際社会の縮図を見ることができる。国内に十分な雇用と公共サービスが無い場合、プッシュ要因となり人の移動が生じる。ラテンアメリカは域内で基本的にスペイン語が通じるので移動がさらに加速する。その上、地続きであるため、人の移動をとめることは困難である。これから、ラテンアメリカに進出する企業は、現地の公正な発展に貢献するように注意する必要がある。

　14 名の研究者の 14 通りの多様なラテンアメリカ世界と日本の関係についての論考が、今日の流動化の激しい国際社会にあって人が人として尊ばれる道筋に貢献できることを願うものである。ただ、一言申し添えるならば、このような問題があってもラテンアメリカに生きる人たちは、その生活を大事にして楽しんでおり、その生き様はわれわれ研究者だけでなく日本の読者にも示唆を与えてくれるものであると確信している。

謝辞　本研究は、上智大学イベロアメリカ研究所と南山大学ラテンアメリカ研究センターとの共同研究であり、日本カトリック大学連盟による「2014 年度カトリック学術奨励金」の「イメージの中の日本とラテンアメリカ」（研究代表　浅香）により運営された。記して感謝申し上げる。
　幡谷則子上智大学イベロアメリカ研究所所長（2012 〜 2015 年度）、ネーヴェス・マウロ同所長（2016 年度〜現在）、加藤隆浩南山大学ラテンアメリカ研究センター長（2005 〜 2017 年度）、泉水浩隆同センター長（2018 年度〜現在）にお世話になった。また、楠本耕之行路社社主をはじめとする編集のスタッフ、大嶋千恵美南山大学ラテンアメリカ研究センター職員にお礼を申し上げる。

補遺　研究会の概要

2014年度

2015年3月7日（土）南山大学で第1回合同研究会「ラテンアメリカのイメージに関する共同研究に向けて」が開催された。南山大学ラテンアメリカ研究センター主催、カトリック学術奨励金研究助成金「イメージの中の日本とラテンアメリカ研究」共催で行った。研究会の様子は上智大学イベロアメリカ研究所の活動報告、南山大学のラテンアメリカ研究センターのホームページで公開されている。

両研究機関はカトリックの神父により設立されたという共通点がある。本研究申請者は、グスターボ・アンドラーデ上智大学名誉教授やペドロ・シモン南山大学名誉教授から、大学院や学部時代に直接教えを受け、二人がその生涯をかけて、宣教と教育と研究に打ち込み、若者を育てられたことをよく承知している。そのような高い志を本研究会は受け継ぐことが了解された。

「イメージ研究」に対して、われわれの研究グループから定説に挑戦するような研究成果を生み出すため、鶴見和子上智大学名誉教授が行った「概念くずし」の手法を採った。「イメージ」の定義をつくり研究をしばることはしなかった。むしろ各研究者の専門の分野と蓄積から、多様なイメージと実像を報告し合い、共通点と相違点を探っていく手法を採った。これは、ノートの比べ合いという鶴見の比較の手法を使っている。

2015年度

2015年7月11日と11月2～3日に上智大学・南山大学の合同の研究会を開催し、互いの研究内容をよく理解することができた。また、2016年3月18日には、上智大学において主要メンバーと執筆に向けた疑問点を確認し調整した。

7月11日の上智大学・南山大学の共同研究会（上智大学開催）には13名が参加した。幡谷上智大学イベロアメリカ研究所長の司会で、浅香が「ラテンアメリカにおけるイメージ研究の最近の研究動向」について報告し、研究の共通の視点を提供した。柿原武史が「ブエノスアイレスとリオデジャネイロにおけるガリシア移民」、佐藤貴大が「ホセ・ガオスの「イスパノアメリカ哲学」」、長谷川ニナが「没後100年のホセ・グアダルーペ・ポサダ」について報告した。最初に自己紹介をしてあったので報告しなかった参加者の研究についても理解でき、討論を通じて各研究者の専門領域のつながりや問題意識が共有できた。

9月9日に上智大学・上智大学短期大学部・南山大学で共同申請した「平成27年度大学の世界展開力強化事業 中南米等の大学間交流形成支援」の「人の移動と共生における調和と人間の尊厳を追求する課題解決型の教育交流プログラム」が

採択され、研究会にも一体感が増した。

11月2〜3日の上智大学・南山大学の共同研究会（浜名湖ホテル The Ocean）の参加者は11名であった。浅香が司会をし、谷洋之の「北米としてのメキシコ研究に向けて」、幡谷の「和平合意後のコロンビア社会の課題」、大場樹精の「「人権先進国家」への転換を図るアルゼンチン」、加藤の「20世紀初期ペルーにおける日本人」、桜井三枝子の「二つのイメージを探る、グアテマラ、ツトゥヒル・マヤの復活祭事例から」、真鍋周三の「植民地時代後期ペルー・モケグア地域産アグアルディエンテの流通をめぐって」、佐藤の「「ラテンアメリカ」概念の形成についての一考察」の報告があった。長谷川、牛田千鶴、泉水も討論者として参加した。

2016年度

共同研究会は持つことができなかったが、日本ラテンアメリカ学会やLAP（上智－南山ラテンアメリカプログラム）などで関係者が発表する時には参加するなどして現在の問題・関心の共有に努めた。

10月には岸田外務大臣の下で作られた「中南米日系社会との連携に関する有識者懇談会」のメンバーに堀坂浩太郎と浅香が指名された。

また、浅香は2017年1月6日から15日まで、外務省の対日理解促進プログラムの副団長としてペルー日系社会を訪問し、若者たちが交流する新たな枠組を構築するために助言し、政府への政策提言をまとめた（外務省およびJICEホームページ掲載）。上智大学と南山大学で2015年9月に文部科学省の「世界展開プログラム　LAP」で日系社会と連携しているので、訪問時には、「ぜひ日本の私たちの大学で一緒に勉強しましょう」と日系の若者たちも誘った。このような枠組みができてこそイメージは実像と近くなり、良い交流が可能となる。

2017年度

5月9日に「中南米日系社会との連携に関する有識者懇談会」が外務大臣に報告書を提出した（外務省ホームページ掲載）。海外移住審議会が2000年に提出した最後の答申から17年後の日系社会に関する政策であり、今後10年の日本政府の政策の土台となるものである。

10月7日に南山大学で開催された第1回研究会では、堀坂、二村久則、長谷川、加藤、デビッド・ポッター、浅香、真鍋、大場、河邉真次、川田玲子の10名が報告し、それぞれの報告について質疑応答した。6時間にわたる研究会であったが、メンバーの研究をどのように本の中で位置づけていくのかを全体で話しあった。研究領域の方法論が社会科学と文化人類学や文学・思想と多岐にわたっているので、それぞれのディシプリンから忌憚ない意見を出し合った。その結果、文化人

類学的研究が実はグローバリゼーションの根幹となる事実を研究していることがわかった。例えば、真鍋の石見銀山とポトシ銀山のグローバリゼーションにおける貨幣の問題、川田のメキシコの二十六聖人の壁画修復が文化人類学にとどまらず、人の移動に絡む問題であることが議論の中から判明した。

2018年3月24日の第2回研究会は、南山大学で開催され、加藤、長谷川、二村、真鍋、桜井、川田、浅香の7名が参加した。参加希望の合計12名の論文の概要が提出され、皆で、全体像を検討しながら、長すぎる論文のカットの仕方や本文注としてページを節約する方法など確認しあった。いつまでも読まれる本にしたいという強い思いを一同が共有した。今回提出されなかったが留学中の若手の論文についても全体との関連から執筆依頼することも提案された。

2018年度

7月15日に、南山大学で第1回研究会が開催された。堀坂、二村、幡谷、長谷川、大場、真鍋、加藤、ポッター、河邉、川田、浅香の11名が参加した。最終原稿14本をどのように配置し、閲読のグループを形成するか、また、本の題名の最終決定を話し合った。

その結果、本書の題名は『交差する眼差し――ラテンアメリカの多様な世界と日本』と決定した。3部構成とし、「第1部　人の移動がつくる世界」「第2部　歴史から読み解く世界」「第3部　課題に挑戦する世界」と分類し、論文の配置を皆で決定した。その後、各グループで閲読をし、原稿を洗練させていった。その後、序章と終章についても研究会メールで閲読しながら、研究会の成果をまとめた。

執筆者紹介 (掲載順)

序章

浅香幸枝→奥付ページ

第1部

浅香幸枝→奥付ページ

加藤隆浩（かとう・たかひろ）
　関西外国語大学外国語学部特任教授。ペルー・リカルド・パルマ大学名誉教授。元南山大学外国語学部教授、同ラテンアメリカ研究センター長(2005～2017年度)。アンデス・アマゾン学会会長(2015年6月～2017年6月)。
　1975年南山大学外国語学部卒業。1985年メキシコ・イベロアメリカーナ大学社会科学研究科社会人類学博士課程修了。社会人類学博士(Ph.D)。
　主な著作：1)『ラテンアメリカの民衆文化』(編著、行路社、2010年)、2) *Tejidos de sueños : Imágenes y fiesta en el mundo andino* (Fondo Editorial del Congreso del Perú, 2013)、3)『ことばと国家のインターフェイス』(編者、行路社、2012年)。

大場樹精（おおば・こだま）
　上智大学イベロアメリカ研究所所員、明治大学ほか非常勤講師。元上智大学イベロアメリカ研究所特別研究員（2014～2016年度）。
　2007年上智大学外国語学部卒業。2014年上智大学大学院グローバル・スタディーズ研究科修了。博士（国際関係論、上智大学）。
　主な著作：1)「20世紀初頭アルゼンチンにおける国家建設をめぐる問題提起──移民コミュニティとの関係を手がかりに」(『ラテンアメリカ研究年報』第35号、日本ラテンアメリカ学会、2015年)、2)「ブエノスアイレス市の「シリア・レバノン人」──19世紀末から20世紀初頭にかけての移民の定着過程」(2014年度博士学位論文)。

堀坂浩太郎（ほりさか・こうたろう）
　上智大学名誉教授。同イベロアメリカ研究所所長（2007～2009年度）。
　1968年国際基督教大学教養学部卒業。日本経済新聞記者（1970～1983年）。上智大学外国語学部教員（1983年～2010年）。
　主な著作：1)『ブラジル 跳躍の軌跡』(岩波新書、2012年)、2)「産業と企業」『現代ラテンアメリカ経済論』(共著、西島章次・小池洋一編、ミネルヴァ書房、2011年)、3)「ラテンアメリカの地域主義」『世界政治叢書 ラテンアメリカ・オセアニア』(共著、菊池務・畑恵子編、ミネルヴァ書房、2012年)。

第2部

真鍋周三（まなべ・しゅうぞう）
　兵庫県立大学名誉教授。元南山大学ラテンアメリカ研究センター客員研究員（2015～2017年）。
　1986年青山学院大学大学院文学研究科史学専攻博士課程単位取得満期退学。博士（歴史学、青山学院大学）。
　主な著作：1)『トゥパック・アマルの反乱に関する研究──その社会経済史的背景の考察』神戸商科大学研究叢書 LI（神戸商科大学経済研究所、1995年）、2) "La rebelión de Túpac Amaru en el siglo XVIII: su trasfondo socio-económico", en Luis Millones y Takahiro

Kato, editores, *Desde el exterior: el Perú y sus estudiosos, Tercer Congreso Internacional de Peruanistas. Nagoya, 2005*（共著、Lima: Universidad Nacional Mayor de San Marcos, Fondo Editorial de la Facultad de Ciencias Sociales, 2006)、3)『ボリビアを知るための73章』（編著、明石書店、2013年）。

川田玲子（かわた・れいこ）
滋賀大学経済学部非常勤講師。南山大学エクステンション・カレッジ非常勤講師。南山大学非常勤講師（1994～2016年度）。
1990年メキシコ国立自治大学大学院メキシコ史研究科修了。修士(歴史学、メキシコ国立自治大学)。
2007年メキシコ国立自治大学大学院ラテンアメリカ研究科修了。
博士（ラテンアメリカ研究、メキシコ国立自治大学）。
主な著作：1)「メキシコ「聖フェリーペ・デ・ヘスス」に関する一考察」（『ラテンアメリカ研究年報』第16号、日本ラテンアメリカ学会、1996年）、2)「メキシコ史と図像──グアダルーペの聖母と聖フェリーペ・デ・ヘススを中心に」（共同研究：野田隆）（共著、馬場恵二・三宅立・吉田正彦編『ヨーロッパ生と死の図像学』東洋書林、2004年）、3)『メキシコにおける聖フェリーペ・デ・ヘスス崇拝の変遷史』（明石書店、2019年刊行予定）。

河邉真次（かわべ・しんじ）
南山大学非常勤講師。
2001年三重大学人文学部卒業。2005年三重大学大学院人文社会科学研究科地域文化論専攻修了。修士（人文科学、三重大学）。2008年南山大学大学院文学研究科文化人類学専攻博士後期課程単位取得満期退学。
主な著作：1)「「死者の日」の観光化と伝統の再構成──メキシコ・ワステカ地方のXantoloを手がかりとして」（安原毅他編『メキシコ その現在と未来』行路社、2013年）、2)「多文化共生社会における地域アイデンティティの意味──メキシコ・ワステカ地方先住民社会の多文化共生史の視点から」（浅香幸枝編『地球時代の多文化共生の諸相──人がつなぐ国際関係』行路社、2009年）、3)「改宗に伴う社会変化の諸相に関する一考察──中央アンデスにおけるプロテスタント諸派の布教戦略を中心に」（宮沢千尋編『社会変動と宗教の〈再選択〉──ポスト・コロニアル期の人類学研究』風響社、2009年）。

佐藤貴大（さとう・たかひろ）
日本メキシコ学院講師。スペイン語通訳・翻訳家。
2008年南山大学外国語学部卒業。2015年南山大学大学院国際地域文化研究科国際地域文化研究専攻修士前期課程修了。修士（地域研究、南山大学）。
主な著作：1)「ホセ・ガオスの思想展開──「イスパノアメリカ哲学」の構築へ向けて」（2014年度修士学位論文）

長谷川ニナ（はせがわ・にな）
上智大学外国語学部教授、同イベロアメリカ研究所研究員。
1978年国費留学生として来日。1984年東京外国語大学日本語特設学科卒業。1987年東京大学大学院総合文化研究科修士課程比較文学・比較文化専攻修了。修士（比較文学・比較文化、東京大学）。1990年東京大学大学院総合文化研究科博士課程比較文学・比較文化専攻満期退学。
主な著作：1)『独立以後19世紀末までのメキシコの印刷文化研究における最近の研究動向』（ラテンアメリカ・モノグラフ・シリーズ第24号、イベロアメリカ研究所、2014年）、2)「メキシコの先住民の笑いについての一考察」（共著、ハワード・ヒベット／日本文学と笑い研究会編『笑いと創造』第二集、勉誠出版、2000年）、3) "La presence de la nature dans la litterature latinoamericaine"（共著、Mabel Lee & Meng Hua 編、*Literary Intercrossings: East Asia and the West*, University of Sydney World Literature Series , No.2, 1998)。

第 3 部

幡谷則子(はたや・のりこ)

上智大学外国語学部教授。同イベロアメリカ研究所研究員、同研究所所長(2012～2015年度)。日本ラテンアメリカ学会理事長(2012年6月～2014年6月)。

1983年上智大学外国語学部卒業。1985年筑波大学大学院地域研究研究科地域研究専攻修了。1990年ロスアンデス大学 CIDER(地域開発学際センター)地域開発計画・行政専攻修了。2001年ロンドン大学 UCL(ユニバーシティ・カレッジ・ロンドン)地理学研究科博士課程人文地理学専攻満期退学。Ph.D.(地理学、UCL)。

主な著作:1)『ラテンアメリカの都市化と住民組織』(古今書院、1999年)、2) *La ilusión de participación comunitaria: Lucha y negociación en los barrios irregulares de Bogotá, 1992-2003* (Universidad Externado de Colombia, Bogotá, 2010)、3)『小さな民のグローバル学——共生の思想と実践をもとめて』(共編著、上智大学出版、2016年)。

牛田千鶴(うしだ・ちづる)

南山大学外国語学部教授。同ラテンアメリカ研究センター研究員。

1984年南山大学外国語学部卒業。1989年東京外国語大学大学院地域研究研究科アジア・太平洋地域コース(ラテンアメリカ)専攻修了。1996年名古屋大学大学院国際開発研究科国際開発専攻単位取得満期退学。博士(教育学、名古屋大学)。2000～2001年カリフォルニア大学デーヴィス校客員研究員。2009～2010年プリンストン大学客員研究員。

主な著作:1)『ラティーノのエスニシティとバイリンガル教育』(明石書店、2010年)、2)『南米につながる子どもたちと教育——複数文化を「力」に変えていくために』(編著、行路社、2014年)、3)『ラテンアメリカの教育改革』(編著、行路社、2007年)。

桜井三枝子(さくらい・みえこ)

元大阪経済大学人間科学部教授。メキシコ社会人類学高等調査研究所客員研究員(1999～2000年)、上智大学イベロアメリカ研究所客員研究員(2009年～2010年)、南山大学ラテンアメリカ研究センター客員研究員(2014年～2018年)、京都外国語大学ラテンアメリカ研究所客員研究員(2017年～)。

1968年上智大学文学部史学科卒業。1984年南山大学大学院文学研究科博士前期課程修了。1989年関西外国語大学大学院外国語学研究科単位取得満期退学。修士(文化人類学、南山大学)。博士(地域研究、上智大学)。

主な著作:1)『グアテマラを知るための67章』(編著、明石書店、2006年、2018年改訂第2刷)、2)『ホンジュラスを知るための60章』(共編著、明石書店、2014年)、3)『グローバル時代を生きるマヤの人々』(明石書店、2010年)。

デビッド・ポッター(David M. Potter)

南山大学総合政策学部教授。同アメリカ研究センター研究員。

1983年、B. A. (Political Science)、米国 California State University Fresno、社会科学部政治学科卒業。1984年12月、M. A. (Political Science)。米国 University of California Santa Barbara 政治学研究科修士課程修了。1992年、Ph.D. (Political Science)。米国 University of California Santa Barbara 政治学博士課程修了。博士(政治学、University of California Santa Barbara)。

主な著作:1) *Japan's Foreign Aid to Thailand and the Philippines* (St. Martin's Press, 1996)、2) *Non-governmental Organizations in International Politics* (共著、S. Ahmed, D. M. Potter, Kumarian Press, 2006)、3) *Foreign Aid Competition in Northeast Asia* (共編著、Kumarian Press/Stylus, 2012)。

二村久則(ふたむら・ひさのり)
　名古屋大学名誉教授。同大学院国際開発研究科長(2008 〜 2010 年度)。南山大学非常勤講師(2004 〜 2017 年)。日本ラテンアメリカ学会理事長(2008 年 6 月〜 2010 年 6 月)。
　1970 年上智大学外国語学部卒業。1979 年上智大学大学院外国語学研究科国際関係論専攻博士後期課程単位取得満期退学。国際学修士(上智大学)。
　主な著作：1)『コロンビアを知るための 60 章』(編著、明石書店、2011 年)、2)『地球時代の南北アメリカと日本』(共編著、ミネルヴァ書房、2006 年)、3)『ラテンアメリカ現代史Ⅲ　メキシコ・中米・カリブ海地域』(共編著、山川出版社、2006 年)。

終章

浅香幸枝→奥付ページ

編者紹介
浅香 幸枝（あさか さちえ）

南山大学外国語学部准教授、同ラテンアメリカ研究センター研究員。日本移民学会会長（2018年6月～現在）。

1981年南山大学外国語学部卒業。1983年上智大学大学院外国語学研究科国際関係論専攻博士課程前期修了。国際学修士（上智大学）。2008年9月から2009年9月まで名古屋大学大学院国際開発研究科に国内留学。2009年10月から2012年3月まで同研究科非常勤講師。博士論文提出、博士（学術、名古屋大学）。

主な著作：1）『地球時代の日本の多文化共生政策──南北アメリカ日系社会との連携を目指して』（明石書店、2013年、2017年第2刷）、2）日本移民学会編『日本人と海外移住──移民の歴史・現状・展望』（共編著、明石書店、2018年）、3）『地球時代の「ソフトパワー」──内発力と平和のための智恵』（編著、行路社、2012年）。

交差する眼差し
ラテンアメリカの多様な世界と日本

2019年3月15日　初版第1刷印刷
2019年3月31日　初版第1刷発行

編　者───浅香幸枝
発行者───楠本耕之
発行所───行路社　Kohro-sha
　　　　　520-0016 大津市比叡平3-36-21
　　　　　電話 077-529-0149　ファックス 077-529-2885
　　　　　郵便振替 01030-1-16719

装　丁───仁井谷伴子
組　版───鼓動社
印刷・製本───モリモト印刷株式会社

Copyright©2019 by Sachie ASAKA
Printed in Japan
ISBN978-4-87534-395-0 C3036

●行路社の新刊および好評既刊（価格は税抜き）　http://kohrosha-sojinsha.jp

「1968年」再訪 「時代の転換期」の解剖　藤本博 編　A5判 328頁 3000円
■「1968年」を中心に広く1960年代から1970年代初頭のグローバルな歴史的転換とその世界史的意義を、文化・思想の側面までも含め、総合的に検討する。

移民の町サンパウロの子どもたち　ドラウジオ・ヴァレーラ／伊藤秋仁監訳
A5判 208頁 2000円　■ブラジルの著名な医師であり作家でもある著者の少年時代の回想記。サンパウロで暮らす移民とその子どもたちの生活の様子を生き生きと描く。ブラジルを理解し、より身近に感じることができるコラムも収録する。

ことばを教える・ことばを学ぶ 複言語・複文化・ヨーロッパ言語共通参照枠（CEFR）と言語教育研究　泉水浩隆編　A5判 352頁 3000円　■近年注目を集めている「ヨーロッパ言語共通参照枠」（CEFR）について、スペイン語・フランス語・ドイツ語を中心に、欧州におけるその現状と今後、日本におけるその受容・現状・今後を、言語学的・言語教育的・社会言語学的視点から分析・考察する。

現代に生きるフィヒテ フィヒテ実践哲学研究　高田 純　A5判 328頁 3300円
■フィヒテの実践哲学の生れくる過程とその理論構造を彼の時代の激動のなかで考察し、その現実的意味を浮き彫りにする。彼がその時代において格闘し、彼の投げかけた諸問題は今こそその輝きを増している。

法の原理 自然法と政治的な法の原理　トマス・ホッブズ／高野清弘 訳　A5判 352頁 3600円
■中世の礎を剥ぎとるがごとく苛烈な政治闘争の時代に、まさに命がけでしかも精緻に数学的手法を積みかさね、新しい時代に見合う新しい人間観を定義し、あるべき秩序、あるべき近代国家の姿を提示する。

宗教と政治のインターフェイス 現代政教関係の諸相　丸岡・奥山 編　A5判 288頁 2600円　■近年、世界の様々な地域で宗教が政治的課題となる事態が頻繁に発生しており、その形も多様である。本書は、こうした宗教の公共空間への再登場という今日的現象を地域ごとに比較検討する。

記憶の共有をめざして 第二次世界大戦終結70周年を迎えて　川島正樹編
A5判 536頁 4500円　■20世紀以降の歴史研究においてさえ戦争をめぐる事実の確定が困難な中、歴史認識問題等未解決の問題と取り組み、好ましき地球市民社会展望のための学際的研究の成果であるとともに、諸国間での「記憶」の共有を模索する試み。

柏木義円史料集　片野真佐子 編 解説　A5判 464頁 6000円
■激しい時代批判で知られる柏木義円はまた、特に近代天皇制国家によるイデオロギー教育批判においても、他の追随を許さないほどに独自かつ多くの批判的論考をものした。

近代科学と芸術創造 19〜20世紀のヨーロッパにおける科学と文学の関係　真野倫平編
A5判 456頁 4000円　■学際的視点から、19〜20世紀にかけてのヨーロッパにおける科学ならびに技術の発達を明かにし、それが同時代の文学作品・芸術作品にいかに反映されているかを解明する。

カント哲学と現代 疎外・啓蒙・正義・環境・ジェンダー　杉田聡　A5判 352頁 3400円
■カント哲学のほとんどあらゆる面（倫理学、法哲学、美学、目的論、宗教論、歴史論、教育論、人間学等）に論及しつつ、多様な領域にわたり、現代焦眉の問題の多くをあつかう。

南米につながる子どもたちと教育 複数文化を「力」に変えていくために
牛田千鶴編　A5判 264頁 2600円　■日本で暮らす移民の子どもたちを取り巻く教育の課題を明らかにするとともに、彼（女）らの母語や母文化が生かされる教育環境とはいかなるものかを探る。

地球時代の「ソフトパワー」 内発力と平和のための知恵　浅香幸枝編 A5判 366頁
2800円　■ニューパラダイムの形成／地球社会の枠組み形勢／共通の文化圏の連帯／ソフトパワーとソフトなパワーの諸相／ソフトなパワーとしての日系人／大使との交流、他

政治と宗教のはざまで ホッブズ、アーレント、丸山真男、フッカー　高野清弘
A5判 304頁 2000円　■予定説と自然状態／政治と宗教についての一考察／私の丸山真男体験／リチャード・フッカーの思想的出立／フッカー――ヤヌスの相貌、ほか

ヒトラーに抗した女たち その比類なき勇気と良心の記録
M・シャート／田村万里・山本邦子 訳　A5判 2500円　■多様な社会階層の中から、これまであまり注目されないできた女性たちをとりあげ、市民として抵抗運動に身をささげたその信念と勇気を。

フランス教育思想史 [第3刷]　E.デュルケーム／小関藤一郎訳　四六判 710頁
5000円　■フランス中等教育の歴史／初期の教会と教育制度／大学の起源と成立／大学における論理学教育／大学の意味・性格組織／ルネッサンスの教育／現実主義的教育論／19世紀における教育計画／ほか

ラテンアメリカ銀と近世資本主義　近藤仁之　A5判 208頁 2600円
■ラテンアメリカ銀が初期にはスペインを通して、後にはピレネー以北のヨーロッパに流れ、資本蓄積を可能にしたという事実を広角的な視野から、世界史を包括する広大な論理体系として構築する。

ラテンアメリカの教育改革 牛田千鶴 A5判 204頁 2100円
■ナショナリズム・「国民」の形成と教育改革／政治的マイノリティをめぐる教育改革／新自由主義下の教育改革／等

ラテンアメリカの諸相と展望 南山大学ラテンアメリカ研究センター編訳 A5判 352頁 2800円
■歴史、文化、政治、経済、人種、民族、アイデンティティなど、多面的重層的にラテンアメリカの実像と未来に迫る。

メキシコ その現在と未来 安原毅,牛田千鶴,加藤隆浩編 A5判 224頁 2400円
■この数十年でめまぐるしい変化を遂げ、グローバル化の中で新たな姿を見せ始めたメキシコは、今政治、経済、文化、芸術、観光、移民、先住民などあらゆる面から根底的に問い直す時期に入っている。

グローバル化時代のブラジルの実像と未来 富野幹雄 編 A5判 272頁 2500円
■第１部「過去からの足跡」、第２部「多様性と不平等」、第３部「現下の諸相と将来への息吹き」

バルン・カナン 九人の神々の住む処 ロサリオ・カステリャノス／田中敬一訳 四六判 336頁 2500円
■20世紀フェミニズム小説の旗手カステリャノスが、インディオと非インディオの確執を中心に、不正や迫害に苦しむ原住民の姿を透徹なリアリズムで描く。

カネック あるマヤの男の物語 E.A.ゴメス／金沢かずみ訳・野タロ泰代絵 四六判 208頁 1800円
■村は戦争のまっただなか。武装したインディオの雄叫び。カネックの名がこだまする！──現代マヤの一大叙事詩

ピト・ペレスの自堕落な人生 ホセ・ルベン・ロメロ／片倉充造訳・解説
■四六判 228頁 2000円 ■本国では40版を数える超ロングセラーの名作であり、スペイン語圏・中南米を代表する近代メキシコのピカレスク小説。

メキシコ近代公教育におけるジェンダー・ポリティクス 松久玲子 A5判 304頁 3000円
■ディアス時代の教育と女性たち／革命動乱期の教育運動とフェミニズム／ユカタン州フェミニズム会議と女子教育／1920年代の優生学とフェミニズム運動／ユカタンの実験と反動／母性主義と女子職業教育／社会主義と教育とジェンダー、ほか

ラテンアメリカの女性群像 その生の軌跡 加藤隆浩・高橋博幸編 A5判 368頁 2800円 ■先スペイン期からのラテンアメリカ史を力強くまた華麗に彩る女たちを、時代と社会におけるその赤裸々な生とともに描く。

メキシコの女たちの声 メキシコ・フェミニズム運動資料集 松久玲子編 A5判 508頁 6000円
■メキシコ女性の言説を収集したこの一次資料を駆使して、メキシコのフェミニズム運動を通時的・共時的に分析し紹介するはじめての体系的研究で、多年にわたる日墨女性学研究者たちによる共同研究の成果。

シモン・ボリーバル ラテンアメリカ独立の父 神代修 A5判 220頁 2400円
■愛馬を駆って南米大陸を駆け抜けた男。軍人にして政治家、思想家にしてラテンアメリカの解放者。日本における初の評伝！

スペインの女性群像 その生の軌跡 高橋博幸・加藤隆浩編 A5判 352頁 2800円
■中世から現代までスペイン史を力強くまた華麗に彩る女性たちを、時代と社会におけるその赤裸々な生とともに描ききる。

ベガ・インクラン スペイン・ツーリズムの礎を築いた人 ビセンテ・トラベル・トマス／小川祐子訳
A5判上製 240頁 2800円 ■パラドールの創設者としても知られるベガ・インクランは近年のツーリズム研究のなかで、その先見性と共に評価・研究の対象として論じられるようになった。

ガルシア・ロルカの世界 ガルシア・ロルカ生誕100周年記念 四六判 288頁 2400円
■木島始,岸田今日子,松永伍一,鼓直,本田誠二,野々山真輝帆,小海永二,小川英晴,原子修,川成洋,佐伯泰英,福田善之,飯野昭夫,ほか

スペイン学 13号 京都セルバンテス懇話会編 A5判 304頁 2000円
■本田誠二,佐竹謙一,吉田彩子,高橋博幸,渡邊万里,浅香武和,坂東省次,川成洋,野呂正,船越博,水谷顕一,太田靖子,椎名浩,坂田幸子,狩野美智子,尾崎明夫,杉山武,保崎典子,橋本和美,長尾直洋,田中聖子,桜井三枝子,松本楚子,大森絢子,安田圭史,ほか

スペイン歴史散歩 多文化多言語社会の明日に向けて 立石博高 四六判 160頁 1500円
■NHK講座テキストへの連載エッセイを中心に、スペインを深く知るには欠かせない歴史上の出来事やエピソードを満載。

スペインと日本 ザビエルから日西交流の新時代へ 坂東省次・川成洋編 A5判 360頁 3000円 ■逢坂剛,三浦朱門,柏倉康夫,外山幹夫,澤田直,竹井成美,遠藤順子,小岸昭,松永伍一,鈴木建三,田澤耕,渡部哲郎,伊高浩昭,古川薫他

セルバンテス模範小説集 コルネリア夫人・二人の乙女・イギリスのスペイン娘・寛大な恋人 樋口正義訳
A5判 212頁 2600円 ■この4篇をもって模範小説集の全邦訳成る。小品ながら珠玉の輝きを放つ佳品3篇と、地中海を舞台に繰り広げられる堂々たる中篇と。

「ドン・キホーテ」事典 樋口正義・本田誠二・坂東省次・山崎信三・片倉充造編 A5判上製 436頁 5000円
■『ドン・キホーテ』刊行400年を記念して、シェイクスピアと並び称されるセルバンテスについて、また、近代小説の先駆とされる本書を全体的多角的にとらえ、それの世界各国における受容のありようについても考える。

ラ・ガラテア／パルナソ山への旅 セルバンテス／本田誠二訳・解説 A5判 600頁 5600円
■セルバンテスの処女作『ラ・ガラテア』と、文学批評と文学理論とを融合したユニークな彼にとっての〈文学的遺書〉ともいえる自伝的長詩『パルナソ山への旅』を収録する。

ガリシアの歌 上・下巻　ロサリア・デ・カストロ／桑原真夫編・訳　A5判 上208頁・下212頁 各2400円
■ああガリシア、火が燃ゆる火よ…ガリシアの魂。

立ち枯れ／陸に上がった人魚 [イスパニア叢書8巻] A.カソナ／古家久世・藤野雅子訳　四六判240頁2200円
■現代スペインを代表する戯曲作家アレハンドロ・カソナのもっとも多く訳されもっとも多く上演された代表作2篇

バルセロナ散策　川成洋・坂東省次編　A5判 336頁 3500円
■惨澹たる成功と雄々しき挫折、再生、変身、無限の可能性を秘めた都市（まち）バルセロナ！

ロルカ『ジプシー歌集』注釈 [原詩付き]　小海永二　A5判 320頁 6000円
■そこには自在に飛翔するインスピレーション、華麗なるメタファーを豊かに孕んで、汲めども尽きぬ原初のポエジーがある。

スペイン関係文献目録　坂東省次編　B5判上製箱入 400頁 8000円
■1868年以来日本で刊行されたスペイン関係の書籍、論文、記事、紀要、論集、雑誌、新聞などを網羅する研究成果を提示。

約束の丘　コンチャ・R・ナルバエス／宇野和美訳・小岸昭解説　A5判 184頁 2000円
■スペインを追われたユダヤ人とのあいだで400年間守りぬかれたある約束……時代が狂気と不安へと移りゆくなか、少年たちが示した友情と信頼、愛と勇気。

死か洗礼か　異端審問時代におけるスペイン・ポルトガルからのユダヤ人追放　フリッツ・ハイマン／小岸昭・梅津真訳
A5判上製216頁2600円　■スペイン・ポルトガルを追われたユダヤ人（マラーノ）が、その波乱に富む長い歴史をどのように生きぬいたか。その真実像にせまる。

スペイン語世界のことばと文化　京都外国語大学イスパニア語学科編　A5判 224頁 2000円
■第1部文学の世界　第2部言語の世界　第3部文化と歴史

ドン・キホーテ讃歌　セルバンテス生誕450周年　四六判 264頁 1900円
■清水義範、荻内勝之、佐伯泰英、ハイメ・フェルナンデス、野々山真輝帆、坂東省次、濱田滋郎、川成洋、山崎信三、片倉充造、水落潔ほか

ドン・キホーテへの誘い　『ドン・キホーテ』のおいしい読み方　古家久世　A5判 184頁 1600円
■すでに読まれた人もこれから読む人にも、ドン・キホーテの心理をもう少し掘り下げていただけたらと願い、原作の章を追いながら、物語のハイライトや『ドン・キホーテ』のあれこれをまとめてみた。（「まえがき」より）

『ドン・キホーテ』を読む　京都外国語大学イスパニア語学科編　A5判 264頁 2200円
■カナヴァジオ、アレジャーノ、フェルナンデス、清水憲男、本田誠二、樋口正義、斎藤文子、山田由美子、世路蛮太郎、他

吹き抜ける風　スペインと日本、ちょっと比較文化論　木下登　四六判 168頁 1500円
■ちょっと比較文化論／人と街と芸術と／レストランからのぞいたスペイン社会／ある思想家：ホセ・オルテガ・イ・ガセット／ある歴史家：アメリコ・カストロ／ある哲学者：ハビエル・スビリ／スペインの豊かさとは／ほか

La Enseñanza de Idiomas en Japón　Felisa Rey Marcos　B5判変型 378頁 4000円
■Ⅰ:EL ENTORNO JAPONÉS Ⅱ:LA EDUCACIÓN JAPONESA Ⅲ:ANTECEDENTES DE LA ENSEÑANZA DE IDIOMAS Ⅳ:LEGISLACIÓN OFICIAL DESDE 1872 Ⅴ:DESCRIPCIÓN DE LA SITUACIÓN POR NIVELES Ⅵ:JUICIO CRÍTICO

ことばと国家のインターフェイス　加藤隆浩編　A5判上製376頁2800円
■台湾の原住民族にとっての国家／多言語国家インドにおける言語とアイデンティティ／コンゴ民主共和国における言語と国家の現状／オバマ大統領に学ぶ政治レトリックと説得コミュニケーション／グアテマラのことばと国家／在米ラテンアメリカ系住民と母語教育／多文化主義への対応と英国の変化、他。

アメリカ研究統合化の役割としての「映画」　宮川佳三編　A5判 2400円
■アメリカの映画は政治、経済、人種関係、社会や文化を写し出し、鏡のごとき作用を持っている。

アメリカス学の現在　天理大学アメリカス学会編　A5判 364頁 2100円
■カナダ、米国、中南米諸国が織りなす多軸多様な世界を、歴史、政治、経済、言語、文化、芸術等に光をあてて描き出す。

イスパニア図書 第6号　京都セルバンテス懇話会篇　A5判 274頁 1800円
■増田義郎、佐々木孝、本田誠二、五十嵐一成、片倉充造、高橋博幸、世路蛮太郎、川成洋、浅香武和、水谷顕一、市川紀美、八百合子、坂東省次、樋口正義、桑原真夫、米山勲、狩野美智子、吉田彩子、島田顕、高野潤、東琢磨、西川和子、福山瑛子、米山智美、宮前安子、松本楚子、他

ふしぎな動物モオ　ホセ・マリア・プラサ／坂東俊枝・吉村有理子訳　四六判 168頁 1600円
■ある種の成長物語であるとともに、子どもの好奇心に訴えながら「自分っていったい何なんだ」という根源的な問いにもちょっぴり触れる。

棒きれ木馬の騎手たち　M・オソリオ／外村敬子 訳　A5判 168頁 1500円
■不寛容と猜疑と覇権の争いが全ヨーロッパをおおった十七世紀、〈棒きれ木馬〉の感動が、三十年におよぶ戦争に終わりと平和をもたらした。

賽の一振りは断じて偶然を廃することはないだろう　付：フランソワーズ・モレルによる解釈と注
マラルメ／柏倉康夫訳　B4変型6000円　■最後の作品となった『賽の一振り…』は、文学に全く新たなジャンルを拓くべく、詩句や書物をめぐる長年の考察の末の、マラルメの思索の集大成とも言える。自筆稿や校正への綿密な指示なども収める。

集合的記憶　社会学的時間論　M.アルヴァックス／小関藤一郎訳　四六判280頁2800円
■集合的記憶と個人的記憶／集合的記憶と歴史的記憶／集合的記憶と時間／集合的記憶と空間／等